"十四五"国家重点出版物

粤港澳大湾区产业协同发展研究丛书

横琴

打造粤澳产业协同发展新高地

刘 伟 赵恒煜 著

SPM 南方传媒 | 广东经济出版社
·广州·

图书在版编目（CIP）数据

横琴：打造粤澳产业协同发展新高地/刘伟，赵恒煜著. —广州：广东经济出版社，2024.1
（粤港澳大湾区产业协同发展研究丛书）
ISBN 978-7-5454-8876-0

Ⅰ.①横… Ⅱ.①刘… Ⅲ.①区域经济发展—产业发展—协调发展—研究—珠海、澳门 Ⅳ.①F127.653 ②F127.659

中国国家版本馆CIP数据核字（2023）第240810号

策　　划：王成刚　张晓兰
责任编辑：周伊凌　于明慧　陈　晔
责任技编：陆俊帆
责任校对：李玉娴　黄思健

横琴：打造粤澳产业协同发展新高地
HENGQIN：DAZAO YUE-AO CHANYE XIETONG FAZHAN XIN GAODI
出版发行：广东经济出版社（广州市水荫路11号11～12楼）
印　　刷：佛山市迎高彩印有限公司
（佛山市顺德区陈村镇广隆工业区兴业七路9号）

开　　本：787mm×1092mm　1/16　　印　　张：18
版　　次：2024年1月第1版　　印　　次：2024年1月第1次
书　　号：ISBN 978-7-5454-8876-0　　字　　数：300千字
定　　价：79.80元

发行电话：（020）87393830
广东经济出版社常年法律顾问：胡志海律师
如发现印装质量问题，请与本社联系，本社负责调换。

前言

横琴之思：如何把握湾区时代的产业腾飞新机遇

不忘初心，方得始终。2018年10月，习近平总书记在横琴考察时强调，建设横琴新区的初心就是为澳门产业多元发展创造条件[①]。这份初心，最终被写入《横琴粤澳深度合作区建设总体方案》的卷首。也正是缘于这份初心，横琴实现了从一个“蕉林绿野、农庄寥落”的小岛到充满创新发展活力、勇当新时代改革开放弄潮儿的蝶变。

改革开放以来，横琴的开发建设经历了五次重大升级。1992年，广东省将横琴定为扩大对外开放的四个重点开发区之一；2004年，横琴获得“泛珠三角横琴经济合作区”的定位；2009年，国家批准实施《横琴总体发展规划》，横琴成为我国第三个挂牌的国家级新区；2015年，横琴自贸区成为中国（广东）自由贸易试验区促进澳门经济适度多元发展的新载体、新高地；2021年，在习近平总书记亲自谋划、亲自部署、亲自推动下，中共中央、国务院印发《横琴粤澳深度合作区建设总体方案》，横琴成为国家建设粤澳深度合作区的重大平台。这五次重大升级，为横琴发展注入源源不断的政策动力，粤澳合作发展的思路也逐步清晰。

① 《习近平在广东考察时强调：高举新时代改革开放旗帜　把改革开放不断推向深入》，《人民日报》2018年10月26日第1版。

习近平总书记先后四次亲临考察，并多次强调横琴建设的重要意义，为横琴发展把舵定向，赋予横琴发展新使命，推动横琴建设进入崭新的历史阶段。

新形势下，横琴在粤澳合作模式上展开了多种创新尝试，是粤澳合作取得突破性发展、创新经验最为集中的区域。面向未来，横琴还需要进一步依托湾区、立足开放、全面把握产业发展新机遇，构建起粤澳产业合作发展向纵深迈进的新格局，承担起促进澳门经济适度多元发展、支持澳门更好融入国家发展大局、丰富“一国两制”伟大实践的重大使命。本书的写作，即是对这一问题的探索与思考。

目录

Contents

第四章 横琴迈向文旅产业融合新境界

第五章 横琴推动现代金融产业新发展

第六章 横琴打造大湾区教育产业新高地

第七章 横琴培育数字经济新亮点

第一章

Chapter 1

横琴粤澳深度合作区产业发展新格局

粤港澳大湾区建设是谱写高质量发展的新篇章。党的二十大报告提出，高质量发展是全面建设社会主义现代化国家的首要任务。而要推动高质量发展，需要建设现代化产业体系。党的二十大报告也提出，“支持香港、澳门发展经济、改善民生、破解经济社会发展中的深层次矛盾和问题”，“促进香港、澳门长期繁荣稳定”，“支持香港、澳门更好融入国家发展大局”。随着粤港澳大湾区加快实施创新驱动发展战略，优化重大生产力布局，横琴建设逐步转入快车道，《横琴粤澳深度合作区建设总体方案》的公布更是为横琴的发展勾勒出新的蓝图。在粤澳科技研发和高端制造、中医药、文旅会展商贸、现代金融等产业的深度合作和协同发展过程中，横琴开启了琴澳一体化发展新进程，不断为澳门产业多元发展创造条件，打造便利澳门居民生活就业的新空间。

第一节　横琴发展历程回顾与新使命

加快横琴粤澳深度合作区建设是以习近平同志为核心的党中央作出的重大决策部署，丰富了“一国两制”实践，为澳门长远发展注入了新动力，对推动澳门长期繁荣稳定和融入国家发展大局具有重要意义。横琴自开发之初就被赋予了促进澳门产业多元发展的使命；升级为合作区后，这项使命更为突出，明确要立足琴澳产业基础和禀赋优势，集聚创新资源、引导实质性运营，发展促进澳门经济适度多元的新产业。

一、横琴发展历程回顾

横琴与澳门一衣带水，最近距离只有200米。横琴的开发始于1968年，当时珠海县考虑在大、小横琴岛之间的中心沟进行围垦，但因工程艰巨，故报请佛山地委，提出与邻近兄弟县合作围垦开发的设想。最终，围垦工程由顺德县在20世纪70年代独立完成，中心沟也成为顺德的一块“飞地”。顺德于1976年秋在中心沟兴建牛角坑水库和发电站，解决了滩涂上无淡水、无电的情况，这也为后来横琴的城市化建设提供了重要基础[①]。改革开放之初，横琴由于地理位置孤立，经济发展和城市化改革都相对缓慢。

（一）横琴被列为广东四大重点开发区之一

改革开放后，横琴在1992年迎来第一次大开发。1992年初，邓小平在广东视察，先后到深圳、珠海两市和顺德县，就改革开放的诸多问题发表了一系列影响深远的重要讲话。“南方谈话”发表后产生了重大影响，迅速在全国掀起新一轮改革开放浪潮。1992年7月，横琴经济开发区获批成立；8月，横琴经济开发区管委会正式挂牌办公，为珠海市委、市政府派出机构。横琴就此被广东省定位为扩大对外开放的四个重点开发区之一。

虽然横琴被列为广东省级扩大对外开放的开发区，但这一利好政策并未能带动横琴的快速发展。一方面，横琴主要由珠海市委、市政府主导开发，在1993年被列为珠海五大核心经济区之一（见图1-1），但其区位并无优势，珠海北部的国家级高新区、西区的高栏港建设、西区的大型供水工程等项目都在快速发展，区域经济发展的重心湾仔镇也登上1992年全国亿元乡镇人均社会总产值排名榜

图1-1　横琴旧貌

资料来源：横琴粤澳深度合作区管委会，摄于1993年8月。

① 谭元亨、朱文彬、卢荫和：《横琴中心沟围垦史》，中山大学出版社，2018。

首。与此同时，珠海与澳门的交流则主要是依靠拱北口岸，横琴的优势难以得到有效挖掘。另一方面，横琴的基础设施还并未打牢。1992年，经过珠江水利委员会科学论证并规划，珠海市委、市政府成立横琴围垦指挥部围海造地，横琴的土地开始向四周延伸。一直到1997年，横琴全岛面积才从47.6平方公里扩大到100多平方公里，形成当前横琴的地理格局。此后，连接横琴与珠海市区的横琴大桥于1999年建成通车，连接横琴与澳门的莲花大桥于2000年通车启用。依托这两座桥梁才逐渐改变了横琴的“孤岛”历史。随后，横琴开始建设主干道路网，接通市区供水系统，并建成超十万伏的变电站，实现了“六通”（桥通、路通、水通、电通、邮通、口岸通），方才具备了大开发、大建设、大引进、大发展的基础和条件。

（二）横琴成为多方共建的“泛珠三角横琴经济合作区”

随着基础设施建设的发展，横琴独特的区位优势突显了出来，粤澳共同开发横琴的声音逐渐出现。

2003年底，时任广东省省长黄华华与时任澳门特首何厚铧在粤澳高层联席会议上达成粤澳两地共同开发横琴的共识，计划把横琴建成国际性、综合性、开放性的旅游度假区，突出横琴海岛特色，以中西文化交汇为主题，向休闲、度假、运动、娱乐、会展、购物等领域发展，办成澳门优势产业延伸发展的腹地。2004年，时任中共中央政治局委员、广东省委书记张德江提出了“9+2”的泛珠三角经济合作区的设想，推动广东及珠江流域的9个省区与港澳建立“9+2”泛珠三角区域合作关系。各方在粤澳合作联席会议上进一步达成共识——横琴由原来的粤澳合作开发扩大到“9+2”共同开发，研究设立“泛珠三角横琴经济合作区”作为泛珠三角区域合作发展的重要载体，将横琴打造为国家实施《关于建立更紧密经贸关系的安排》（CEPA）的重要平台和内地参与国际分工合作的重要基地。2005年，时任国务院总理温家宝在考察横琴发展时赞叹“这是一块宝地”，提出要系统规划好横琴的发展，要与珠海的整体规划衔接，要“谋而后动……争取最大的经济社会效益和生态效益”。2005年8月，广东省制定了《泛珠三角横琴经济合作区的项目建议书》。2006年，广东省政府批准了《横琴岛开发建设总体规划纲要》。2008年，《珠江三角洲地区改革发展规划纲要（2008—2020年）》进一步表述为规划建设“珠海横琴新区”。

在这一阶段，横琴的规划建设上升到粤澳、泛珠三角的层面，但功能和产业上的定位仍不清晰，虽然吸引了不少港澳财团投资，引进了诸如养马场、酒店等项目，但真正落地的很少。在运作主体方面，从一开始的珠海主导，到粤澳主导，再到泛珠三角9省区及港澳共同开发建设，虽然开发主体的数量和体量增加，但涉及面太广，在实际操作上难以落实。

（三）横琴升格为国家级新区

2009年1月，时任中共中央政治局常委、国家副主席习近平在考察访问澳门期间宣布，中央政府已决定同意开发横琴岛；6月，国务院常务会议讨论并原则通过《横琴总体发展规划》，决定将横琴岛纳入珠海经济特区范围，对口岸设置和通关制度实行分线管理；8月，国务院正式批准实施《横琴总体发展规划》，横琴新区就此成为继上海浦东新区、天津滨海新区后的第三个国家级新区（见图1-2）。按照规划，横琴将逐步建设成为“一国两制”下探索粤港澳合作新模式的示范区、深化改革开放和科技创新的先行区、促进珠江口西岸地区产业升级的新平台，自此，横琴揭开了国家战略层面发展的新篇章。2009年12月，港珠澳大桥开工，澳门大学横琴校区举行奠基仪式，多项重要工程也宣布启动。

图1-2 2009年国务院正式批准实施《横琴总体发展规划》，横琴新区作为我国第三个国家级新区正式挂牌成立

2010年，第十一届全国人民代表大会第三次会议《政府工作报告》指出，要

积极推进港珠澳大桥等大型跨境基础设施建设和珠海横琴岛开发，深化粤港澳合作，密切内地与港澳的经济联系。为配合国家全面实施横琴开发战略，在广东省委、省政府的协调下，珠海和顺德就横琴中心沟归属问题签订相关协议，明确了将横琴中心沟权属转移至珠海横琴新区，解决了行政区划上的历史遗留问题。

2011年3月，横琴开发被纳入国家“十二五”规划，广东省政府和澳门特别行政区政府在北京人民大会堂签署了《粤澳合作框架协议》，确立了合作开发横琴、产业协同发展等合作重点，提出了共建粤澳合作产业园区等一系列合作举措；7月，《国务院关于横琴开发有关政策的批复》正式下发，同意在珠海横琴新区实行“比经济特区更加特殊的优惠政策”，授予横琴新区立法权、在横琴建立特殊的通关管理制度、实施特殊的税收金融政策、实施特殊的产业政策、赋予特殊的审批管理权限，明确横琴重点发展旅游休闲、商务服务、金融服务、文化创意、中医保健、科教研发和高技术7大产业，这给横琴的产业发展定下了主基调。

2012年3月5日，时任国务院总理温家宝在《政府工作报告》中明确提出：“支持澳门建设世界旅游休闲中心，推进横琴新区建设，促进经济适度多元发展”；6月，《〈内地与澳门关于建立更紧密经贸合作关系的安排〉补充协议九》签订，为横琴设立5项专门政策，横琴成为粤港（澳）服务贸易自由化的先行区；12月，习近平当选中共中央总书记后首次离京来到广东考察，第二次来到横琴，他勉励横琴：“要发扬敢为人先的精神，先行先试，进一步扩大开放，勇于探索，勇于去闯，在体制机制创新方面，为粤港澳合作作出贡献。”

2013年2月，国家发展改革委正式发布《横琴新区产业发展指导目录》，该目录涵盖了7大产业共计200条产业条目。增加了离岸业务服务，企业总部管理，高档宾馆、写字楼，婚庆服务业等创新产业项目。横琴新区获批国家海洋生态文明示范区。

（四）横琴建设自由贸易试验区及国际休闲旅游岛

2014年12月，国务院决定设立中国（广东）自由贸易试验区。2015年3月24日，中国共产党中央政治局召开会议，审议通过广东自由贸易试验区总体方案；4月21日，中国（广东）自由贸易试验区在广州南沙区举行挂牌仪式，珠海横琴自贸区也随之正式设立（见图1-3），成为中国（广东）自由贸易试验区促进澳门经济适度多元发展的新载体、新高地。

图1-3　2015年珠海横琴自贸区正式设立

资料来源：横琴粤澳深度合作区统计局发布的《2022横琴粤澳深度合作区发展与展望》。

图1-4　2019年3月21日，国务院批复《横琴国际休闲旅游岛建设方案》

2017年10月，《横琴、保税区、洪湾片区一体化改革发展实施方案》正式印发，拉开了横琴与澳门一体化发展的序幕。

2019年2月，旨在全面推进粤港澳合作的《粤港澳大湾区发展规划纲要》发布，提出要加快推进深圳前海、广州南沙、珠海横琴等重大平台开发建设，充分发挥其在进一步深化改革、扩大开放、促进合作中的试验示范作用，拓展港澳发展空间，推动公共服务合作共享，引领带动粤港澳全面合作。

为了更好地支持澳门世界旅游休闲中心建设，促进澳门经济更具活力，优化自贸片区的发展环境，国家发改委于2019年4月9日印发《横琴国际休闲旅游岛建设方案》（见图1-4），谋划在横琴岛及所辖海域范围内建设横琴国际休闲旅游岛；明确横琴“促进澳门经济适度多元发展新载体、国际一流休闲旅游基地、国家全域旅游示范区”三大定位，构建“一带、一廊、一区”的全域发展空间布局；确立了横琴国际休闲旅游岛“三步走”建设目标——到2020年，把旅游休闲产业培育成为经济支柱产业，初步建成国际海岛旅游目的地，第三产业增加值占地区生产总值的比重达75%；到2025年，旅游休闲产业规模进一步扩大，以旅游休闲产业为主导的产业体系进一步完善，第三产业增加值占地区生产总值的比重达80%；到2035年，建设成为生态优美、景观丰富、配套完善、特色鲜明的国际休闲旅游岛，全域旅游产业体系基本形成，旅游休闲产业对经济社会发展发挥更加重要的龙头带动作用。

（五）横琴开启“粤澳深度合作区”建设

2019年12月20日，习近平总书记出席庆祝澳门回归祖国20周年大会暨澳门特别行政区第五届政府就职典礼并发表重要讲话，他指出：“特别要做好珠澳合作开发横琴这篇文章，为澳门长远发展开辟广阔空间、注入新动力。”[①]2020年10月14日，习近平总书记出席深圳经济特区建立40周年庆祝大会并发表重要讲话，进一步强调“加快横琴粤澳深度合作区建设”[②]。

习近平总书记亲自谋划指导总体方案的编制工作。2021年4月，他在审议

① 《习近平在庆祝澳门回归祖国二十周年大会暨澳门特别行政区第五届政府就职典礼上的讲话》，《人民日报》2019年12月21日第2版。

② 《在深圳经济特区建立40周年庆祝大会上的讲话》，《人民日报》2020年10月15日第2版。

《横琴粤澳深度合作区建设总体方案》时作出重要指示：要用好横琴合作区这个不同规则和机制交错共存的区域，积极探索两地规则衔接和机制对接，为粤港澳大湾区市场一体化探索经验。习近平总书记的这一系列重要讲话和指示要求，为横琴发展和横琴粤澳深度合作提供了根本遵循。2021年9月5日，中共中央、国务院印发《横琴粤澳深度合作区建设总体方案》，为新形势下粤澳合作开发横琴按下快进键。同年9月17日，中共中央政治局常委、国务院副总理、粤港澳大湾区建设领导小组组长韩正出席横琴粤澳深度合作区管理机构揭牌仪式并讲话，他希望合作区牢记初心，大力发展促进澳门经济适度多元的新产业，为澳门长远发展注入新动力；注重民生优先，努力为澳门居民在合作区学习、就业、创业、生活提供更加便利的条件；坚持开放包容，积极探索两地规则衔接、机制对接，着力构建与澳门一体化高水平开放的新体系；加强互利合作，不断健全粤澳共商共建共管共享的新体制，更好谋划新发展、展现新气象。

2021年10月22日，时任广东省省长、横琴粤澳深度合作区管理委员会主任马兴瑞与澳门特别行政区行政长官、横琴粤澳深度合作区管理委员会主任贺一诚共同主持合作区管理委员会第一次会议。马兴瑞指出，合作区建设已进入全面实施、加快推进的新阶段，粤澳双方要以高度的政治责任感和使命感，聚焦牵一发而动全身的重点环节，健全完善合作区管理运行机制，明确重点工作任务清单，加快引进落实一批大型企业、重大项目，加强对内对外沟通协调，加快重大创新政策落地，推动合作区建设迈上新台阶。

2022年2月8日，时任广东省委书记李希到横琴粤澳深度合作区调研时强调，要围绕促进澳门经济适度多元发展的初心，聚焦“四新”重点任务持续发力、努力。广东省省长王伟中在珠海主持召开推进横琴粤澳深度合作区建设工作协调对接会时指出，省各部门要推动各方面资源要素向合作区倾斜支持，指导帮助合作区落实好《横琴粤澳深度合作区建设总体方案》部署的各项任务。

2022年2月14日，横琴粤澳深度合作区管理委员会主任、澳门特别行政区行政长官贺一诚到合作区调研，并与合作区管委会、执委会领导举行新春座谈会。贺一诚对建设合作区提出了四个方面的思考：一是牢牢把握合作区建设初心，做好顶层设计；二是推进两地的规则衔接、机制对接，发挥优势互补，加强制度建设；三是在招商引资、项目建设上展现新作为；四是激发干事活力和创业成效。

回顾历史，横琴先后经历了省级经济开发区、泛珠三角横琴经济合作区、国家级新区、自由贸易试验区以及粤澳深度合作区的战略定位（见表1-1）。早期横琴受限于珠澳缺乏制造业基础和珠江东岸成熟的世界级制造业产业集群网络的虹吸效应，产业发展缺乏立足点，在1992年成为省级经济开发区之后的很长一段时间里发展缓慢。另外，澳门经济体量有限，难以凭借一己之力带动横琴与珠澳合作。因此，从《横琴总体发展规划》开始，国家和广东省层面逐步发力横琴建设，伴随着制造业与科技服务业相融合，与金融、商务、贸易相融合趋势的加深，横琴承载着国家使命，终于在《横琴粤澳深度合作区建设总体方案》中明确了“四新”产业的着力点，形成了较为强大的发展动能。未来，横琴产业发展中的关键点在于，“四新”产业能否汇聚粤澳、珠澳合作，促成产业间的协同牵引力，共同承担起珠江西岸产业核心枢纽功能，成为引领中国新一轮制度型开放和湾区品牌“走出去”的核心载体。

表1-1　横琴各发展阶段的主要产业政策

阶段	时间	主要产业政策
省级经济开发区	1992年	—
泛珠三角横琴经济合作区	2004年	《泛珠三角横琴经济合作区的项目建议书》 《珠江三角洲地区改革发展规划纲要（2008—2020年）》
国家级新区	2009年	《横琴总体发展规划》 《横琴新区产业发展指导目录》 《横琴新区促进总部经济发展办法》
自由贸易试验区	2015年	《中国（广东）自由贸易试验区总体方案》 《粤港澳大湾区发展规划纲要》 《横琴国际休闲旅游岛建设方案》 《关于贯彻落实〈粤港澳大湾区发展规划纲要〉的实施意见》 《广东省推进粤港澳大湾区建设三年行动计划（2018—2020年）》 《粤港澳大湾区文化和旅游发展规划》 《广东自贸试验区横琴片区产业培育和扶持暂行办法》 《珠海经济特区促进中国（广东）自由贸易试验区珠海横琴新区片区建设办法》

（续表）

阶段	时间	主要产业政策
自由贸易试验区	2015年	《珠海经济特区促进横琴休闲旅游业发展办法》 《横琴新区支持人工智能产业发展暂行办法》 《横琴新区支持律师行业发展的暂行办法》
粤澳深度合作区	2021年	《横琴粤澳深度合作区建设总体方案》 《横琴粤澳深度合作区外商投资股权投资类企业试点办法（暂行）》 《横琴粤澳深度合作区支持企业赴澳门发行公司债券专项扶持办法（暂行）》 《降低横琴粤澳深度合作区企业综合成本的十条措施》 《财政部 税务总局关于横琴粤澳深度合作区企业所得税优惠政策的通知》 《财政部 税务总局关于横琴粤澳深度合作区个人所得税优惠政策的通知》 《横琴粤澳深度合作区促进集成电路产业发展若干措施》 《横琴粤澳深度合作区支持生物医药大健康产业高质量发展的若干措施》 《关于支持元宇宙产业发展十方面税收措施的通告》 《横琴粤澳深度合作区促进金融产业发展扶持办法》 《横琴粤澳深度合作区发展促进条例》 《支持和服务横琴粤澳深度合作区建设若干措施》

二、横琴产业政策解析

从2009年开始，中共中央、国务院、国家各部委和广东省先后对横琴新区、横琴自贸区、横琴粤澳深度合作区的产业发展进行了多轮规划部署。

2009年8月14日，国务院批准实施《横琴总体发展规划》，专章部署以高端服务业为主导的现代产业，重点发展商务服务、休闲旅游、科教研发和高新技术等产业，建设粤港澳地区的区域性商务服务基地、与港澳配套的国际知名旅游度假基地、珠江口西岸的区域性科教研发平台、融合港澳优势的国家级高新技术产业基地。发展策略包括加强适应横琴发展需要的高端产业人才体系建设、积极实施以企业为主体的自主知识产权品牌战略、建立多层次的产业投融资体系。规划中还明确禁止博彩业。

2015年4月8日，国务院印发《中国（广东）自由贸易试验区总体方案》，横琴重点发展旅游休闲健康、商务金融服务、文化科教和高新技术等产业，建设文化教育开放先导区和国际商务服务休闲旅游基地，打造促进澳门经济适度多元发展新载体。

2019年2月18日，中共中央、国务院印发《粤港澳大湾区发展规划纲要》，在“推进珠海横琴粤港澳深度合作示范”中，明确支持横琴粤澳合作中医药科技产业园等重大创新载体建设；支持符合条件的港澳银行、保险机构在深圳前海、广州南沙、珠海横琴设立经营机构；在深圳前海、广州南沙、珠海横琴建立港澳创业就业试验区；配合澳门建设世界旅游休闲中心，高水平建设横琴国际休闲旅游岛，统筹研究旅客往来横琴和澳门的便利措施，允许澳门旅游从业人员到横琴提供相关服务；支持横琴与珠海保税区、洪湾片区联动发展，建设粤港澳物流园；探索符合条件的港澳和外籍医务人员直接在横琴执业；支持珠海和澳门在横琴合作建设集养老、居住、教育、医疗等功能于一体的综合民生项目；研究设立为澳门居民在横琴治病就医提供保障的医疗基金；研究在横琴设立澳门子弟学校；支持横琴与澳门联手打造中拉经贸合作平台，搭建内地与“一带一路”相关国家和地区的国际贸易通道；支持横琴为澳门发展跨境电商产业提供支撑，推动葡语国家产品经澳门更加便捷进入内地市场。

2019年4月9日，国家发展改革委印发《横琴国际休闲旅游岛建设方案》，给予横琴“促进澳门经济适度多元发展新载体”“国际一流休闲旅游基地”“国家全域旅游示范区”的战略定位，要求横琴按照“一带、一廊、一区”的全域发展空间布局，助力打造粤港澳世界级旅游大湾区、培育高品质休闲旅游产品体系、创新与国际接轨的休闲旅游市场监管机制、推进休闲旅游配套设施建设、构建“旅游+”产业生态圈、提高旅游对外开放合作水平。

2019年7月，广东省委和省政府印发《关于贯彻落实〈粤港澳大湾区发展规划纲要〉的实施意见》，要求深化珠澳合作，协同推进特色金融、休闲旅游、高端装备制造、生物医药、文化创意等产业发展，共同推进珠海横琴新区开发建设，打造粤港澳大湾区经济新增长极。广东省推进粤港澳大湾区建设领导小组印发《广东省推进粤港澳大湾区建设三年行动计划（2018—2020年）》，对推进珠海横琴粤港澳深度合作示范进行了部署，主要包括：高水平建设横琴国际休闲旅游岛，支持横琴加强与港澳保险机构合作；加快横琴科学城建设；支持粤澳合作中医药科技产业园建设；推动在横琴探索设立中医药改革试验区，推进设立中药材大宗商品期货交易所；推动与澳门在横琴合作建设集养老、居住、教育、医疗等功能于一体的综合民生项目。

2020年12月24日，文化和旅游部、粤港澳大湾区建设领导小组办公室、广东省人民政府联合印发《粤港澳大湾区文化和旅游发展规划》，提出要高水平建设横琴国际休闲旅游岛，支持琴澳旅游深度合作，允许香港、澳门旅游从业人员经培训考核后到横琴提供相关服务，建设粤港澳大湾区旅游教育培训基地。

2021年4月2日，国家发展改革委印发《粤港澳大湾区建设、长江三角洲区域一体化发展中央预算内投资专项管理办法》，横琴粤澳深度合作区主要支持方向包括港澳元素较为突出的科技创新平台、由政府投资的非经营性港澳青年创新创业平台、内地与港澳合作办学的高等院校、连接内地与港澳的基础设施互联互通工程及其主要配套工程以及对粤港澳大湾区建设具有标志性或重大意义的其他领域项目。

2021年9月5日，中共中央、国务院印发《横琴粤澳深度合作区建设总体方案》，给予横琴“促进澳门经济适度多元发展的新平台”“便利澳门居民生活就业的新空间”“丰富‘一国两制’实践的新示范”“推动粤港澳大湾区建设的新高地”四大战略定位，明确重点发展科技研发和高端制造产业、中医药等澳门品牌工业、文旅会展商贸产业、现代金融产业，以此作为促进澳门经济适度多元的“四新”产业。

在国家和省的引导下，珠海市和横琴也印发了多份文件支持横琴产业的发展。

2013年2月28日，珠海市横琴新区管委会办公室公布了《横琴新区产业发展指导目录》，该目录涵盖了旅游休闲，物流、商贸和商务服务，金融服务，文化创意，医药卫生，科教研发，高新技术等产业共计200个产业条目。

2014年6月19日，横琴新区管委会办公室印发《横琴新区促进总部经济发展办法》，对跨国公司地区总部企业、国内大企业总部企业、创新金融总部企业和成长型总部企业给予奖励和扶持。

2015年7月28日，横琴新区管委会办公室印发《广东自贸试验区横琴片区产业培育和扶持暂行办法》，鼓励世界500强企业和中国500强企业落户并给予相应财政扶持；支持金融业及金融服务业发展；支持跨境服务、离岸贸易发展；支持公共服务平台建设；鼓励创新驱动企业及团队落户。

2015年12月7日，珠海市人民政府施行《珠海经济特区促进中国（广东）自由贸易试验区珠海横琴新区片区建设办法》，专章部署横琴对接港澳的重点领域，在医疗卫生、文化教育、社会服务等专业服务，以及金融服务、交通航运服务、商贸服务、科技服务等领域，进一步取消或者放宽对港澳投资者资质要求、股比限制、经营范围等的准入限制；支持发展高端医疗服务，开展粤港澳医疗机构转诊合作试点，建设具有粤港澳特色的中医药产业基地；推动游客入境便利化和旅游业务创新发展，建设国际商务服务休闲旅游基地；探索将境外产业投资与港澳资本市场相结合，鼓励在横琴片区设立专业从事境外股权投资的项目公司，支持有条件的投资者设立境外投资股权投资母基金；支持澳门打造中国与葡语系国家经贸合作平台，参与21世纪海上丝绸之路建设；推动与粤港澳商贸、旅游、物流、信息等服务贸易自由化相适应的金融创新。

2017年6月1日，珠海市人民政府施行《珠海经济特区促进横琴休闲旅游业发展办法》，明确市人民政府，横琴新区管理委员会，市旅游、发改、国土、规划、建设、交通、财政、人力资源和社会保障等行政主管部门促进横琴休闲旅游业发展的具体职责。

2017年11月13日，横琴新区管委会办公室印发《横琴新区促进休闲旅游业发展办法》，明确为消费者开展休闲旅游活动创造条件，并提供其所需商品和服务的综合性产业，主要包含海洋旅游、湿地森林旅游、科技旅游、文化旅游、健康旅游、游轮游艇旅游、低空飞行旅游、体育竞技旅游等。

2020年5月7日，横琴新区管委会办公室印发《横琴新区支持人工智能产业发展暂行办法》，对于登记入选“横琴新区人工智能企业（机构）库”的企业给予算力扶持、贡献扶持、营收扩增、贷款贴息补助、创新应用、应用支持、创新平台配套奖补、重大科技项目配套奖补等扶持、资助和奖励。

2020年9月14日，横琴新区管委会办公室印发《横琴新区支持律师行业发展的暂行办法》，对在横琴注册且纳税的律师事务所、粤港澳“两地”或“三地”联营律师事务所予以奖励，吸引优质律师事务所落户横琴新区。

2021年12月29日和30日，横琴粤澳深度合作区执行委员会印发了《横琴粤澳深度合作区外商投资股权投资类企业试点办法（暂行）》和《横琴粤澳深度合作区支持企业赴澳门发行公司债券专项扶持办法（暂行）》。前者是横琴首个金融专项政策，澳门投资者可通过外商投资股权投资类企业试点办法在合作区申请合格境外有限合伙人（QFLP）试点，并在境内开展股权投资等业务，参与内地经济市场发展。后者旨在吸引更多合作区企业优先选择在澳门发行公司债券，以利于培育澳门债券市场服务生态，提升澳门债券市场的活跃度。

2022年3月2日，为优化合作区营商环境，解决企业运营难点，合作区执委会印发《降低横琴粤澳深度合作区企业综合成本的十条措施》，全面降低企业运营成本，具体内容包括：科技企业场地租金降低、就业人员租房和生活补贴条件放宽、商业配套运营补贴、辅助企业招聘、澳门投资者补贴、企业用冷补贴、园区楼宇配套餐饮补贴条件放宽、公共交通建设、停车调费增位、教育保障等多个方面。

2022年3月和5月，广东省财政厅、国家税务总局广东省税务局转发《财政部 税务总局关于横琴粤澳深度合作区个人所得税优惠政策的通知》《财政部 税务总局关于横琴粤澳深度合作区企业所得税优惠政策的通知》，标志着两项重要个税减免政策在合作区正式落地：一是对境内外高端人才和紧缺人才个人所得税税负超过15%的部分予以免征；二是“澳人澳税”，对在合作区工作的澳门居民个人所得税税负超过澳门税负的部分予以免征。

2022年6月23日，横琴粤澳深度合作区执行委员会印发《横琴粤澳深度合作区关于应对新冠肺炎疫情帮助市场主体纾困解难的若干措施》，为在合作区运营的企业提供全面支持，涵盖水电、防疫、租金、贷款，以及促进消费等多个方面，包括对抄表到户企业最高100万元的用水用电供冷补贴、最高10万元的防疫补贴、6个月租金减免、安排5000万元消费促进资金等多项措施。

2022年7月20日，横琴粤澳深度合作区执行委员会印发《横琴粤澳深度合作区贯彻落实国务院〈扎实稳住经济的一揽子政策措施〉实施方案》，具体举措包括加大金融服务实体经济发展力度、谋划推动一批重点项目建设、精准施策积极培育发展新产业、优化审批程序提升服务效能、加大纾困力度降低市场主体经营成本，其中强调要谋划引进一批具有前瞻性、战略性的重大产业项目，进一步充实项目储备库；优化粤澳合作中医药科技产业园发展路径，提升产业园运营管理水平；培育发展元宇宙等下一代互联网新业态，聚焦元宇宙关键技术的集成创新与融合应用，支持建设合作区元宇宙产业链股份制联盟，研究出台《横琴粤澳深度合作区元宇宙产业促进办法》，打造全国首个元宇宙开放创新试验区。布局发展无人驾驶汽车，加强在机器人、人工智能、感应器、车联网等多领域的技术应用。

2022年7月27日，横琴粤澳深度合作区执行委员会印发《横琴粤澳深度合作区促进集成电路产业发展若干措施》，通过多种类、多层次的补贴等扶持，包括最高可达2000万元的总部项目奖励、多项最高300万元至1500万元不等的研发创新补贴等，从企业落户与发展、人才引进与培养、平台建设、粤澳协同创新等多个方面全面支持合作区集成电路产业发展。

2022年10月25日，横琴粤澳深度合作区金融发展局印发《横琴粤澳深度合作区促进金融产业发展扶持办法》，对持牌法人金融机构、其他持牌金融机构、地方金融组织、持牌法人金融机构的分支机构、持牌法人金融机构的后台服务机构、地方金融组织的配套服务机构、私募投资基金、其他类金融机构给予落户扶持、经营扶持、增资扶持、并购扶持、私募股权投资基金投资上市企业扶持、跨境业务合作扶持、金融贡献扶持、澳资企业专项扶持、租赁办公用房补贴、购置办公用房补贴等扶持。

2022年10月27日，横琴粤澳深度合作区执行委员会印发《横琴粤澳深度合作区支持生物医药大健康产业高质量发展的若干措施》，支持生物医药大健康的领域主要包括中药创新药、改良型新药、古代经典名方中药复方制剂、同名同方药、中药饮片等中药；基因治疗、细胞治疗、合成生物等生物制品；新靶点、新机制和新结构等化学药；影像设备、植介入器械及耗材、体外诊断仪器和试剂等医疗器械；保健食品、特殊医学用途配方食品、特殊用途化妆品等大健康产品；医药合同外包服务等平台。内地药企通过在澳门注册企业，可将药品放在澳门注册上市，而将部分研发、生产等环节布局在横琴。

2022年10月31日，横琴粤澳深度合作区财政局、国家税务总局横琴粤澳深度合作区税务局和横琴粤澳深度合作区经济发展局联合发布《关于发布支持元宇宙产业发展十方面税收措施的通告》，瞄准元宇宙新技术、新业态、新模式，根据现有政策整理推出支持元宇宙产业发展十个方面二十三条税收措施，助力合作区建设元宇宙产业发展新高地。

2023年2月，广东省人民代表大会常务委员会公布《横琴粤澳深度合作区发展促进条例》，对合作区治理体制、规划建设与管理、促进产业发展、便利澳门居民生活就业、推动琴澳一体化发展和法治保障等方面作出规定，重点发展科技研发和高端制造、中医药、文化旅游会展商贸、现代金融等产业。海关总署出台《支持和服务横琴粤澳深度合作区建设若干措施》，对符合条件且已在港澳上市药品中属于特殊物品的，海关予以优先办理卫生检疫审批；优化参展出入境及展品通关便利化措施，支持粤澳会展业“一展两地”联动；推行进境演艺动物“随到随检、检后即演、全程监管”的检疫监管模式，助力横琴国际休闲旅游岛建设；进一步便利澳门居民、澳大师生、高端人才、会展人员进出横琴，实现各类民生物资快速验放。

总体上看，横琴的产业规划和产业政策主要集中在六大类别中。第一类是中医药、医疗卫生和生物医药大健康产业；第二类是旅游休闲、会展和酒店产业；第三类是现代金融、贸易和物流产业；第四类是文化教育产业；第五类是元宇宙、人工智能、科技研发创新、科技服务产业；第六类是社会服务产业。

三、横琴产业发展方向

《横琴粤澳深度合作区建设总体方案》（简称《总体方案》）立足为澳门产业多元发展创造条件，充分吸取前几个开发阶段的经验和教训，清晰地勾勒出横琴粤澳深度合作区建设的宏伟蓝图。围绕“四新”战略定位、“四新”重点任务和推动琴澳一体化发展的要求，加快推进基础设施“硬联通”和规则机制“软联通”，率先在体制、政策、产业、民生等改革开放重要领域和关键环节积极探索、大胆创新[①]，加强政策扶持，大力发展新技术、新产业、新业态、新模式，为横琴的产业发展打好坚实的基础。

（一）健全粤澳共商共建共管共享新机制

机构配置决定了横琴粤澳深度合作区（简称“合作区”）的能量级和重大事项推进顺利度。根据《总体方案》健全粤澳共商共建共管共享的新体制的要求，

① 触电新闻珠海：《体制、政策、产业、民生全面提升，横琴粤澳深度合作区交出亮眼“成绩单”》，2022年4月20日，http://www.hengqin.gov.cn/macao_zh_hans/hzqgl/dtyw/xwbb/content/post_3136893.html。

合作区形成了由管理委员会、执行委员会、广东省委和省政府派出机构组成的管理架构，这是史无前例的重大改革和体制创新。

粤澳双方联合组建的合作区管理委员会承担开发管理职能，统筹决定合作区重大规划、重大政策、重大项目和重要人事任免。管理委员会实行双主任制，由广东省省长和澳门特别行政区行政长官共同挂帅，澳门特别行政区委派一名常务副主任，粤澳双方协商确定其他副主任，成员包括广东省和澳门特别行政区有关部门、珠海市政府等（见图1–5）。

合作区管理委员会下设的执行委员会承担开发执行职能，由澳门特别行政区政府委派，广东省和珠海市派人参加，履行国际推介、招商引资、产业导入、土地开发、项目建设、民生管理等职能，做好属地管理。

广东省委和省政府派出机构则集中精力抓好党的建设、国家安全、刑事司

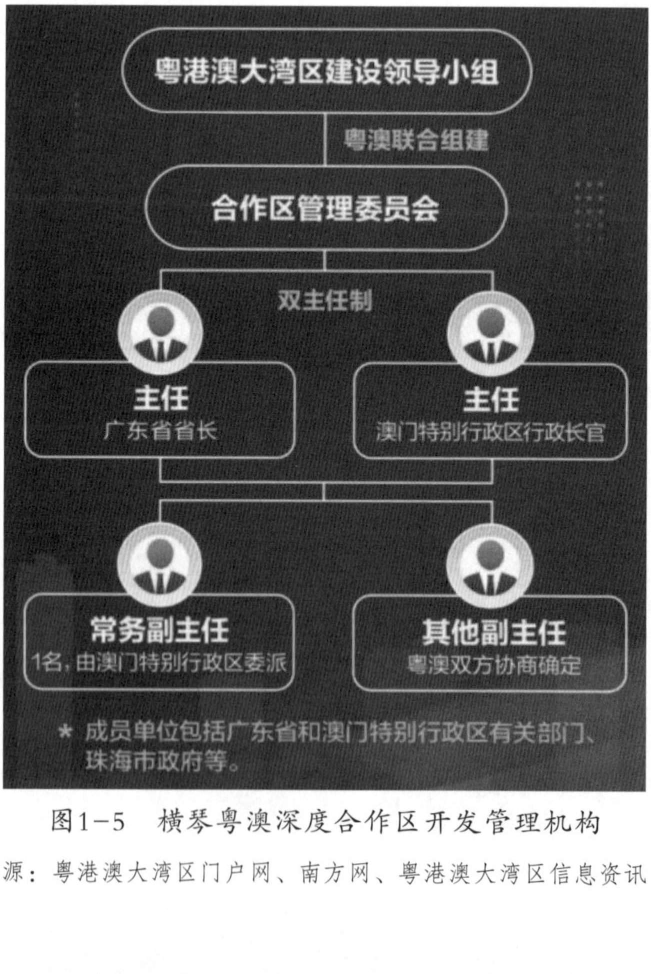

图1–5　横琴粤澳深度合作区开发管理机构

资料来源：粤港澳大湾区门户网、南方网、粤港澳大湾区信息资讯中心。

法、社会治安等工作，履行好属地管理职能，积极主动配合合作区管理和执行机构推进合作区开发建设。

截至2022年4月，合作区已召开2次管委会会议、12次执委会会议，制定出台管委会工作规则、执委会议事规则、执委会主要职责工作机构和人员额度等重要规章制度。

成立伊始，合作区就初步建立了以商事登记改革为重点的行政服务体系、以清单管理为重点的市场监管体系、以通关便利为重点的贸易服务体系、以服务实体经济为重点的金融创新体系、以国际公信力为重点的法治体系等五大集成性改革创新体系。按照世界银行2021年的营商环境评价指标模拟测算，横琴整体营商环境已进入全球前20名。

（二）用好重大利好政策取得新成效

合作区稳步构建了“1+1+1+N”的政策框架体系。第一个“1”即《横琴粤澳深度合作区发展促进条例》，横琴粤澳深度合作区涉及“一国两制”，很多事权在中央，目前正在共同争取中央相关的立法部门尽快来制定合作区的条例；第二个“1”即《横琴粤澳深度合作区建设总体方案》；第三个“1”即《横琴总体发展规划》；“N”即分线管理、财税金融、市场准入等一系列重点领域相关配套政策，推动横琴深度合作的先行先试。

在中央各相关部委的大力支持和推动下，合作区在挖掘用好重大政策利好上取得新成效，扎实推动配套政策一项一项落地，特别是个人所得税15%的优惠政策于2022年1月1日开始实施；境内外高端人才和紧缺人才清单及管理办法等配套政策的落实有序推进；鼓励类产业目录、企业所得税优惠目录、放宽市场准入特别措施等重点政策的制定不断细化。此外，合作区还全力配合海关总署制定分线管理政策（即货物“一线”放开、“二线”管住，人员进出高度便利）及实施细则，加快建设“一线”口岸和“二线”通关基础设施。

（三）重点任务重大项目展现新作为

合作区坚持以《总体方案》确定“四大产业”（科技研发和高端制造产业、中医药等澳门品牌工业、文旅会展商贸产业、现代金融产业）为主攻方向。立足“吸引新澳企、壮大新澳资”，积极引进更多具有粤澳特色、根植性强、带动力强的产业项目落地，不断夯实横琴发展的产业基础，重大产业科技项目渐次布局。

2021年12月6日，粤澳半导体基金项目、空客直升机中国总部项目、横琴中药新药技术创新中心等首批13个重点项目集中签约落户，形成合作区加快建设的示范效应。合作区推出商事登记跨境通办服务，澳门企业足不出户即可落户合作区。至2022年4月，共新设立澳资企业253家，实有澳资企业4771家，澳资企业参与合作区建设热情高涨。合作区拥有各类国家级、省级科技创新平台达20家。

按照部署，横琴将坚持“横琴空间+澳门资源+优秀人才+现代产业+成果共享”的发展模式，精准招商引资，推动集成电路、人工智能、生物医药、文旅会展、现代金融等领域重点企业和项目落地；加快制定出台支持澳门企业在合作区发展、商事登记跨境通办、私募投资基金实地办公等政策措施，推动产业集聚度全面提升；用好中央财政补助支持政策，加快制定享受企业所得税优惠政策产业目录，细化落实个人所得税优惠实施办法，更好地吸引集聚境内外投资、人才、科创等高端要素资源。

（四）社会民生领域加快融合实现新突破

合作区着力营造趋同澳门的宜居宜业生活环境，聚焦澳门居民最关心、最直接、最现实的民生问题，全力推进规则衔接、机制对接，使得澳门居民在合作区生活就业更加便利。“澳门新街坊”项目推进顺利，可为澳门居民提供4000套住房，截至2021年底，合作区登记就业的澳门居民503人，同比增长114%；全国首个港澳建筑工程和专业人士跨境备案系统正式启用，累计63家港澳企业和324名专业人士获跨境执业资格；澳门居民累计办理居住证8679人、购置各类物业7426套、签订门诊统筹424名，2021年超5.3万人次澳门居民在横琴就医；澳门机动车入出合作区配额总量增加至1万台；优质教育资源不断投入使用，新增各类学位4100个。在便利人员车辆往来方面，新横琴口岸和青茂口岸相继开通，在旅检口岸实施“智慧旅检”，便捷进出境旅客通关。在珠澳陆路口岸等推行车辆“一站式”查验模式，粤港澳大湾区跨界车辆信息管理综合服务平台的建设，惠及近3000家运输企业、10万余辆车辆。

四、国家战略下横琴发展新使命

习近平总书记强调，中国将秉持开放、合作、团结、共赢的信念，坚定不移全面扩大开放[①]。作为开放程度最高、经济活力最强的地区之一，粤港澳大湾区承担着打造国际一流湾区和世界级城市群的历史使命。2023年1月，中共中央政治局委员、广东省委书记黄坤明调研横琴时指出，要全面贯彻落实习近平总书记关于粤澳合作开发横琴的重要指示精神，始终牢记建设开发横琴的初心，紧紧围绕促进澳门经济适度多元发展这条主线，深入推进合作区建设。要发挥粤澳优势特色各展所长，下深功夫实功夫做大做强高端制造、文旅会展商贸、现代金融、中医药等产业，不断为澳门长远发展注入新动力。要高效推进软硬联通，积极稳妥推动“一线放开、二线管住”政策落地实施，在确保安全监管的基础上推行合作查验、一次放行通关模式，最大限度保障人员进出高度便利，加快构建与澳门一体化高水平开放的新体系。

横琴粤澳深度合作区的建设是深入实施《粤港澳大湾区发展规划纲要》的重大举措，是彰显习近平新时代中国特色社会主义思想的真理力量和实践伟力的重大战略部署；有助于丰富“一国两制”实践，支持港澳长期繁荣稳定；有助于应对世界百年未有之大变局，进一步深化改革、扩大对外开放，更好推动构建以国内大循环为主体、国内国际双循环相互促进的新发展格局；有助于推动粤港澳大湾区建设服务国家打造高质量发展的动力源，进一步提升粤港澳合作水平，推动大湾区建设迈上新台阶。

对比前海合作区和南沙合作区，横琴粤澳深度合作区面积最小，但所发展的主导产业和企业所得税优惠产业目录中的产业、项目是最多的，同时也具有粤澳合作的鲜明特色（见表1-2）。

---

① 习近平：《在第三届中国国际进口博览会开幕式上的主旨演讲》，《人民日报》2020年11月5日第2版。

表1-2　横琴粤澳深度合作区与南沙、前海合作区政策对比

内容	南沙	前海	横琴
规格体例	国务院	中共中央 国务院	中共中央 国务院
服务对象	立足湾区、协同港澳、面向世界	香港	澳门
合作区面积	803平方千米	120.56平方千米	106平方千米
合作区范围	南沙区全域	以原前海合作区桂湾、前湾、妈湾为基础，扩展蛇口及大小南山片区、会展新城及海洋新城片区、机场及周边片区、宝安中心区及大铲湾片区	横琴岛“一线”和“二线”之间的海关监管区域。其中，横琴与澳门特别行政区之间设为“一线”，横琴与中华人民共和国关境内其他地区之间设为“二线”
主导产业	高新技术、信息技术、先进制造、生物医药、新能源与新材料、航运物流、现代服务、金融	现代物流、信息服务、科技服务、文化创意、商务服务	高新技术、科教研发、中医药、医药卫生、澳门品牌工业、文旅会展商贸、旅游、现代服务、现代金融
15%企业所得税优惠	实施范围：23平方千米，南沙湾、庆盛枢纽、南沙枢纽 优惠产业目录：8大产业共140项 高新技术重点行业企业在其具备高新技术企业或科技型中小企业资格之前8个年度发生的尚未弥补完的亏损，准予结转以后年度弥补，最长结转年限延长至13年	实施范围：14.92平方千米，由双界河、月亮湾大道、妈湾大道、宝安大道和西部岸线合围而成 优惠产业目录：5大产业共30项	实施范围：106平方千米，合作区全域 优惠产业目录：9大产业共150项 旅游业、现代服务业、高新技术产业企业新增境外直接投资所取得的所得，免征企业所得税

（续表）

内容	南沙	前海	横琴
个人所得税优惠	港澳居民，免征其个人所得税税负超过港澳税负的部分 境外高端人才和紧缺人才，免征其个人所得税税负超过15%的部分	境外高端人才和紧缺人才，免征其个人所得税税负超过15%的部分	境外高端人才和紧缺人才，免征其个人所得税税负超过15%的部分 澳门居民，免征其个人所得税税负超过澳门税负的部分
资金支持	2022—2024年，每年安排南沙100亿元新增地方政府债务限额，并统一计入地方政府债务余额 结合地方财力、债务风险情况以及项目融资需求，广东省在分配到有关财政资金和新增地方政务债券额度方面对南沙予以倾斜支持	无	无

（一）粤港澳大湾区建设与区域合作的要求

开放建设横琴是深入实施《粤港澳大湾区发展规划纲要》重大举措。在《粤港澳大湾区发展规划纲要》中横琴被提及次数高达21次，不仅超过了珠海（提到珠海的19次中，其中有7次是“珠海横琴”），也超过了前海和南沙（各提及13次）这两个自贸区。

1. 粤澳深度合作是粤港澳大湾区战略定位的重要内容

《粤港澳大湾区发展规划纲要》提出了打造充满活力的世界级城市群、具有全球影响力的国际科技创新中心、“一带一路”建设的重要支撑、内地与港澳深度合作示范区和宜居宜业宜游的优质生活圈的战略定位，粤澳深度合作是实现这些定位的重要支撑。

建设世界级城市群，强调要依托香港、澳门作为自由开放经济体和广东作为改革开放排头兵的优势；打造具有全球影响力的国际科技创新中心，要充分发挥粤港澳科技研发与产业创新优势；“一带一路”建设强调更好发挥港澳在国家对外开放中的功能和作用，提高珠三角九市开放型经济发展水平，促进国际国内两个市场、两种资源有效对接，在更高层次参与国际经济合作和竞争，建设具有重要影响力的国际交通物流枢纽和国际文化交往中心。《粤港澳大湾区发展规划纲要》提出：要构建内地与港澳深度合作示范区。依托粤港澳良好合作基础，充分发挥深圳前海、广州南沙、珠海横琴等重大合作平台作用，探索协调协同发展新模式，深化珠三角九市与港澳全面务实合作，促进人员、物资、资金、信息便捷有序流动，为粤港澳发展提供新动能，为内地与港澳更紧密合作提供示范。建设宜居宜业宜游的优质生活圈，要提高大湾区民众生活便利水平，提升居民生活质量，为港澳居民在内地学习、就业、创业、生活提供更加便利的条件，加强多元文化交流融合，建设生态安全、环境优美、社会安定、文化繁荣的美丽湾区。

2. 横琴是共建粤港澳深度合作发展平台的重要部分

粤港澳大湾区的建设，坚持以深化粤港澳合作为主导方向，赋予了横琴更大的责任与使命。特别是在《粤港澳大湾区发展规划纲要》第十章“共建粤港澳合作发展平台”部分，提出要加快推进深圳前海、广州南沙、珠海横琴等重大平台开发建设，充分发挥其在进一步深化改革、扩大开放、促进合作中的试验示范作用，拓展港澳发展空间，推动公共服务合作共享，引领带动粤港澳全面合作。

具体到横琴的开发建设，《粤港澳大湾区发展规划纲要》有针对性地提出具体要求，包括建设粤港澳深度合作示范区、加强民生合作与加强对外开放合作三大方面。

一是建设粤港澳深度合作示范区。配合澳门建设世界旅游休闲中心，高水平建设珠海横琴国际休闲旅游岛，统筹研究旅客往来横琴和澳门的便利措施，允许澳门旅游从业人员到横琴提供相关服务。支持横琴与珠海保税区、洪湾片区联动发展，建设粤港澳物流园。加快推进横琴澳门青年创业谷和粤澳合作产业园等重大合作项目建设，研究建设粤澳信息港。支持粤澳合作中医药科技产业园发展，探索加强与国家中医药现代化科技产业创新联盟的合作，在符合相关法律法规的前提下，为园区内的企业新药研发、审批等提供指导。探索符合条件的港澳籍和外籍医务人员直接在横琴执业。

二是加强民生合作。支持珠海和澳门在横琴合作建设集养老、居住、教育、医疗等功能于一体的综合民生项目，探索澳门医疗体系及社会保险直接适用并延伸覆盖至该项目。在符合横琴城市规划建设基本要求的基础上，探索实行澳门的规划及工程监管机制，由澳门专业人士和企业参与民生项目开发和管理。研究设立为澳门居民在横琴治病就医提供保障的医疗基金。研究在横琴设立澳门子弟学校。

三是加强对外开放合作。支持横琴与澳门联手打造中拉经贸合作平台，搭建内地与“一带一路”沿线国家和地区的国际贸易通道，推动跨境交付、境外消费、自然人移动、商业存在等服务贸易模式创新。支持横琴为澳门发展跨境电商产业提供支撑，推动葡语国家产品经澳门更加便捷进入内地市场。研究将外国人签证居留证件签发权限下放至横琴。

《总体方案》是深入实施《粤港澳大湾区发展规划纲要》的重要举措，也是从国家战略层面对横琴推动粤澳深度合作的系统升级。

（二）澳门融入国家发展大局的选择与需要

《总体方案》围绕促进澳门经济适度多元发展这条主线，提出打造促进澳门经济适度多元发展的新平台、便利澳门居民生活就业的新空间、丰富“一国两制”实践的新示范、推动粤港澳大湾区建设的新高地的“四新”战略定位，充分体现了国家对澳门的重视，为澳门突破发展瓶颈、推进产业适度多元发展带来重大机遇，也为粤澳两地携手同生共融带来新的飞跃性发展。

1. 丰富“一国两制”实践新示范的探索

澳门回归20余年来，居民安居乐业、爱国热情日增、经济繁荣、社会稳定、多元文化和谐并存，充分证明了“一国两制”的制度优越性。横琴粤澳深度合作区建设，肩负着先行先试、进一步扩大开放的重任，将为“一国两制”发展和完善注入新的活力。

横琴和澳门分属两种社会制度、两个关税区和两种货币体系，如何进一步扩大两地合作，推进规则衔接、机制对接，从而全面加速一体化发展进程，充分利用“一国之便”，发挥“两制之利”，是合作区建设的重要议题。合作区更加着力强调提升两地合作的深度，明确提出健全粤澳共商共建共管共享的新体制和“分线管理”模式，突破性地为“一国两制”向纵深发展提供了广阔的实践空间和宽松的制度安排，这在国内新区中尚属首例，极大地增强合作区的资源调动能力和政策协调能力，是“一国两制”框架下的深层次制度创新的重要平台，为“一国两制”框架下探索内地与特区深度融合提供具有可行性的方案，切实丰富“一国两制”实践的新示范，为“一国两制”未来发展探索新路径。

2. 澳门“一中心、一平台、一基地”定位在横琴的延伸

《粤港澳大湾区发展规划纲要》赋予澳门新的历史使命，将澳门列为大湾区发展建设的四个中心城市之一，“一中心、一平台、一基地”的规划为澳门的发展指明了方向：建设世界旅游休闲中心、中国与葡语国家商贸合作服务平台，促进经济适度多元发展，打造以中华文化为主流、多元文化共存的交流合作基地。这三个定位，显示澳门在新时代中国对外开放中将扮演重要角色，尤其是在推动“一带一路”国际合作中将发挥其特殊作用。经受新冠疫情重创的澳门，经济单一化发展弊端凸显，进一步探索经济适度多元发展之路迫在眉睫。在《粤港澳大湾区发展规划纲要》中有49项内容直接与澳门相关，使澳珠成为与广佛、港深并列的大湾区三大极点[①]之一，这三大极点在粤港澳大湾区发展中具有重要的地位，横琴在澳珠极点中扮演至关重要的角色，横琴粤澳深度合作区的建设，将有力缓解澳门在发展中面临的空间和资源限制，也将全方位开拓澳门发展前景，进一步提升澳门的国际竞争力和影响力。随着合作区建设进程的不断加快，澳门将充分发挥对外交往窗口和桥梁的重要作用，寻找发展机遇，主动协助内地省市对接和开拓葡语国家市场，扩大中外经贸文化交流，以澳门所能，服务国家所需。

3. 澳门融入国家发展大局的平台

合作区的建设作为国家深化改革和扩大开放的重大举措和全新探索，为澳门融入大湾区建设，参与构建以国内大循环为主体、国内国际双循环相互促进的新发展格局提供了重要平台。

澳门是“海上丝绸之路”的重要一环。随着国家开放程度的不断扩大，以及

---

① “极点”一词出自中共中央、国务院2019年2月印发的文件《粤港澳大湾区发展规划纲要》：“极点带动。发挥香港–深圳、广州–佛山、澳门–珠海强强联合的引领带动作用，深化港深、澳珠合作，加快广佛同城化建设，提升整体实力和全球影响力，引领粤港澳大湾区深度参与国际合作。”

“一带一路”特别是“21世纪海上丝绸之路”建设不断推进，澳门作为其中具有重要影响力的节点城市，也在对外交流中发挥着不可替代的作用。澳门凭借特殊的地理区位优势和“一国两制”的制度优势，已经发展成为连接中国与东亚经济圈、拉美经济圈、欧洲经济圈和非洲经济圈的重要桥梁。横琴粤澳深度合作区的建设，将有力缓解澳门在发展中面临的空间和资源限制，全方位提升澳门的国际竞争力和影响力，并以澳门所能服务国家所需，推动内地省市对接和开拓葡语国家市场，扩大中外经贸文化交流，提高粤港澳大湾区在国家对外开放中的支撑引领作用①。

（三）粤澳深度合作的必然性和可行性

国家战略下，横琴的新使命是中央政府对澳门经济转型、产业结构调整、城市空间拓展、基础设施配套、社会治理创新等全方位的支持，也是粤澳深度合作的重大历史机遇和必然选择。

1. 优势互补对接澳门优势产业

合作区的建设具有较强的纾困并促进澳门转型发展的价值，在疫情防控常态化背景下，不仅能及时化解当下澳门经济困境，还具有推动澳门长期可持续发展的合理性。深度合作区建设，将极大提升两地的融合程度，充分释放横琴及大湾区城市对澳门产业适度多元发展的支持作用，全力推动科技研发和高端制造产业、中医药等澳门品牌工业、文旅会展商贸产业、现代金融产业等四大产业发展，为澳门实现经济产业多元发展提供助力。合作区通过制度、政策、产业、项目协同安排，聚合粤澳两地优势资源，实现优势互补，放大集约效应，将极大提升对高端人才的吸引力，促进境内外人才集聚。此外，合作区还将深度对接澳门的公共服务和社会保障体系，在民生融合方面提供强大支撑，为澳门居民提供生活就业的新空间，不断增强两地群众的获得感和幸福感。

2. 极点带动推动珠江口西岸发展

《粤港澳大湾区发展规划纲要》提出发挥澳门–珠海强强联合的引领带动作用，当前珠江口东西两岸发展仍不平衡，从大湾区建设的角度看横琴粤澳深度合

① 盛力：《粤澳共融 湾区共荣》，《光明日报》2021年9月10日第13版。

作区，澳门作为大湾区西部唯一的中心城市，其引领和辐射带动作用需要不断增强，将助力合作区建设成为推动大湾区发展新的加速引擎和动力来源。《总体方案》中明确将“推动粤港澳大湾区建设的新高地”作为四大定位之一，横琴粤澳深度合作区处于国内国际双循环的交汇点，背靠湾区、面向国际，且同时享有“一国两制”的制度优势和先行先试的政策支持。两地充分把握合作区的特殊地位、充分发挥合作区的政策优势，将推动澳门在融入国家发展大局中获得更广阔的发展空间和不竭的发展动力，也将为大湾区打造新发展格局提供新的战略支点。

3. 粤澳两地政府积极推动提供坚实保障

广东省委、省政府高度重视横琴对粤澳深度合作的推动作用，明确提出要准确把握总书记、党中央战略意图，举全省之力推进横琴粤澳深度合作区建设。

2021年12月，时任中共中央政治局委员、广东省委书记李希在横琴调研时强调，要认真学习贯彻总书记关于横琴开发开放的重要论述精神，牢记嘱托、感恩奋进，以新气象新担当新作为扎扎实实把合作区的事办好，以实实在在的工作成效迎接党的二十大胜利召开。一要切实把思想和行动统一到党中央决策部署上来，严格对标对表，按照中央《总体方案》要求一步一步把合作区的既定目标、规划蓝图变为美好现实。二要围绕促进澳门经济适度多元发展的初心，聚焦“四新”重点任务持续发力，努力在推进重点任务重大项目上展现新作为，在挖掘用好重大政策利好上取得新成效，在构建琴澳一体化发展格局上实现新突破，在统筹发展和安全上体现新担当，推动合作区建设不断取得新进展新成绩。三要全面加强党的领导和党的建设，为合作区建设提供坚强保障，不断提升党的建设工作质量和水平。进一步完善协同联动的工作机制，不断健全粤澳共商共建共管共享新体制。致力打造政治过硬、本领过硬、作风过硬的干部队伍，更好担负起推进合作区建设的责任使命。

2022年2月，广东省省长王伟中在推进合作区建设工作协调对接会上提出省各部门要进一步提高政治站位，胸怀“国之大者”，转变作风、主动服务，推动各方面资源要素向合作区倾斜支持，指导帮助合作区落实好《总体方案》部署的各项任务。对合作区提出的相关事项要全力支持，对属于省级权限范围内的事项要不讲条件，能够办的马上办、尽快办。要积极争取国家层面加快出台各项支持政策，紧紧围绕促进澳门经济适度多元发展的主线，用好中央赋予的清单式申请授权政策，加强与澳门方面的沟通协商，抓好合作区条例立法工作，推动分线管理、市场准入、财税优惠、金融支持、人才集聚等政策加快落地见效，充分释放政策红利、改革红利。珠海市要把握机遇、奋发进取，全力支持合作区建设发展。

澳门特别行政区政府务实推进横琴建设。澳门特别行政区行政长官贺一诚在2022年新春座谈会上指出，要用好合作区《总体方案》实施带来的重大历史机遇，粤澳两地携手以更务实的举措开创合作新模式和新体制，要紧紧围绕“一条主线”“四个战略定位”“四项主要任务”，牢牢把握合作区建设的初心，做好顶层设计，循序渐进落实各项开放改革政策措施，推进两地的规则衔接、机制对接，发挥优势互补，加强制度建设。务实推进横琴粤澳深度合作区建设，在招商引资、项目建设上展现新作为。激发干事活力和创业成效，逐步实现横琴粤澳深度合作区建设的阶段性目标，促进合作区建设尽快取得实质性进展。

第二节　横琴发展总体规划与产业布局

《总体方案》将横琴新区全面升级为促进澳门经济适度多元发展新产业的前沿，并对相关产业进行规划布局。以更加有力的开放举措统筹推进粤澳深度合作，加快建设便利澳门居民生活就业的新家园，着力构建与澳门一体化高水平开放的新体系，不断健全粤澳共商共建共管共享的新体制，支持澳门更好融入国家发展大局，为澳门“一国两制”实践行稳致远注入新动能。

一、横琴发展总体方案解读

《总体方案》为横琴、澳门、广东乃至全国的高水平开放指明了方向，为珠江西岸以横琴为牵引带动的珠海及周边广大区域的发展擘画了蓝图，具有战略定位高、发展目标实、发展措施强、政策红利多的特征。

（一）战略定位高

《总体方案》包括6个部分29条内容，是划时代的发展纲领，赋予横琴凸显经济、政治、制度、社会等各个领域的示范效应。按照设计，合作区的战略定位是新平台、新空间、新示范、新高地。

“新平台”即“促进澳门经济适度多元发展的新平台”——立足粤澳资源禀赋和发展基础，围绕澳门产业多元发展主攻方向，加强政策扶持，大力发展新技术、新产业、新业态、新模式，为澳门长远发展注入新动力。

“新空间”即“便利澳门居民生活就业的新空间”——推动合作区深度对接澳门公共服务和社会保障体系，为澳门居民在合作区学习、就业、创业、生活提供更加便利的条件，营造趋同澳门的宜居宜业生活环境。

“新示范”即“丰富‘一国两制’实践的新示范”——坚守“一国”之本，善用“两制”之利，立足合作区分线管理的特殊监管体制和发展基础，率先在改革开放重要领域和关键环节大胆创新，推进规则衔接、机制对接，打造具有中国特色、彰显“两制”优势的区域开发示范，加快实现与澳门一体化发展。

“新高地”即“推动粤港澳大湾区建设的新高地”——充分挖掘粤港澳大湾区制度创新潜力，用足用好澳门自由港和珠海经济特区的有利因素，加快提升合作区综合实力和竞争力，有力支撑澳门－珠海极点对粤港澳大湾区的引领作用，辐射带动珠江西岸地区加快发展。

（二）发展目标实

《总体方案》共划分了三个时间节点：到2024年澳门回归祖国25周年时，粤澳共商共建共管共享体制机制运作顺畅，琴澳一体化发展格局初步建立，促进澳门经济适度多元发展的支撑作用初步显现；到2029年澳门回归祖国30周年时，合作区与澳门经济高度协同、规则深度衔接的制度体系全面确立，各类要素跨境流动高效便捷，特色产业发展形成规模，公共服务和社会保障体系更加完善，琴澳一体化发展水平进一步提升，促进澳门经济适度多元发展取得显著成效；到2035年，“一国两制”强大生命力和优越性全面彰显，合作区经济实力和科技竞争力大幅提升，公共服务和社会保障体系高效运转，琴澳一体化发展体制机制更加完善，促进澳门经济适度多元发展的目标基本实现。

各阶段目标明确，具体翔实，既具有前瞻性，同时又富有操作性，力求三年见成效，八年见规模。前三年是政策制度摸索磨合期，坚守“一国”之本，善用“两制”之利，立足合作区分线管理的特殊监管体制和发展基础，率先在改革开放重要领域和关键环节大胆创新，推进规则衔接、机制对接，打造具有中国特色、彰显“两制”优势的区域开发示范；后八年是政策制度红利释放期，在用足用好澳门自由港和珠海经济特区的有利因素，发展澳门和珠海的同时，还要发挥澳门-珠海强强联合对粤港澳大湾区的引领作用，辐射带动珠江西岸地区加快发展。

（三）发展措施强

《总体方案》围绕横琴粤澳深度合作区的四大定位谋划了四个方面的举措和四个方面的任务，既清晰又明确，旨在以澳门为主导，为澳门发展提供第二空间，珠海和周边实现共享红利机制。

一是发展促进澳门经济适度多元发展的新产业，涵盖科技研发和高端制造产业、中医药等澳门品牌工业、文旅会展商贸产业及现代金融产业四大产业。

二是建设便利澳门居民生活就业的新家园，推动合作区深度对接澳门公共服务和社会保障体系，为澳门居民在合作区学习、就业、创业、生活提供更加便利的条件，推进基础设施互联互通，营造趋同澳门的宜居宜业生活环境。

三是构建与澳门一体化高水平开放的新体系，包括货物“一线”放开、“二线”管住，人员进出高度便利，创新跨境金融管理，建立高度便利的市场准入制度，促进国际互联网数据跨境安全有序流动等多个方面。

四是健全粤澳共商共建共管共享的新体制，涉及建立合作区开发管理机构、组建合作区开发执行机构、做好合作区属地管理工作、建立合作区收益共享机制、建立常态化评估机制等领域。

（四）政策红利多

《总体方案》为横琴、珠海乃至珠江西岸城市群带来了诸多政策红利。

首先是赋予横琴更高的发展能级。深度合作主体从“珠澳”上升至“粤澳”，相当于具有省级经济管理权限，使得在东强西弱的情况下，横琴拥有更高的创新空间做大做强澳门-珠海极点，支撑澳门-珠海极点对粤港澳大湾区的引领作用，辐射带动珠江西岸地区加快发展。

其次是产业政策创新。国家在综合考虑横琴的发展基础、澳门的产业优势和澳门社会的期望等多方面因素，经过反复论证和仔细比选之后，在《总体方案》中提出发展科技研发和高端制造产业、中医药等澳门品牌工业、文旅会展商贸产业、现代金融产业四大类产业，希望澳门、珠海通过横琴这一平台聚焦中医药、文旅会展商贸和现代金融等前瞻性甚至是超前性的产业，增强实体经济实力和辐射力。其中，科技研发和高端制造产业中，新一代信息技术与生物医药将成为横琴合作区优先布局的重点产业，而芯片微电子产业与中医药产业作为澳门研究的特色与国家未来的发展方向，有望实现产业的快速布局与前沿技术的快速转化。文旅会展商贸产业在确立横琴建设国际休闲旅游岛的基础上，强调发展会议展览、体育赛事、康养医疗等多元服务产业，并提出建设高品质进口消费品交易中心、中葡国际贸易中心和数字贸易国际枢纽港，这将有利于旅游康养、购物休闲以及数字产业的发展。现代金融产业聚焦中国-葡语国家金融服务平台的打造，着力发展跨境金融、财富管理、债券市场与融资租赁等现代金融业务。

最后是社会民生创新。除了明确要促进澳门适度多元发展新产业外，《总体方案》还提出要建设便利澳门居民生活就业的新家园，吸引澳门居民就业创业，加强与澳门社会民生合作，推进基础设施互联互通。未来合作区将一定程度上有效拓展澳门的物理空间和产业空间，对于澳门居民在合作区的生活、发展以及澳门产业链融入内地，都是重大利好。

珠江口西岸是粤港澳大湾区未来深化改革开放的重点。在参与国内国际双循环和“一带一路”建设的过程中，“澳门+横琴”将能更好发挥国内国际双循环战略节点的作用，通过“小澳门”加“合作区”，“小澳门”就可以变成一个“大澳门”，可以更好发挥双向开放的作用。对于广东尤其是珠江西岸来说，合作区的横空出世为珠海建设现代化国际化经济特区，从“小而美”转向“大而强”创造了巨大机会，此外，合作区也将有力支撑澳门-珠海极点辐射带动珠江西岸地区加快发展。

二、横琴产业发展布局特征

横琴产业发展布局需要充分考虑珠海、澳门两地的发展基础与条件。澳门经济一直存在过度依赖博彩业的结构性问题。早在回归初期，澳门特别行政区政府就确立了“以博彩旅游业为龙头、以服务业为主体、其他行业协调发展”的发展战略。作为澳门经济的支柱产业，博彩业毛收入从2002年的234.97亿元增长到疫情前（即2019年）的2933.12亿元，上涨了11.5倍；博彩业占澳门本地生产总值的比重也从35.8%上升到超过50%，带动整个第三产业的发展。但是，博彩业的过度发展也对其他产业产生了“挤出效应”，致使澳门经济结构出现了突出的结构性问题。因此，澳门特别行政区政府希望调整产业结构，促使经济更加适度多元。《总体方案》强调要将横琴打造成为促进澳门经济适度多元发展的新平台，意在“立足粤澳资源禀赋和发展基础，围绕澳门产业多元发展主攻方向”来进行产业布局。《总体方案》提出重点发展的新产业可带动澳门经济形成新的增量。合作区产业发展布局主要包括四个方面：

（一）科技研发与高端制造产业

在资源禀赋方面，澳门下辖两所国际知名大学——澳门大学与澳门科技大学，二者均是泰晤士高等教育（Times Higher Education，THE）世界大学排名300强，在2022年榜单上分别名列亚洲大学排名第33位与第36位。两校汇聚了欧洲科学院院士、英国皇家工程院院士、葡萄牙科学院院士等众多全球顶尖人才；运营着5个国家重点实验室，以及多个跨学科、交叉领域研究中心；2020年发表国际高端科研期刊论文2000余篇。

在重点领域方面，澳门高校开展的前沿研究主要集中在中医药、海洋环境与集成电路等领域。以澳门大学为例，该校已经形成集成电路、中医药与物联网等前沿学科研究优势，并大力布局肿瘤精准医疗、先进材料和区域海洋研究等重点发展方向。它的两大优势学科——中医药和芯片微电子——在国际上均占据重要地位。其中，澳门大学中药创新平台曾多次获得国家科技进步二等奖，与欧美药业等医药公司开展广泛合作，为10余款中药制定国际标准；模拟与混合信号超大规模集成电路实验室则专注于芯片的研究，在国际固态电路会议（ISSCC）的论文发表数量仅次于英特尔，位居全球第二。此外，海洋产业也是澳门近年来着力发展的战略性新兴产业，其中海洋生物医药、海洋新能源、海水综合利用，以及海洋服务业是其发展重点。

在规划布局方面，基于澳门的人才资源与科技研发基础，《总体方案》提出重点发展高端制造与生物医药产业——“大力发展集成电路、电子元器件、新材料、新能源、大数据、人工智能、物联网、生物医药产业”“建设世界一流中医药生产基地和创新高地”“建立具有自主知识产权和中国特色的医药创新研发与转化平台”等。由此可见，新一代信息技术与生物医药将成为横琴粤澳深度合作区优先布局的重点产业，而芯片微电子产业与中医药产业作为澳门研究的特色与国家未来的发展方向，有望实现产业的快速布局与前沿技术的快速转化。

（二）文旅会展商贸产业

在资源禀赋方面，澳门的休闲旅游业具有先行优势，其酒店管理、旅游管理在国际上处于领先地位，快速富裕起来的内陆腹地则为澳门休闲旅游与娱乐康养的消费提供动力支撑。

会展业是近年来澳门着力打造的优势产业之一。澳门地理位置优越、交通便捷，再加上历史上曾与葡语国家保持着长期的经济文化交流，因而在中国与葡语国家经贸合作中发挥着独特而重要的作用。这为澳门发展会展业提供了良好的基础。此外，受益于完善的酒店与会展场地配套，澳门会展业市场基础良好。由于会展业具有较强的辐射拉动作用，因此澳门特别行政区政府日益重视会展业的发展。2016年，澳门在其第一个五年规划中明确提出重点发展会展业，建设中葡经贸合作会展中心，并对该行业进行政策引导与实际支持。经过发展，澳门会展业现已具备较强的国际竞争力。国际大会及会议协会（ICCA）发布的《2019年国际协会会议市场年度报告》显示，澳门在会展领域的国际排名跃升至第48位，位居亚太区域城市第12位，全年54项在澳门举行的国际会议活动获得ICCA的认可。2019年8月，澳门于首届“M&C Asia Stella Awards 2019”中荣获“最佳亚洲会议及展览城市”奖项。

在规划布局方面，基于澳门“世界旅游休闲中心”的市场地位，《粤港澳大湾区发展规划纲要》提出，“高水平建设横琴国际休闲旅游岛，支持澳门世界旅游休闲中心建设”。但经历新冠疫情的冲击后，澳门仅依靠旅游休闲业“一条腿走路”难以行稳致远，横琴的支持作用也将受限。因此，《总体方案》在确立建设横琴国际休闲旅游岛、支持澳门世界旅游休闲中心建设的基础上，强调发展会议展览、体育赛事、康养医疗等多元服务产业，可与海南自贸港的“国际旅游消费中心”功能进行对标。《总体方案》提出“支持粤澳合作建设高品质进口消费品交易中心，构建高品质消费品交易产业生态”与“建设中葡国际贸易中心和数字贸易国际枢纽港，推动传统贸易数字化转型”的两项创新举措，则是对海南自贸港的功能升级与概念细化。

（三）现代金融产业

在资源禀赋方面，《粤港澳大湾区发展规划纲要》提出支持澳门发展租赁等特色金融业务，研究在澳门建立以人民币计价结算的证券市场、绿色金融平台和中葡金融服务平台，以及探索建设澳门-珠海跨境金融合作示范区等。由此可见，发展特色金融是国家对澳门金融发展的定位。对此，澳门金管局也表示“努力推动包括融资租赁、债券发行、葡语系国家人民币清算业务等特色金融业务发展”。作为澳门的支柱产业之一，金融将成为粤澳深度合作的重要方向。2019年，横琴召开“横琴促进澳门特色金融发展研讨会”，明确将建设澳门特色金融服务基地作为横琴金融业发展目标，围绕跨境金融、财富管理、融资租赁等特色金融出台支持政策、谋篇布局。截至2021年5月末，横琴新区金融类企业合计5567家，各项存贷款余额共计2623.17亿元。

在发展瓶颈方面，澳门金融规模有限，产业结构较为单一。从总量来看，尽管金融业是澳门除博彩业以外的支柱产业之一，但金融业GDP的占比尚不足10%，远低于博彩业的比例。从结构来看，澳门金融业以银行和保险为主，缺少外汇、证券等金融市场。其中，银行总资产规模2019年底为1.98万亿澳门元，占澳门金融业总资产的90%以上。由于澳门经济金融结构单一、专业人才较为缺乏，开展传统金融业务难以占据市场优势，因此需要在特色金融领域有所建树。

在规划布局方面，《总体方案》明确指出，横琴合作区发展现代金融产业的目标是充分发挥澳门对接葡语国家的窗口作用，打造中国-葡语国家金融服务平台，着力发展跨境金融、财富管理、债券市场与融资租赁等现代金融业务。对比海南自贸港的金融业发展，横琴合作区金融业发展的指向性更强（面向葡语国家），跨境人民币业务的分量更重，对澳门金融业的开放和服务力度更加明显。

（四）中医药等澳门品牌工业

在资源禀赋方面，推动中医药产业发展，为澳门经济适度多元发展开拓了新的广阔前景。近年来，澳门特别行政区政府积极发展澳门本地中医药产业，作为推动澳门经济适度多元发展的重要部署。早在2011年，中医药领域首个国家重点实验室——中药质量研究国家重点实验室——落户澳门。通过中医药人才培养、科研发展、国际平台搭建，2017年澳门中医药产业增加值达3.21亿元，为澳门经济适度多元发展开拓了新的广阔前景。经过10多年的蓄势储能，澳门在中医药领域的“产学研”链条日益壮大，成为发展新增长极。2021年12月，在澳门特别行政区政府的推动下，澳门大学与钟南山院士团队共建了澳门转化医学创新研究院，推进多个中医药项目的转化，协助项目推出市场，带动澳门中医药产业的发展。

在规划布局方面，《总体方案》明确指出，着眼建设世界一流中医药生产基地和创新高地，优化粤澳合作中医药科技产业园发展路径，以国家中医药服务出口基地为载体，发展中医药服务贸易，建立具有自主知识产权和中国特色的医药创新研发与转化平台；对在澳门审批和注册、在合作区生产的中医药产品、食品及保健品，允许使用“澳门监造”“澳门监制”或“澳门设计”标志。研究简化澳门外用中成药在粤港澳大湾区内地上市审批流程，探索允许在内地已获上市许可的澳门中药在粤港澳大湾区内地生产，对澳门研制符合规定的新药实施优先审评审批。在合作区内，“中医药+科技”氛围越来越浓，粤澳正携手打造具有合作区特色的中医药品牌。

总体来看，《总体方案》内容丰富，包括战略定位、发展目标、产业选择、制度创新、营商环境等诸多方面，不仅提升了横琴的战略地位，使其能更好地支持澳门经济适度多元发展，而且明确了横琴未来的产业布局。发展至今，四大产业企业数量和税收规模占比超过六成，已成为合作区发展的重要支撑力量。

三、横琴粤澳产业协作选择依据

在横琴粤澳产业协作选择上坚持“有所为、有所不为”的发展原则，因为横琴的空间比较有限，对于发展新兴产业绝不是“来者不拒”，什么产业都可以上，不能搞成注册经济和所谓的“总部经济”，而是要发展实业、解决就业。四大产业为何会成为《总体方案》的选择产业，其背后蕴含着很强的逻辑与特征。

（一）符合粤澳产业发展基础

对横琴而言，开发的初心就是要促进澳门经济适度多元发展，且横琴产业发展也有一个动态过程。经过10多年的开发与建设，横琴已经积累与奠定了一定的产业基础。2013年，横琴明确了旅游休闲、商务服务、金融服务、文化创意、中医保健、科教研发、高技术七大产业。《总体方案》不可能完全将横琴已建立的产业基础推翻重来，必须基于横琴的产业基础确定横琴合作区的产业发展方向。针对横琴“实体经济发展还不充分，服务澳门特征还不够明显，与澳门一体化发展有待加强，促进澳门产业多元发展任重道远”的客观现实，《总体方案》将“发展促进澳门经济适度多元的新产业”摆在了突出的位置，构思横琴合作区的产业选择，明确要大力发展四大类“新产业”，即科技研发和高端制造产业、中医药等澳门品牌工业、文旅会展商贸产业、现代金融产业；合作区进一步明确了八大产业，即集成电路、电子元器件、新材料、新能源、大数据、人工智能、物联网、生物医药产业。

对澳门而言，合作区未来重点发展的四大产业，也是当前澳门提出的未来产业多元化的发展方向。澳门回归20多年来，充分利用“一国两制”的制度优势和发展机遇，主动融入国家重大战略部署，经济社会实现了跨越式发展，取得了举世瞩目的成就，成为全球最富裕的地区之一。对于一个国家或经济体而言，经济多元化或专业化程度取决于其资源禀赋、市场容量、所处的经济发展阶段以及参与国际分工的程度等[①]。澳门是典型的微型经济体，产业结构较为单一，长期以来呈现博彩业“一业独大”的局面。2019年，澳门博彩及博彩中介业从业人员占比超过20%，博彩业占澳门本地生产总值的比重超过50%（见图1-6），2019年澳门特别行政区政府财政收入超过80%来自博彩直接税（见图1-7）。博彩业受外部因素影响较大，较为单一的产业结构致使澳门经济的抗风险能力较弱，在外

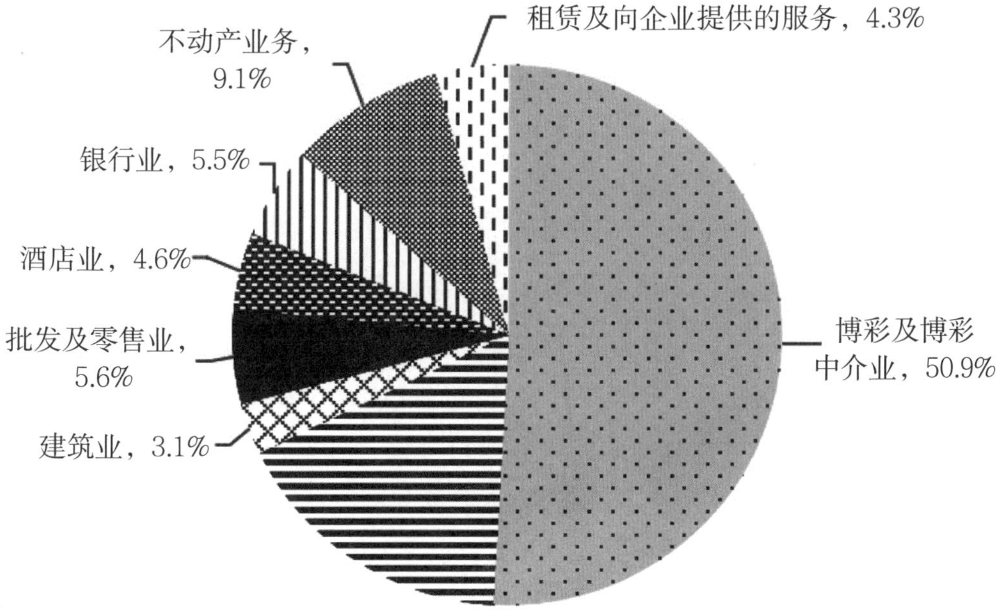

图1-6　澳门产业结构

数据来源：《澳门经济适度多元发展统计指标体系分析报告2019》，澳门特别行政区政府统计暨普查局。

① 毛艳华：《澳门经济适度多元化：内涵、路径与政策》，《中山大学学报（社会科学版）》2009年第5期。

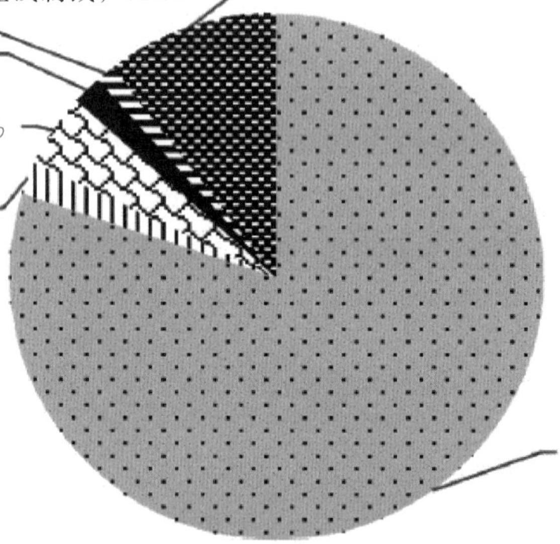

图1-7　澳门一般综合收入主要组成部分

数据来源：《澳门统计年鉴2019》，澳门特别行政区政府统计暨普查局。

部环境变化时易遭受冲击。新冠疫情在全球范围的大流行，加剧了世界经济复苏的不确定性，给澳门带来了严峻的考验和挑战，倒逼澳门加快经济适度多元发展的步伐。据澳门特别行政区政府统计暨普查局统计，2020年澳门入境旅客同比下跌85%，博彩服务出口及其他旅游服务出口分别下跌80.4%及73.4%，全年经济实际缩减56.3%，本地居民失业率上升1.3个百分点。从“一元独大”转向“多元并进”，实现经济适度多元是促进澳门经济社会健康可持续发展的必然选择，有利于增强澳门经济社会韧性，符合澳门社会的长远利益①。

《总体方案》中谋划的四大类“新产业”不仅符合澳门发展实际，同时高度呼应澳门现有产业基础和创新优势。这些产业均具备基础以及发展潜力，可谓是“澳门所能、湾区所向、国家所需”的产业。在发展科技研发和高端制造产业方

① 盛力：《回归后的澳门经济发展：成就、经验与展望》，《人民论坛》2020年第1期。

面，粤港澳大湾区国际科技创新中心搭建了“两廊”“两点”建设框架，而合作区是其重要支点。《总体方案》出台时，澳门大学、澳门科技大学等高校的4个国家重点实验室已落地横琴，从事涵盖中医药、集成电路、物联网等领域的研发活动，可以为中医药发展与微电子数据科技发展提供研究基础，每年产出的大量科创成果亟待进行转化，因而在特色芯片设计、人工智能、中医药、太空等领域为横琴科技创新注入了显著优势。横琴还有着相对充足的科研空间，有着利于促进科创产业发展的一系列激励机制，能够为澳门的科研能力、创新成果转化提供空间支撑、服务保障，琴澳之间可实现优势互补。中医药为澳门产业发展重点，在中医药走向国际的过程中，需要平台来推进，在质量、标准、品牌等方面进行整体谋划。在发展文旅会展商贸产业方面，澳门定位为世界旅游休闲中心，发展相应产业有突出优势，而横琴定位为国际休闲旅游岛，双方可共同打造世界级休闲度假胜地。在发展现代金融产业方面，澳门是对接葡语国家的重要窗口，是“一带一路”建设过程中重要的融资中心，可以探索建设跨境人民币结算中心，打造中国—葡语国家金融服务平台，以及研究建设以人民币结算的证券市场，促进现代金融业发展。另外，《总体方案》支持符合一定条件的非金融企业，在全口径跨境融资宏观审慎管理框架下，根据实际融资需要自主借用外债，逐步实现合作区非金融企业外债项下完全可兑换。

（二）服务国家宏观产业布局

国家“十四五”规划纲要明确支持澳门发展中医药研发制造、特色金融、高新技术和文旅会展商贸等产业，促进经济适度多元发展。横琴粤澳深度合作区属于大湾区范围内，其产业发展方向同样需要遵循《粤港澳大湾区发展规划纲要》的产业规划，与大湾区其他城市在产业上实行错位而非趋同发展。

根据《粤港澳大湾区发展规划纲要》的部署，大湾区各城市的产业布局与分工是：广佛联合发展以装备制造业为核心的先进制造业；深圳加快推动制造业提质增效，重点培育发展新一代信息技术、生物医药、高端制造、海洋经济、数字创意等战略性新兴产业集群，同时，继续发展金融、航运等现代服务业；东莞和惠州加快建设先进制造业中心；中山、江门着力强化综合服务功能；肇庆做优传统优势产业；香港提升国际金融、航运、贸易中心和国际航空枢纽地位，强化全球离岸人民币业务枢纽地位和国际资产管理中心及风险管理中心功能，推动专业服务和创新及科技事业发展，建设亚太区国际法律及解决争议服务中心；珠海则以电子信息、石油化工、家电电气、精密机械制造、生物医药和电力能源业为主导产业，重点打造以集成电路、生物医药、新材料、新能源、高端打印设备为核心的产业集群。

《总体方案》确定的合作区的四大产业，是结合了澳门与珠海在大湾区产业布局与分工而确定的，与大湾区其他城市产业实现了一定程度的错位发展。以金融产业为例，合作区发展的是特色金融，侧重于财富管理、债券市场、融资租赁等现代金融业，研究建立以人民币计价结算的证券市场、绿色金融平台、中葡金融服务平台，并非取代香港的金融中心地位或深圳的金融科技、广州的绿色金融，而是与香港、深圳、广州的金融产业错位发展。

（三）把握未来全球产业趋势

合作区确定的四大产业方向，都是世界各国在未来着力推动发展的新兴产业范畴，属于先进的低能耗、高附加值的绿色产业。作为新兴的开发园区，横琴粤澳深度合作区必然瞄准具有发展潜力与发展前景的新兴产业。据预测，未来几十年，人工智能、大数据、互联网技术、新材料、新能源与高端制造、生物医药、大健康、金融科技、文化创意等产业将会得到快速发展，并引领与重塑人类未来经济与生活方式。

（四）提供高水平对外开放先行先试经验

建设合作区是实现全面制度现代化的现实之需。社会主义现代化不仅仅是物质层面的现代化，更应是制度层面的现代化。完善和发展中国特色社会主义制度，为了党和国家事业发展、为了人民幸福安康、为了社会和谐稳定、为了国家长治久安，需要探索出一整套更完备、更稳定、更管用的制度体系，需要构建一种包容性、引领性的制度体系。在合作区进行相关探索，既可以发展和完善中国特色社会主义制度，也可以拓展“一国两制”的体制空间。

与此同时，大湾区的战略蓝图是立体多元的，推动港澳深层次、全方位地融入国家发展大局，实现从经济共同体到社会共同体的渐进转变涉及的包括经济发展、科创提升、民生福祉、社会建设等在内的方方面面。这需要在大湾区条件成熟的地方，设置相应平台进行先期探索，总结成功经验后再逐步推广到大湾区其他区域。对广东而言，“一核一带一区”框架下的区域发展，是要将珠三角这个核心做大做强，辐射带动粤东西北的发展。横琴产业选择必须服务于粤港澳大湾区的建设蓝图和广东省的发展框架，率先成为规则衔接、资质互认、标准对接、民生协同的先行地、示范区，成为支撑珠江西岸高质量发展的动力源。

以税收为例，《总体方案》提出对合作区符合条件的产业企业减按15%的税率征收企业所得税；对在合作区工作的境内外高端人才和紧缺人才，其个人所得税税负超过15%的部分予以免征。在适用主体上，此举广聚英才而用之；在税负上，总体上与港澳税负趋同，营造了一种同质的税收环境；在征收程序上，是直接免征，与之前的先征后返有根本区别。又以关境为例，为构建与澳门一体化高水平开放的新体系，《总体方案》以货物“一线”放开、“二线”管住的方式确保了人员进出的高度便利。“一线”在双方协商一致且确保安全的基础上，积极推行合作查验、一次放行通关模式，不断提升通关便利化水平。“二线”对人员进出不作限制，对合作区经“二线”进入内地的物品，研究制定相适应的税收政策，按规定进行监管，这是异质制度对接的“试验田”。通过“一线”放开，未来国际上的人流、物流、资金流、信息流将能够更加自由便捷地进出横琴。横琴将形成更趋国际化的营商环境，更加高效便利地集聚各种创新要素。这样的安排对加快大湾区融合发展也具有深远意义，可吸引港澳居民、国际人士在此居住，形成国际化社区。同时，可以形成与国际对标的发展环境，集聚全球高端创新资源，加快形成国际化创新策源地，进而有效支撑区域产业融合创新发展。

总体看，合作区产业方向正是遵循以上逻辑进行择优选择的。

四、横琴粤澳产业协作发展态势

根据地区生产总值统一核算结果，2022年上半年，合作区实现地区生产总值223.93亿元（见图1-8），按不变价格计算，同比增长2.5%，增速与全国持平；高于全省及珠海市0.5个百分点，总量占珠海市的11.7%。分产业看，其中第一产业增加值0.04亿元；第二产业增加值24.22亿元；第三产业增加值199.67亿元，同比增长2.7%。分行业看，科技研发产业发展势头良好，金融产业支撑作用显著增强。信息传输、软件和信息技术服务业增加值同比增长13.7%，科学研究和技术服务业增加值同比增长10.2%；金融业增加值同比增长11.0%，拉动地区生产总值增长4.2个百分点。

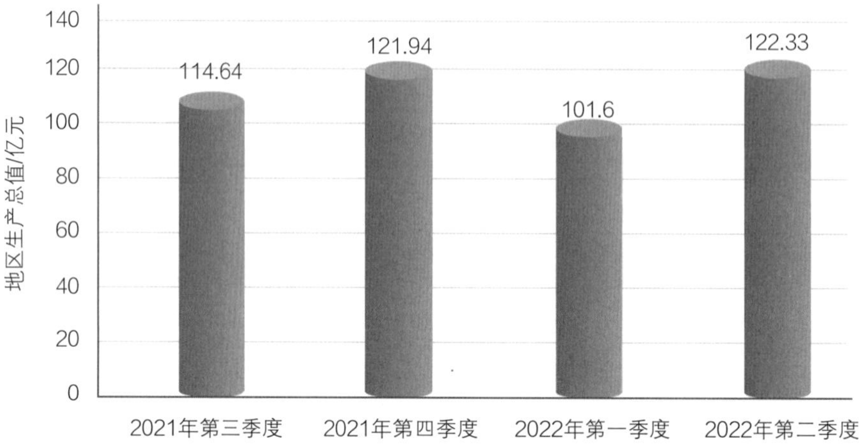

图1-8　横琴粤澳深度合作区地区生产总值发展态势

资料来源：横琴粤澳深度合作区统计局。

截至2021年12月末，合作区实有企业商事主体54437户，大量为“四大主导产业”[①]。2021年9月至2022年2月，科技研发和高端制造产业、中医药等澳门品牌工业、文旅会展商贸产业、现代金融产业新登记企业户数占新登记企业总户数的比重为77.68%[②]。科技研发、中医药、文旅会展、现代金融等产业崛起成为横琴产业经济的主导力量，不仅仅体现在成为新登记企业数量的压倒性增长上，还体现在合作区四大产业企业贡献的税收规模占比超六成，正逐渐成为合作区发展的重要支撑力量。新型主导产业为横琴经济发展注入新动能，为实体经济迸发新活力，2021年9月至2022年2月制造业及其相关批发业销售收入同比增长11.3%。横琴产业发展蕴含着澳门经济多元化的努力，活跃着澳门资本的身影。截至2021年12月末，在合作区实有企业商事主体中，有4761户为澳资企业，在2021年12月新增的530户商事主体（含个体户）中，有62户为澳资企业[③]。2022年6月底，

① 《横琴粤澳深度合作区建设总体方案》明确的横琴重点培育发展的特色主导产业包括科技研发和高端制造产业、中医药等澳门品牌工业、文旅会展商贸产业、现代金融产业。

② 贺林平：《奋进新征程 横琴谋新篇（潮涌大湾区）》，《人民日报》2022年3月27日第5版。

③ 《2021年合作区GDP同比增长8.5%》，《珠海特区报》2022年2月9日第9版。

合作区企业商事主体54350户（见图1-9），其中，新登记内资企业2787户，新登记外商及港澳台资企业805户；新登记企业中租赁和商务服务业1392户；科学研究和技术服务业724户；批发和零售业386户。

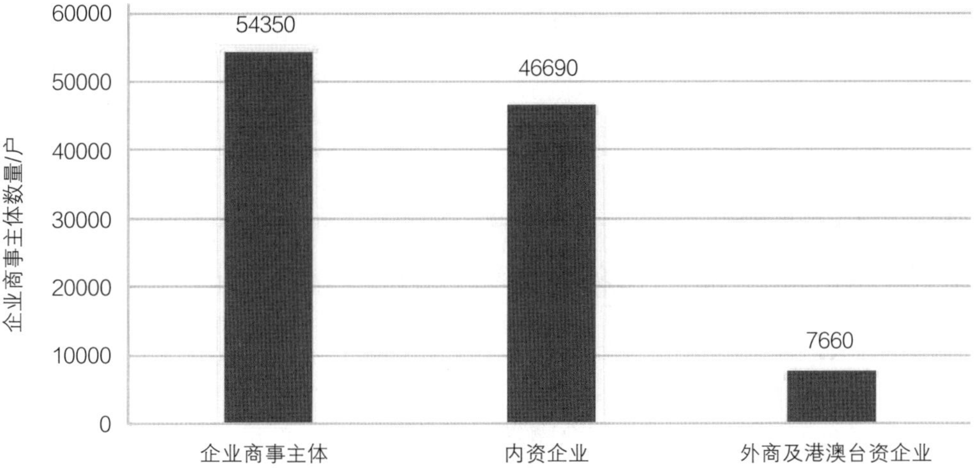

图1-9　截至2022年6月底横琴粤澳深度合作区企业商事主体数量

资料来源：横琴粤澳深度合作区统计局。

（一）科技研发和高端制造产业

截至2021年底，在合作区的约5.4万家企业商事主体中，共有科技型企业约1万家、澳资企业近4800家（其中约800家为科技型企业）、国家级高新技术企业328家，另有16家成长潜力较大的珠海“独角兽培育入库企业”、18个省级以上级别的科技研发机构、科创型企业孵化器[①]。粤澳半导体产业投资基金注册规模达到100亿元，基金聚焦半导体集成电路产业，促进横琴相关重大产业项目的招引和产业链培育。广东省集成电路及半导体产业基金总规模1000亿元，将其中担负推动科创、制造核心性功能的设计子基金落户横琴[②]。极海半导体横琴基地项目、芯潮流Wisewave横琴项目被列为广东省2021年度重点建设项目，投资估算分

① 陈雁南：《琴澳和鸣 共谱产业发展新乐章》，《珠海特区报》2022年3月7日第9版。

② 该产业基金分设风险、设计、生态三只子基金。

别为32亿元、26亿元[①]。横琴科学城作为产、学、住、商一体化园区，2021年底累计完成投资23.97亿元[②]，2025年二期建成后，将以城促产、产城融合促进生物医药、人工智能、云计算、大数据等产业的发展。在横琴的大量半导体集成电路等高科技和高端制造投资，吸引了澳门科技研发力量，芯耀辉科技以整建制方式引进集成电路专家、澳门大学集成电路国家重点实验室联合创始人余成斌及其团队，大力布局半导体研发、芯片设计。《澳门特别行政区经济和社会发展第二个五年规划（2021—2025年）》也推动澳门各大学在横琴设立产学研中心、科技成果转化基地。

（二）中医药产业

截至2021年底，已有超过4200家医药健康类企业在横琴注册[③]。落户“粤澳合作中医药科技产业园”的企业已达220家，其中澳门医药企业52家[④]，园内符合国家及欧盟认证标准的GMP中试生产平台和中药制剂中心——粤澳医疗机构中药制剂中心，集合研发检测、中试和生产、成果转化、产业孵化于一体，已成功研制了10余款中药世界标准，为多家琴澳中医药企业提供产品开发服务，部分产品已完成研发上市。

（三）文旅会展商贸产业

横琴着力建设国际休闲旅游岛，2021年横琴旅游综合收入约20亿元，景区接待游客量超过500万人次。在长隆、星乐度、狮门娱乐天地、丽新等文旅行业知名品牌项目的影响和带动下，已形成主题乐园、康养、体育、休闲、文创和会展等一系列文旅会展产品体系。珠海长隆国际海洋度假区（二期）、横琴星艺文创天地、珠海十字门中央商务区等涉及文旅会展商贸产业的重大项目继续加大投入、加快建设，为横琴文旅会展商贸产业发展夯实基础。琴澳联合举办跨境文

① 《广东省发展改革委关于下达广东省2021年重点建设项目计划的通知》（粤发改重点〔2021〕95号），2021年3月31日，http://drc.gd.gov.cn/ywtz/content/post_3253184.html。

② 《广东省发展改革委关于下达广东省2022年重点建设项目计划的通知》（粤发改重点〔2022〕157号），2022年3月21日，http://drc.gd.gov.cn/ywtz/content/post_3887233.html。

③ 莫海晖：《多措并举推进横琴粤澳深度合作区大健康产业发展》，《珠海特区报》2021年9月22日第4版。

④ 吴礼晖、何仁军、王亚亮等：《携手横琴 把岭南中成药推向世界》，《佛山日报》2022年3月2日第4—5版。

化、节庆、会展、赛事等活动，开发“澳门国际文化美食节横琴站”“澳门书香文化节”等跨境“一程多站”旅游产品，琴澳文旅产业加速融合发展。

（四）现代金融产业

2021年底，合作区内有经国家金融监管部门批准或备案的金融机构（即持牌金融机构）71家，小额贷款公司、典当行、商业保理公司、区域性或地方性的资产管理公司、股权市场、交易所、社会众筹机构等（即“7+4”类地方金融组织）57家[①]，另有财富管理类金融企业、私募基金管理人、其他类型的金融企业分布分别为1456家、586家[②③]、355家[④]。从金融机构所经营管理的资金规模和效益看，合作区内经证监会批复的基金管理公司资产管理规模已超4万亿元，金融业营业增加值占横琴GDP超三成（为35.6%），同比增长10.3%[⑤]，达到162.07亿元，在横琴300多亿元的税收收入中，金融业为横琴贡献了32%，为102亿元，与2020年同比税收增长达38.3%。合作区内，银行、保险、证券、资管等企业门类齐全，金融业态丰富，金融机构、人才、资金、信息等各类金融要素在合作区集聚，为支持琴澳一体化发展财富管理、债券市场、融资租赁等现代金融业夯实了基础。《横琴粤澳深度合作区外商投资股权投资类企业试点办法（暂行）》颁布了横琴创新跨境金融管理、打通跨境资产管理渠道的重大举措，显示了促进社会资本支持合作区建设的积极效应，由中国铁建投资集团领衔发起的珠海市铁建亚投股权投资合伙企业在首个募集周期就成功引入外资4亿元人民币，成为合作区正式落地的首笔基建类QFLP（合格境外有限合伙人）基金。

---

① 持牌金融机构指经国家金融监管部门批准或备案的金融机构。“7+4”类地方金融组织指小额贷款公司、典当行、融资租赁公司、融资担保公司、商业保理公司、地方资产管理公司、区域性股权市场，地方各类交易场所、开展信用互助的农民专业合作社、投资公司、社会众筹机构。

② 在中国证券投资基金业协会存续登记的私募基金管理人。

③ 钟夏、陈秀岑：《多项政策措施并举 加速激活发展动能 金融创新为合作区经济注入“活水”》，《珠海特区报》2022年3月3日第9版。

④ 彭敏静：《金融业产值去年占横琴GDP 35.6% 金融机构加速集聚助力产业多元》，2022年3月1日，http://www.21jingji.com/article/20220301/herald/9d352b61a001a86bcb1542ed09e622a2.html。

⑤ 《2021年合作区GDP同比增长8.5%》，《珠海特区报》2022年2月9日第9版。

第三节　区域经济合作逻辑与粤澳产业协作机制创新

横琴作为澳门进一步发展的关键性腹地，提供了澳门产业突破性发展的前提性资源，也成为粤澳产业协作发展的最大平台。横琴在过往的几轮发展浪潮中表现并不出色，进入粤港澳大湾区时代之后，开始展现出不同凡响的面貌，其内在的逻辑可以从区域经济理论中得到诠释，也正是横琴独特的区位优势，使之成为粤澳合作的天选之地。湾区经济一体化步入快车道，横琴产业发展离不开粤澳产业协作机制的推动，横琴粤澳深度合作区的最大亮点在于粤澳共商共建共管共享的新体制。粤澳在坚持“一国两制”和澳门基本法的前提下，立足横琴，在规则衔接、制度衔接、法律衔接、产业联动等领域实现了诸多制度创新，加速了人流、物流、资金流和数据信息流的跨境流动，加快了横琴经济增长极的形成。

一、区域经济理论揭示了横琴产业成长的机理

按照区域经济一体化理论①，粤港澳大湾区的发展进程遵循“贸易—要素—政策”一体化的客观规律，实现由民间自发到政府规划、低层次贸易联系到高层次的规则对接的根本转变。改革开放初期，珠三角地区和港澳地区存在显著的要素价格差异，自然形成了以港澳为“前店”、内地为“后厂”的一体化产业链，对区域内的资源进行功能性整合，此即丁伯根（Jan Tinbergen）所谓的消极一体化阶段。港澳相继回归祖国后，在港澳与珠三角地区各自产业升级的战略需求导向下，中央政府通过制定实施一系列区域贸易投资协定强力推进生产要素的跨境流动，同时，粤港澳三地政府也加强了政策协调和市场规则对接，从而逐渐破解“三个关税区”的关境障碍，实现生产要素的自由流通。从这一角度来看，建设粤港澳大湾区，既需要在国家层面深化基于经贸规则的协议开放，也需要粤港澳

① 相关国家或地区为了一体化组织的共同利益，将不同程度地让渡或转移自身权利，以部分或整体间的利益为交换手段，通过一系列条约和协议协调彼此经济政策，从而实现整体效益的最大化。

三地政府采取具体的措施协调彼此之间的营商规则与竞争政策，以促进湾区区域经济一体化发展。港珠澳大桥通车后，横琴恰恰可以成为区域经济一体化的先行区，并且，随之而来的区域治理创新也就成为区域融合发展能否成功的关键性、决定性因素。国内学者马海龙将区域治理定义为“基于一定的经济、政治、社会、文化和自然等因素而紧密联系在一起的地理空间内，依托政府、非政府组织以及社会公众等各种组织化的网络体系，对区域公共事务进行的协调和自主治理的过程”[①]。横琴建设新街坊，吸纳大量澳门人士低价购房入住，一方面借此引进澳门的治理规则，另一方面也保留了内地城市的社会公共治理模式，为产业发展保留了必要且有效的支撑条件。

从纽约湾区、旧金山湾区、东京湾区三大国际湾区的经验可以发现，湾区发展一般会形成区域经济增长极。粤港澳区域基础设施互联互通形成了多中心的城市群网络结构和城市增长极，加快了产业的空间重构升级。目前，大湾区的空间格局已明显具有极化发展趋势，资本循环和尺度结构匹配于广州、深圳、香港等极化发展地区。增长极理论最初由法国经济学家佩鲁（Francois Perroux）提出，该理论认为：平衡发展只不过是一种理想，在现实中是不可能的，经济增长通常是从一个或数个“增长中心”逐渐向其他部门或地区传导。因此，应选择特定的地理空间作为增长极，推动空间经济极化发展。优先发展某些特定地区促进了对生产要素的集中使用，有利于集聚经济效益出现。集聚与集中能够带来生产要素的节约，产生区位经济（实质是通过地理位置的靠近而获得综合经济效益）、规模经济（由于可提高分工程度、降低管理成本、增加分摊广告费和非生产性支出的份额，使边际成本降低，从而提高劳动生产率）、外部经济（集聚往往使一些厂商可以不花成本或少花成本获得某些产品和劳务，从而获得整体收益的增加），使资源配置更加高效。为了促进增长极的形成，应致力于发展推进型企业和以推进型企业为主导的产业综合体或者具有前向联系和后向联系关联度较强的

① 马海龙：《区域治理结构体系研究》，《理论月刊》2012年第6期。

主导产业，因此，创新是空间极化发展的推动力①。产业集聚和要素集聚是增长极形成的前提条件，增长极的形成也为产业集聚和要素集聚带来了发展基础。当产业集聚和要素集聚发展到一定程度时，其空间和价格都会受到资源瓶颈的制约。打破现有的发展瓶颈，突破现有的区域中心束缚，以核心经济区为支点，逐步实现部分产业与就业的转移，既有利于区域核心城市加快产业集聚和高端要素集聚，创造出更高的经济效益，又能使区域经济产业体系布局更加科学合理、区域分工高度协同化，以此形成更加强有力的经济命运共同体。据此可见，横琴未来应当可以成为珠江西岸具有国际影响力的新增长极，虽然它不如澳门、珠海人口规模大、消费旺，但连接粤澳两地的区位优势，以及熟练劳动力的聚集，能源消耗、运输设施等分摊成本的节约，信息系统的快捷，生产服务、医疗、教育、治安等服务便利获得等外部经济效益日益明显，使得横琴能够在较短时期内推进经济增长，又能够将其经济增长的动力机制传导到周边落后地区，带动周边落后地区共同发展。从各国“增长极理论”的应用经验来看，一般回波效应比较明显而且时间比较漫长，而扩散效应相对比较弱，增长极地区与腹地地区的差距将逐渐加大，造成地理上的二元经济结构，这正是过去40多年夹在澳门、珠海两个先发城市中间的横琴难以脱颖而出的根源。因此，要实现粤澳协同开放和发展，政府不应消极等待发达地区或增长极的“扩散效应”，而应采取积极措施刺激增长极腹地地区的发展，弥补区域内地区发展的经济差距。过去40多年，横琴可以视为澳门的发展腹地、珠海的发展洼地，如今，随着通关便利化举措不断深化，粤澳政府积极刺激横琴成长，横琴将会逐步成长为新的增长极，而后其产生的辐射效应非常有利于澳门的可持续发展并带动江门、阳江等欠发达地区的经济增长。

综合上述理论，新时代横琴发展的机理在于依靠开放政策实现区域经济一体化，促进要素市场化配置，逐步形成新的增长极，并通过辐射功能带动珠江西岸

① 从技术方面看，增长极内推进企业的技术创新活动，使其产出增长率、投资回报率大大高于落后地区同类企业，从而引起周围和其他企业的学习和效仿；从社会结构方面看，通过创新使现有的社会价值观念、行为方式和组织结构更容易朝着变革方向转变，使之适应创新结果，并成为下一次创新活动的基础；从社会心理方面看，创新强化了社会群体的进取意识，同时推动周边地区劳动力为改变他们进入增长中心的比较劣势而努力提高自己的素质。

腹地的新一轮高质量发展。经过10多年的建设，横琴已是基础设施完善、文化生活多元的现代化新城。2021年末，横琴粤澳深度合作区的生产总值完成454.63亿元，同比增长8.5%；2022年上半年，合作区实现地区生产总值223.93亿元，同比增长2.5%，其中，工业高速增长，规模以上工业增加值增长54.8%；金融业增加值同比增长11%，占地区生产总值的36.7%。实际使用外资15.23亿美元。在粤港澳大湾区、粤澳战略合作框架协议下，横琴充分发挥有效市场和有为政府“两只手”的作用，以市场和政府双向作用及其制度创新，推动横琴粤澳深度合作区的产业发展。一方面，发挥政府规划引领的制度促进作用。通过《总体方案》，明确了横琴粤澳深度合作区的发展基础、指导思想、战略定位、发展目标和主要任务，以规划引领的形式，积极谋划推进重大政策、重大平台、重点项目落地落实，率先在改革开放重要领域和关键环节大胆创新，加强政策扶持，大力发展新技术、新产业、新业态、新模式，营造国际一流营商环境和生活，为民众创新创业、工作生活提供广阔发展机遇，从而构建形成粤澳同心同向同行推进合作区建设良好局面，出台重大政策，培育新产业新业态形成新动能。另一方面，发挥市场机制的牵引作用。《总体方案》的核心突破性政策可归纳为“6大自由便利+1套趋同港澳的全新税收政策安排+1套立法保障”。6大自由便利包括贸易自由便利、投资自由便利、跨境资金流动自由便利、人员进出自由便利、运输自由便利和信息流高度便利流动。1套趋同港澳的全新税收政策安排的核心是围绕“零关税、低税率”营造趋同港澳的市场经济环境。1套立法保障就是由全国人大制定1套立法保障，出台1份合作区管理体制有关决定和1份合作区条例，以法律形式明确合作区各项制度安排，并且支持合作区以清单式申请授权方式，对法律、行政法规等进行N种政策变通。通过核心突破性政策的赋能，横琴可以更为主动地融入澳门和香港国际自由市场经济，最大限度发挥和运用市场机制，推动合作区市场经济环境更加优化。市场化进程的推进，使得珠澳合作在“硬联通”和“软衔接”方面不断深耕。例如，在“硬联通”方面，横琴口岸新旅检区域已经正式启用，创新实施“合作查验、一次放行”通关模式，2022年共查验出入境旅客达822万人次，出入境车辆约123万辆次。

二、优化粤澳产业协作市场环境

经过40多年改革开放，商品和服务价格97%以上由市场定价。要素市场建设和改革也取得重要进展，但土地、劳动力、资本、技术、数据等要素市场发育相对滞后，影响了市场对资源配置决定性作用的发挥，成为高标准市场体系建设的突出短板。完善要素市场化配置是解决经济结构性矛盾、推动高质量发展的根本途径。要素配置扭曲具有很强的传导性和扩散性，由此造成一系列经济结构性矛盾和问题。加快要素市场化改革是深化供给侧结构性改革、解决制约全局深层次矛盾的重要突破口，有助于推动“僵尸企业”出清，释放错配资源，从培育横琴产业新动能看，有助于生产要素从低质低效领域向优质高效领域流动，支撑实体经济发展，形成协同发展的现代化产业体系。

要素范畴内容丰富，包括土地、劳动力、资本、技术、数据等。土地、劳动力是农业时代重要的生产要素，之后资本成为工业时代重要的生产要素，还催生出技术、管理等更多生产要素。当下，以大数据为代表的信息资源向生产要素的形态演进，数据已和其他要素一起融入经济价值创造过程，对生产力发展有广泛影响。横琴要从优化产业发展环境的高度，将数据作为一种新型生产要素，充分发挥数据对其他要素效率的倍增作用，培育发展数据要素市场，使大数据成为推动经济高质量发展的新动能。土地要素方面，着力增强土地管理灵活性，创新产业用地方式，灵活土地计划指标管理，适应经济社会发展需求。劳动力要素方面，着力引导劳动力要素合理畅通有序流动，畅通落户渠道，畅通职称评审渠道。资本要素方面，着力完善横琴多层次的资本市场制度，完善股市基础制度建设，完善债券市场统一标准建设。技术要素方面，着力激发技术供给活力，促进科技成果转化，激活产权激励，激活技术转移机构和技术经理人活力。

横琴粤澳深度合作区在企业所得税、个人所得税、金融创新、30%加工增值商品进入内地免征关税、制定合作区市场准入清单措施等方面，都有突破性的政策。一是零关税。全岛封关运作后，对负面清单外的货物和商品，免征进口关税、进口环节增值税和消费税。二是低税率。即“双15%所得税”政策，企业所得税税率从25%降至15%，个人所得税最高边际税率从45%降至15%。与原先横琴的优惠目录相比较，《横琴粤澳深度合作区企业所得税优惠目录（2021版）》

从原有的6大类80个细分行业扩大到9大类150个细分行业，将有利于澳门经济适度多元发展的产业全部纳入政策范围，使合作区内更多企业能享受国家政策，为产业多元发展提供有利条件。此外，横琴对在合作区设立的旅游业、现代服务业、高新技术产业企业新增境外直接投资所得，免征企业所得税。三是澳人澳税。对在合作区工作的澳门居民，其个人所得税税负超过澳门税负的部分予以免征。截至2021年，横琴拥有澳资企业超过4300家，注册资本规模超过1300亿元，成为内地澳门企业集中度最高的区域。四是优化分线管理作出特殊安排，即“一线”会最大限度放开货物、物品免税进入，合作区实际上形成“境内关外”，这些都是横琴的重大创新政策。

为建立高度便利的市场准入制度，横琴实施承诺即入制，严格落实“非禁即入”，在“管得住”前提下，对具有强制性标准的领域，原则上取消许可和审批，建立健全备案制度，市场主体承诺符合相关要求并提交相关材料进行备案，即可开展投资经营活动。

三、创新粤澳产业协作机制

（一）行政服务管理体制机制创新

《总体方案》设计的粤澳协作新体制，为推进跨区域协调发展提供了新思路。它有效解决了主体平等性、参与可行性、过程透明性和权益公平性等问题，调动了澳门参与建设的积极性，加速形成粤澳共商共建共管共享的新体制。

首先是“共商”。粤澳双方将在粤港澳大湾区建设领导小组的领导下，联合组建合作区管理委员会（见图1-10），在职权范围内统筹决定合作区的重大规划、重大政策、重大项目和重要人事任免。当前最重要的任务之一，就是把合作区的宏观规划“蓝图”转化为可以落地的“施工图”，进一步细化各项专项规划，建立健全相应的法律法规体系。由粤澳两地联合组建的合作区管理委员会实行“双主任制”，由广东省省长和澳门特别行政区行政长官共同担任，常务副主任由澳门特别行政区政府行政法务司司长担任，由粤澳两地协商确定的其他副主任来自广东省政府、澳门特别行政区政府、珠海市政府等，这是重大体制创新与突破。合作区是在“一国两制”架构下由粤澳双方合作共同开发，必须在坚守“一国”之本前提下，善用“两制”之利，立足合作区分线管理的特殊监管体制，推进规则衔接、机制对接，打造具有中国特色、彰显“两制”优势的区域开发示范，加快实现与澳门一体化发展。

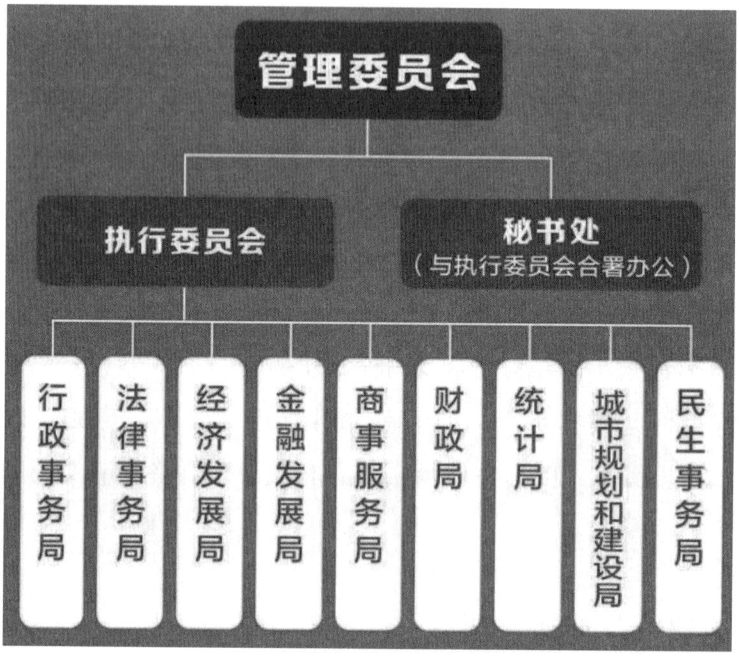

图1-10　横琴粤澳深度合作区管理架构

其次是“共建”。粤澳双方联合组建合作区开发执行机构，并根据需要组建开发投资公司。建立新的合作机制和执行机构后，双方联合开展基础设施建设、产业项目引进、园区扩大发展、合作平台搭建等一系列工作。《总体方案》规定，合作区管理委员会的职权范围是统筹决定合作区的重大规划、重大政策、重大项目和重要人事任免。合作区管理委员会下设执行委员会履行合作区的国际推介、招商引资、产业导入、土地开发、项目建设、民生管理等职能。而合作区的属地管理工作，包括党的建设、国家安全、刑事司法、社会治安等，由广东省委和省政府派出机构负责。合作区相关机构的职能与权力既包括开发建设，也包含规划与管理，其权力范畴具有混合性质。横琴开发与建设需要动力，新的体制可以更好地调动粤澳两地参与的积极性，发挥两个优势，动员双方力量，为共同开发与建设横琴注入新动力。在现有体制下，澳门可以直接参与横琴的开发与管理，并共享参与开发横琴的收益，最大限度调动澳门参与的积极性。

再次是“共管”。合作区上升为广东省与澳门特别行政区共同管理，双方举全省（区）之力推动合作区建设。广东成立省委和省政府派出机构，履行好属地管理职能，积极主动配合合作区管理和执行机构推进合作区开发建设。政府间互动和合作就需要更多的制度创新。由粤澳两地共同组成管理委员会的体制体现了混合创新的特征。新的管理机制肩负着开发、建设与管理合作区的使命，同时还要通过横琴开发与建设，发挥支撑澳门-珠海极点对粤港澳大湾区的引领作用，辐射带动珠江西岸地区加快发展。可见，新机制被赋予了多重使命，不仅要促进澳珠发展，而且要为粤港澳大湾区发展、促进国家的改革开放、探索与丰富“一国两制”新实践作出贡献。按照《总体方案》的规定，合作区管理委员会由粤澳两地联合组建，接受粤港澳大湾区建设领导小组的领导。已公布的信息显示，合作区管理委员会由广东省、澳门特别行政区与珠海市派员组成。由此可见，合作区的管理体制是由多元主体共同参与的，既有作为直接领导机构的粤港澳大湾区建设领导小组，又有澳门特别行政区政府、广东省政府、珠海市政府及有关部门的参与，合作区的利益相关方都被纳入管理体制之中。

最后是“共享”。粤澳双方探索建立横琴合作区收益共享机制，2024年前投资收益全部留给合作区管理委员会支配，用于合作区开发建设。同时，中央财政补助与横琴合作区吸引澳门企业入驻和扩大就业、增加实体经济产值、支持重点产业等挂钩。这是双方在拥有共同合作目标和发展方向的基础上实现互补互利的重要体现，保障了合作的可持续性。未来，随着收益共享机制进一步细化和落地，横琴吸引澳门企业入驻、发展重点产业将迎来重大利好。作为管理方之一，澳门可以为合作区引入一些特别行政区管理制度，包括澳门自由港制度、生产要素自由流动等经济制度与民、商事法律制度等，延伸适用于合作区内。广东省可以将省内其他自贸区与开发区建设中具有优势的管理制度引入横琴。珠海市则可以梳理横琴原有的管理制度，留优汰劣，将其取得成功的优势制度融入新的管理制度之中，从而在合作区内形成融合型的管理新制度。

此外，横琴坚持深化改革开放，不断优化营商环境，税务部门积极推动横琴与澳门税制对接。在跨境办税便利化方面，横琴创新地把办税服务窗口开到澳门，让澳门居民在家门口就能够办税。2020年避免双重征税共为企业减负4000万元。从2021年起，横琴创新推出跨境人民币全程电子缴纳社保费、100%非接触式办税等多项跨境办税便利化措施，让跨境办税像“网购”一样便利。国家税务总局珠海市横琴新区税务局不断为合作区的澳门企业提供更好的服务，特别是在体制机制的融通联通贯通方面，积极开展改革创新，近年来总共推出了32项改革创新措施并获得在省一级推广。

在促进国际互联网数据跨境安全有序流动方面，横琴按国家数据跨境传输安全管理制度框架开展数据跨境传输安全管理试点，研究建设固网接入国际互联网的绿色通道，探索形成既便利数据流动又保障安全的机制。

（二）产业深度联动机制创新

合作区的产业联动发展机制正在加速形成，主要依托于澳门和横琴的产业发展基础，打造促进澳门经济适度多元发展的新平台。

一方面，横琴拥有优质的地理条件和自然风光，澳门拥有独特的历史文化资源，未来用好合作区人员进出高度便利等政策，将是打通两地文旅资源合作、推动横琴建设国际休闲旅游岛的关键之一。横琴要聚人气，快速有效的方法之一就是发展文旅产业。借此持续引入澳门更多的体育竞技类、互动类产业项目进驻横琴，实现常态运作，进一步聚集人气，拓宽产业链条。

另一方面，促进澳门经济适度多元发展，也是中央政府多年来为澳门特别行政区设立的长远发展目标，早在2006年就已提出。过去，综合旅游业和博彩业是澳门的主导产业，但经历国际金融危机后，尤其是新冠疫情发生以来，澳门经济结构单一的风险越来越凸显。制约澳门经济适度多元发展的一个重要原因，就是缺少发展空间。据澳门第16次人口普查统计，澳门人口密度为每平方公里20620人，澳门是世界上人口密度最高的地区之一，远高于北上广深，亟须扩大土地空间，吸引新投资、培育新企业、发展新产业。合作区为澳门经济适度多元发展提供了新发展平台，为澳门居民生活就业拓展了新发展空间。澳门可以依托横琴引入新企业，特别是具有较大规模的重点企业、先进企业；澳门原有数量众多的中小企业可以与广东乃至全国、全球的企业加强合作，并落地横琴，进一步扩展业务做大做强。《总体方案》提出的科技研发和高端制造产业、中医药等澳门品牌工业、文旅会展商贸产业、现代金融产业，背后是多条广泛延伸的产业链，可以整合两地优势，实现两地产业联动发展和多方共赢。粤港澳大湾区要打造国际科技创新中心，因此科技研发和高端制造是未来合作区产业发展的重要方向；中医药、文旅会展商贸等产业，在澳门、横琴均有一定基础，且双方此前合作已取得成果。此外，琴澳双方在发展现代金融产业上前景良好，尤其是跨境金融合作已作出了探索。

粤澳两地正研究举办国际高品质消费博览会暨世界湾区论坛，打造具有国际影响力的展会平台，有助于充分发挥两地优势，形成协同效应，推动更多客商赴澳门和横琴粤澳深度合作区进行商贸交流和旅游消费，对促进两地产业合作和经济发展具有重要意义。特别是实施货物“一线”放开、“二线”管住，便利会展人员出入境等一系列政策后，可有力促进粤澳双方在横琴建设高品质进口消费品交易中心、中葡国际贸易中心和数字贸易国际枢纽港。在此带动下，横琴粤澳深度合作区有望逐步建立和完善涵盖生产制造、仓储、物流、展示、销售、融资担保、进出口等多个环节的产业链条。合作区的税收优惠、医疗、住房、教育等多项政策将有力吸引澳门居民到横琴就业创业，推动粤澳社会民生合作。值得注意的是，这些政策重点立足粤澳合作、服务澳门居民，但同时也面向更广大地区。合作区逐步建立和完善更加优质的民生服务体系、更加国际化的营商环境，将吸引更多高层次人才聚集，为横琴产业腾飞提供更扎实的人才支持。

第二章

Chapter 2

横琴探索高科技产业协同新模式

科技是第一生产力，创新是引领发展的第一动力。在全球化与信息化的时代背景下，科技创新能力已经成为国际竞争力的关键要素。国家“十四五”规划纲要提出，建设重大科技创新平台，支持北京、上海、粤港澳大湾区形成国际科技创新中心。中共中央、国务院印发的《横琴粤澳深度合作区建设总体方案》（简称《总体方案》）提出要把“发展科技研发和高端制造产业”摆在“发展促进澳门经济适度多元的新产业”的首要位置。横琴粤澳深度合作区（简称“合作区”）具有高度的发展自主性与灵活性，在发展高科技产业中应扬长优势、补足短板，充分借鉴国内外高科技产业发展的经验，利用粤港澳大湾区区域协同条件，谋划好高科技产业发展战略，大力推进高科技与制造业融合发展。

第一节　高科技研发与高端制造的环境分析

横琴经过10多年的开发与建设，在高科技研发与高端制造业领域已经积累了一定的基础和优势，但也存在一些问题和面临一些挑战。

一、现状与优势

《总体方案》把发展科技研发和高端制造产业摆在了显著位置。《横琴粤澳深度合作区发展促进条例》明确部署了科技研发和高端制造产业的重点领域，包括集成电路、电子元器件、新材料、新能源、大数据、人工智能、物联网、生物医药产业。

截至2022年6月底，合作区拥有各类科技型企业超10000家，国家高新技术企业超300家，省级新型研发机构3个、省级工程技术研究中心11个，科技企业孵化器、新型研发机构等各类国家级、省级科技创新平台达20家，院士8名、国家重大人才工程入选者121名。新金属材料国家重点实验室海洋能与氢能金属材料分实验室、氢燃机横琴研发中心建设稳步推进，广东省智能科学与技术研究院加快建设；粤澳先进智能计算联合实验室获批立项，成为全国唯一智能计算领域联合实验室；澳大研究院微电子、先进材料等研发中心建成运行，科技创新主体加速聚集，成为合作区科技创新的原动力。

为激活合作区产业载体价值，打造支撑科技研发和高端制造产业发展载体，合作区依托丰富的产业园区运营管理经验，全新构建“产业投资+产业招商+产业园区运营+产业服务”的“超级星”园区生态。例如，大横琴集团运营园区包括横琴·澳门青年创业谷、横琴国际科技创新中心、国家食品安全（横琴）创新中心等载体，总面积约235万平方米，拥有商超、餐厅、公寓、游泳池、健身房等相对完善的生活配套，入园企业超900家；承办横琴科技创业大赛，遴选普强时代、奇芯光电、立芯科技等一批优质项目落户，以投促引带动芯耀辉、镓未来、北大方正集团、亚联公务机等企业总部、集创北方华南总部等落户横琴，累计参与投资产业项目30多个，投资金额超70亿元；联合珠海先进集成电路研究院合作共建“粤澳集成电路设计产业园”，致力于打造珠海市标志性集成电路产业基地[①]。总体上，合作区科技研发和高端制造产业生态圈初步形成。

在集成电路领域，2022年上半年横琴集成电路产业产值同比增长32.7%，芯耀辉、集创北方、壁仞科技等一批企业新星正在冉冉升起，与此同时，《横琴粤澳深度合作区促进集成电路产业发展若干措施》于2022年7月27日印发，其中，为鼓励芯片研发创新，最高补贴达到3000万元/年。2021年12月，位于横琴国际科技创新中心的粤澳集成电路设计产业园正式揭牌，总面积超过3万平方米，为企业提供专业的孵化器、投资基金、公共技术平台等服务，已吸引集创北方、芯动科技、壁仞科技、华芯智能、拍字节等一批高质量集成电路优质企业入驻，预计到2026年，园区将有50家以上的集成电路设计企业落户，产业总规模将突破50亿元。

在智能计算领域，中科院与横琴共同建设的先进智能计算平台及其永久基地项目，填补了珠江口西岸、广深港澳科技创新走廊人工智能重大基础设施的空白。依托先进智能计算平台的粤澳先进智能计算联合实验室作为全国首个智能计算方面联合实验室获批立项，是国内最快的超算中心，算力已达到116亿亿次/秒，累计为140余家企业和科研机构提供算力支撑服务。广东省智能科学与技术研究

① 珠海市人民政府国有资产监督管理委员会：《大横琴集团积极助力合作区发展科技研发和高端制造产业》，2021年12月13日，http://www.zhuhai.gov.cn/gzw/gkmlpt/content/3/3036/post_3036443.html#350。

院于2021年6月在横琴成立，以认知计算系统为核心，研发类脑核心算法、类脑智能计算模型和智能计算系统，致力于发展认知智能信息技术，引领算法自主创新，为不同行业提供智能化的产品和服务，推动行业智能化的转型和升级。科研办公、公共实验测试、联合实验室以及孵化企业的场地40000平方米，落地于横琴国际科技创新中心6号楼；科研装置场地3800平方米，落地于横琴人工智能超算中心永久大楼，用于放置科研平台装置、实验室或小型机房试验装置、特殊设备以及定制设备等。研究院计划与横琴先进智能计算中心、粤港澳脑智工程中心构成“三位一体”的“横琴实验室”，力争成为国家级实验室。

在生物医药领域，《横琴粤澳深度合作区支持生物医药大健康产业高质量发展的若干措施》于2022年10月31日印发出台，是合作区成立以来首个支持生物医药大健康产业发展的专项扶持措施，旨在精准扶持包括澳门项目在内的重点项目和标杆项目，打响“澳门注册+横琴生产”品牌，强化研发创新支撑，优化产业发展生态，为合作区生物医药大健康类企业打造全生命周期支持环境，实现从落地进驻到产业化阶段的全覆盖。2023年2月，澳门大学健康科学学院的“间充质干细胞治疗移植物抗宿主病等重大疾病的监管和评价的技术体系研究”专项项目成为澳门首个获批的国家重点研发计划项目，是粤澳合作具有重大国际影响力的高水平科技成果。该项目是2016年横琴政府、澳门大学、爱姆斯坦三方签订协议，共建生物医药产业孵化基地的新进展，围绕T-MSC衍生的发明专利和原创新药，助力横琴粤澳深度合作区占领干细胞新药开发的高地，抢抓前沿药物新机遇，打造创新生物医药产业发展的标杆型聚集区，实现横琴粤澳深度合作区生物医药产业的蓄势腾飞。2023年2月8日，珠海澳大科技研究院-珠海凌烟阁芯片科技有限公司联合实验室正式揭牌，共同推动生物医学工程应用和智慧城市应用平台的建设，促进粤港澳大湾区数字健康与智慧城市产业的可持续发展。

在元宇宙领域，合作区“元宇宙产业专班”于2022年7月揭牌成立，拉开横琴元宇宙发展的序幕；2022年11月，《横琴粤澳深度合作区元宇宙产业促进办法》出台，旨在打造全国首个元宇宙开放创新试验区和元宇宙技术创新和产品应用的超级试验场，并逐步通过政策支持、平台构建、产业基金等打造元宇宙产业发展新高地，为支持澳门经济适度多元、“四大产业”创新发展提供新动力。

在人才交流领域，横琴不断推出品牌活动，为企业提供科技研发和高端制造产业人才。例如，合作区的大横琴集团定期举办“澳门青年创业训练营”，搭建澳门与内地青年交流平台；开展“英才交流会”“英才职播间”“英才最政点”等人才交流品牌活动，助力企业深入了解合作区；围绕合作区推动产业发展的载体和惠澳政策，策划推出“产业园打卡”“横琴好政策”等系列短视频。截至2021年底，累计接待高层次人才及其团队来横琴考察近3000人次，共引进海外高层次人才118名；辅导培育珠海市高层次人才10名，协助创办创新型科技企业超120家，辅导澳门机电工程师学会15名成员获得横琴港澳建筑及相关工程咨询企业资质和专业人士职业资格。

在科技服务领域，横琴推出优享服务管家体系，为科技研发和高端制造产业提供全方位服务。合作区管委会为企业配备“三位一体”的园区服务管家、企业服务管家和人才服务管家，为产业发展提供全生命周期和全链条服务；发布“大横琴招商”微信小程序、《人才服务清单》、《企业服务手册》、《小琴书》，为企业和人才提供全方位的工作和生活服务。大横琴集团辅导埃克斯工业、普强信息技术等企业成功申报珠海市珠港澳科技创新合作项目，服务实果子科技、智慧高科、杜一特密封科技等澳门企业申报科技政策，服务珠海镓未来科技有限公司、达闼机器人（珠海）有限公司等216家科技研发和高端制造产业落户合作区。

在科技对外合作领域，澳门特别行政区政府经济及科技发展局、珠海市科技创新局及合作区经济发展局于2022年12月共同签署《共建中国-葡语系国家科技交流合作中心战略合作协议》，将以“双中心”的形式设置澳门中心和珠海·横琴中心，计划通过承办中葡科技交流活动，打造中葡科技成果网上交流及交易平台，到2024年初步构建中葡科技平台综合服务体系，打造国家技术转移人才培养基地，凝聚中国与葡语系国家的科技创新资源。

澳门方面，《粤港澳大湾区发展规划纲要》提出要推进“广州—深圳—香港—澳门”科技创新走廊的建设，共建粤港澳大湾区国际化创新平台，这为澳门科技创新发展指明了方向。澳门作为世界旅游休闲中心，可以吸引拥有高端科技成果的内地企业将前沿产品在澳门落地，更好地向世界推广应用；也可以利用澳门与葡语国家联系密切的优势，引入欧洲先进工业创新技术，推进珠江西岸大型企业集成创新。随着澳门特别行政区政府在科技创新领域的不断发力，科技正逐步成为澳门的另一张城市名片。中药质量研究国家重点实验室（澳门科技大学）、模拟与混合信号超大规模集成电路国家重点实验室（澳门大学）、智慧城市物联网国家重点实验室（澳门大学）、月球与行星科学国家重点实验室（澳门科技大学）4个国家重点实验室在澳门相继成立。小到电子元件，大到行星宇宙，科技的氛围在澳门逐步升温，芯片研究及中药研究方面已经有相当的成就。截至2022年，澳门的4个国家重点实验室均在横琴设立了分部，对澳门、横琴的科技创新产业及高等教育发展具有重要意义。澳门的研发成果可在横琴转化，进而在横琴和澳门之间形成前端研发和后期终试、产业化的链条，彼此发挥各自的优势。

如今，横琴正加快推动建设研发机构、产学研示范基地，探索出一条依靠产学研带动科研成果转化、培育新兴产业的新模式。总体上看，横琴高科技产业协同发展的优势有三个方面。

一是区位占位优势。横琴位于珠海市南部，珠江西岸，与澳门一河之隔，一桥相连，距香港41海里。合作区100公里半径范围内，有香港、澳门、广州、深圳、珠海5个国际国内机场，香港维多利亚港、广州南沙港、深圳盐田港、珠海高栏港4个深水港，广珠城际轨道、澳门轻轨、广佛江珠城际轨道3条轨道交通，京港澳高速、港珠澳大桥连接线、珠三角环线高速等8条高速公路。毗邻合作区的澳门是内地与葡语系国家联系的窗口，是粤港澳大湾区科技创新走廊中珠江西岸的中心城市。横琴地处珠海与澳门小经济圈的同时，又是粤港澳大湾区经济圈的珠澳极点，不仅来自澳门、珠海的创新资源可以直接配置于横琴，而且来自广州、深圳、香港的创新资源，也可以通过“广深港澳科创走廊”溢出到达横琴，并助力“澳珠”逐渐进阶为与“港深”“广佛”并列的大湾区第三极点。

二是制度创新优势。横琴粤澳深度合作区既可以充分发挥内地举国体制、集中力量办大事的制度优势，又可以充分发挥澳门、香港成熟的市场配置创新资源优势，使有为政府与有效市场得到有机结合。根据《总体方案》中有关探索建立合作区收益共享机制的安排，2024年之前横琴所获得的投资收益全部留给合作区管理委员会支配，用于合作区开发建设。税收方面，对符合条件的产业企业减按15%的税率征收企业所得税，高端人才和紧缺人才个人所得税税负超过15%的部分予以免征。《总体方案》还明确实施“一线”和“二线”的分线管理制度，拓展澳门自由港空间，让澳门自由港优势得以延伸至横琴，有利于合作区与澳门乃至世界各地进行资源自由流通，形成更趋国际化的营商环境①。金融方面，《总体方案》鼓励探索“跨境资本自由流入流出和推进资本项目可兑换”，创新发展资产、财富管理以及融资租赁等现代金融，推动移动支付服务跨境互联，探索推出更多在线跨境特色业务。同时，在澳门审批和注册、在合作区生产的中医药产品、食品及保健品，允许使用“澳门监造”“澳门监制”或“澳门设计”标志，并将研究简化澳门外用中成药在粤港澳大湾区内地上市审批流程。

三是资源吸纳优势。横琴是在周边都已得到比较充分发展的基础上启动的，不仅可以承接成熟区的资源溢出，还可通过边缘创新效应，吸引境外资源向横琴转移，并带动域内资源产生良性反应。横琴澳门青年创业谷通过打造“空间载体（众创空间+孵化器+加速器全链条）+创业生态（创投资本+创业项目+孵化服务+创新协作资源）+运营机制（共享+互助+社群）”“三位一体”的立体孵化模式②，为入驻园区的企业和创业者提供技术开发、成果转化、市场开拓、创业咨询、投融资等全方位的优质服务。

二、问题与挑战

虽然合作区发展机遇良好，但横琴高科技产业发展仍然存在一些问题和面临一些挑战。相比香港-深圳极点，澳门-珠海极点还存在较大差距。

一是广东及大湾区金融发展结构性发展不平衡。粤港澳大湾区是我国重要的金融业高地，金融体量大、资本汇聚能力强、金融机构数量多。但是，金融平台的影响力有待提升，金融结构有待优化。具体体现为：证券交易所吸引国外注册公司能力不足，缺乏全球性的衍生品交易所；金融资源投向失衡，超过30%的贷款投向房地产；金融资源和金融业增加值的地区分布失衡，珠三角和粤东西北的分布为9：1左右，并且，深圳和广州合计占珠三角金融业增加值的72%，珠海和横琴与之相比有显著差距。

① 兰萍、李略：《关于横琴粤澳深度合作区推进科技创新的思考——兼论以色列科技创新经验的启示》，《港澳研究》2021年第4期。

② 陈雁南：《横琴·澳门青年创业谷再获殊荣 被评为“优秀（A类）国家级科技企业孵化器”》，《珠海特区报》2021年12月17日第10版。

二是实体经济发展不充分。2020年，珠海地区生产总值近3500亿元，较“十三五”末增长近60%，然而，珠澳地区生产总量仅为深港的9.96%、广佛的14.40%，珠海、澳门两个国际机场正常情况下年均旅客吞吐量约2000万人次，而香港、深圳机场的年均旅客吞吐量能达到1.2亿人次。澳门由于自身的市场不大，导致很多高科技企业起步未必会选择在澳门落地，造成研发中心和使用场景都较少。横琴新区成立以来，通过税收、人才等政策鼓励企业到横琴发展总部经济。根据横琴粤澳深度合作区统计局《横琴粤澳深度合作区2021年1—12月经济运行简况》统计，合作区实有企业商事主体54437户，其中内资企业47071户，外商投资企业7366户，含澳资企业4761户。但多数企业只是在横琴注册，并不在横琴实际经营。从行业分布来看，租赁和商务服务业主体与批发和零售业主体分别占比36.8%、18.6%，实有科学研究和技术服务业主体仅占比18.79%。与此同时，合作区内的4个国家重点实验室分布在中医药质量、模拟与混合信号芯片设计、物联网、太空科学等领域，科研成果显著，具备较高的学术影响力。但是，研究课题以实验室科研为主，未考虑到企业的实际需求，与产业应用的结合相对欠缺，科技成果转化尚处于萌芽阶段，使得供给和需求两方脱节，科技成果转化不足。总体来说，合作区科技产业还未形成产业主体优势。

三是产业发展空间有限。横琴总面积106.46平方公里，基于保护环境和生态，可开发面积约三成，约28平方公里。2014年版的《横琴新区城市总体规划（2014—2020）》规划离岛南部填海38.51平方公里，可用于工业开发土地限于合作区西片区。根据2011年粤澳两地签署的《粤澳合作框架协议》，横琴划定了5平方公里的土地用于建设粤澳合作产业园。目前，包括粤澳合作中医药科技产业园在内，粤澳合作产业园已为20多个项目供地，剩余土地存量仅约2平方公里，土地资源非常紧缺。

四是研发资源欠缺。创新驱动的第一要素是科学技术及其规模化应用。横琴在高科技资源上缺乏积淀和积累，高水平大学和高质量研究机构的导入和发展一般需要5年以上的时间，而到科研成果及人才的规模化产出则需要10年以上的时间。统计数据显示，横琴新区成立以来，虽然先后引进高层次人才250余人，省、市级创新创业团队12个，博士后创新实践基地5家，但是，能参与国际竞争、跻身国际前沿的一流科学家和科技领军人才相对匮乏，目前仅引进省级领军人才3人，市高层次人才59人，这在一定程度上制约了科技创新能力的提升。根据澳门特别行政区政府教育暨青年发展局统计数据，毗邻合作区的澳门10所高等院校2019—2020学年注册的理工类学生共5674人，其中博士1235人、硕士1193人、本科生3246人，就读理工科专业的澳门毕业生只占了总体的10%，比例很低，未来科技创新人才资源储备不足①。显然，横琴对于这种自然演进的研发资源富集模式是难以等待的，只有加大研发成果的规模化导入，横琴才能成为研发成果财富化的沃土。

五是金融资本资源存在缺口。金融是现代经济的核心，所有的创新活动都需要与之相匹配的金融资本支持。从目前横琴的金融资本保有量以及可吸引量看，与横琴的发展愿景相比还有着不小的缺口。金融资本既是创新驱动的重要要素，又具有天然的逐利本能，只有不断使其增值才能吸引更多的资本加入横琴的创新活动。由于4个国家重点实验室横琴分部科研成果尚不能有效转化和对接，资本市场、风险投资也难以为科技产业化提供金融支持。

六是体制机制障碍。澳门与横琴仅一江之隔，过去的十几年里，横琴开发多次都没有真正腾飞起来，原因是多方面的，既有葡语文化和粤文化的差异，也有澳门博彩独大无法辐射珠海，产业延伸互补性不强，市场发育程度、经济发展阶段等经济变量方面的较大差异。但在更多的专家学者看来，体制障碍决定了构建两地合作机制的复杂性和艰巨性，造成了两地资源要素难以聚集横琴。由于粤港澳三地相关政策法规不同，规则衔接不顺畅、不充分，尤其是在科研资金跨境使用监管政策、科研项目管理体制机制政策、重大科技项目合作机制、科技成果协同转化机制、知识产权法规等方面的差异较大，科技资源开放共享难度大，阻碍了科技创新要素的自由流动，增加了创新主体的成本，影响了科技产业合作发展。

三、机遇与趋势

在全球科技创新进入空前密集活跃期，国家大力扶持粤港澳大湾区科技创新

① 澳门特别行政区政府教育暨青年发展局：《高等教育局高教统计数据汇编》，2021年9月30日，https://es.dsedj.gov.mo/doc/2019/2019statistics.pdf。

发展以及粤港澳大湾区迎来广阔发展空间的趋势下，横琴粤澳高科技产业合作与协同迎来了前所未有的机遇，将有助于拉动澳门-珠海极点，带动珠江西岸地区发展，进一步增强横琴作为粤港澳合作发展重大平台的引擎带动作用。

首先，全球科技创新进入空前密集活跃期，科研活动模式和形态发生深刻变化。新一代信息技术、生物技术、新能源、新材料、智能制造等领域颠覆性技术不断涌现，并催生着更多新技术、新产业、新业态、新模式，对全球产业体系、经济发展方式、伦理规范、治理规则等产生深刻影响。从世界科技发展大势看，全球科技革命和产业变革加速，为横琴合作区发展提供了历史性机遇，也为粤澳大力推进科技创新创造了有利环境和条件。

其次，国家大力扶持粤港澳大湾区科技创新发展。国家“十四五”规划将科技创新工作摆在了各项重大任务的首位，强调要坚持创新在我国现代化建设全局中的核心地位，把科技自立自强作为国家发展的战略支撑，并提出支持粤港澳大湾区建设国际科技创新中心，加强粤港澳产学研协同发展，完善广深港、广珠澳科技创新走廊和深港河套、粤澳横琴科技创新极点“两廊两点”架构体系，推进综合性国家科学中心建设，便利创新要素跨境流动。中共中央、国务院印发的《总体方案》，把“发展科技研发和高端制造产业”摆在“发展促进澳门经济适度多元的新产业”的首要位置，明确提出大力发展集成电路、电子元器件、新材料、新能源、大数据、人工智能、物联网、生物医药产业，加快构建特色芯片设计、测试和检测的微电子产业链。国家不断完善顶层设计，从战略规划、制度建设与目标制定等方面，为科技创新发展提供了日益完善的战略指导与制度环境。

最后，粤港澳大湾区为科技发展提供了广阔的发展空间。近年来，广东省举全省之力推进粤港澳大湾区建设，统筹推进基础设施互联互通、国际科技创新中心建设、重点合作平台建设、规则衔接、民生领域融通等，不遗余力地支持深圳建设中国特色社会主义先行示范区，充分释放“双区驱动效应”。粤港澳大湾区、深圳中国特色社会主义先行示范区“双区”建设，将助力广东在深入推进高水平制度开放以及深化科技体制机制改革上走在全国前列，为横琴粤澳深度合作区创造科技创新的“政策红利”“制度红利”提供难得的机遇。

第二节　国内外高科技产业发展经验借鉴

高科技产业已经成为世界经济发展新的增长点。为推动横琴粤澳高科技产业快速融合发展，可以结合粤港澳大湾区建设实际，适当借鉴世界三大湾区和国内长三角城市群的高科技产业政策、产业战略和实践经验，在新一轮的技术革命中占据领先地位。

一、内外经验借鉴

（一）世界三大湾区高科技产业发展经验

2018年，纽约湾区、旧金山湾区及东京湾区生产总值分别为1.5万亿美元、0.8万亿美元、1.8万亿美元，这些湾区在本区域乃至全球高科技产业群的转型和演化过程中扮演着至关重要的角色。在这三个世界级湾区中，重大科技基础设施因为具备大目标、大队伍、大投资、高集成度等特点，已经成为湾区科技创新与产业发展的重要组成部分，其建设布局经验对合作区具有重要的借鉴价值[①]。

纽约湾区地处美国经济核心地带。依托美国第一大港口城市纽约，纽约湾区在历史上抓住了第二次工业革命的机遇，运用资本优势推动钢铁、能源等机械电气产业的大并购，通过不断强化金融中心地位驱动产业发展，推动纽约湾区成为世界金融的核心中枢以及国际航运中心。20世纪后半叶以来，纽约湾区的生物、医药、材料、化学、航天、核物理、超级计算、大数据等新兴产业开始蓬勃发展，哥伦比亚大学、康奈尔大学、纽约大学、普林斯顿大学等著名研究型大学的基础研究工作，周边大企业的研发工作，以及部署于湾区的一批重大科技基础设施（见表2-1），给这些产业的创新发展提供了有效支撑，特别是在新材料、高性能制造、能源和核物理研究及相关产业发展方面取得了突出的成就，居于全球领先地位。

① 陈岸明、魏东原：《粤港澳大湾区重大科技基础设施布局的优化分析——基于国际比较的视角》，《国际经贸探索》2020年第10期。

表2-1 纽约湾区重大科技基础设施情况

序号	设施/场所	领域/学科	管理机构
1	欧洲核子研究中心强子对撞机美国分支机构	核物理、粒子物理、材料	布鲁克海文国家实验室
2	加速器试验设施	核物理、粒子物理、材料	布鲁克海文国家实验室
3	布鲁克海文直线加速器	核物理、粒子物理、材料	布鲁克海文国家实验室
4	相对论重离子对撞机（RHIC）	核物理、粒子物理、材料	布鲁克海文国家实验室
5	范德格拉夫静电加速器设施	核物理、粒子物理、材料	布鲁克海文国家实验室
6	国家球形托卡马克实验装置	能源、核物理	普林斯顿等离子体物理实验室
7	电子显微镜设施	生物、材料	布鲁克海文国家实验室
8	功能纳米材料中心（CFN）	材料、化学	布鲁克海文国家实验室
9	国家同步辐射光源（NSLS）	生物、材料、物理	布鲁克海文国家实验室
10	纽约计算科学中心	超算、大数据	布鲁克海文国家实验室
11	国家核数据中心	超算、大数据	布鲁克海文国家实验室
12	蓝色纽约计算科学中心	超算、大数据	布鲁克海文国家实验室
13	能源研究加速器中心	核物理、粒子物理、材料	布鲁克海文国家实验室
14	美国宇航局空间辐射实验室	航天、材料	布鲁克海文国家实验室
15	东北太阳能研究中心	能源	布鲁克海文国家实验室
16	放射性示踪化学、仪器和生物成像	生物、医药、化学	布鲁克海文国家实验室

资料来源：美国能源部技术过渡设施数据库。

旧金山湾区地处美国加利福尼亚州北部，聚集了斯坦福大学、加利福尼亚大学伯克利分校等20多所世界一流大学和多个享有国际声誉的国家实验室，并拥有一大批重大科技基础设施，这些创新资源使旧金山湾区成为全球创新高地和最重要的科技创新中心之一。目前，旧金山湾区拥有重大科技基础设施共计34个（见表2-2），涉及的研究领域涵盖了物理学、生命科学、生物、化学等基础科学，还包括能源建设、先进材料、制造业检测、工程学、网络与数据科学等，它们主要由桑迪亚国家实验室、劳伦斯利弗莫尔国家实验室、斯坦福直线加速器中心国家实验室等机构进行管理。旧金山湾区又是以电子与信息技术产业为代表的全球最大的产业创新集聚区域，拥有硅谷科技创新区和众多研发型企业，高技术经济占据了该湾区的半壁江山。为适应产业发展需要，当地的国家实验室设立了28个直接面向产业开发、实验和测试的设施，涉及材料、新能源、未来网络、医疗与仪器、电子电器和产业标准等领域，从而建立起覆盖完整创新链条的重大科技基础设施体系，成为全球创新高地和科技创新中心的重要保障。

表2-2　旧金山湾区重大科技基础设施情况

序号	设施/场所	领域/学科	管理机构
1	加速器质谱法中心	材料、物理	劳伦斯利弗莫尔国家实验室
2	地质力学试验设备	物理、能源	桑迪亚国家实验室
3	加速器结构试验区（ASTA）	物理	斯坦福直线加速器中心国家实验室
4	下一代直线对撞机试验加速器（NLCTA）	物理、材料	斯坦福直线加速器中心国家实验室
5	先进加速器实验测试设备	物理	斯坦福直线加速器中心国家实验室
6	88英寸回旋加速器设施	材料、物理	劳伦斯利弗莫尔国家实验室
7	伯克利实验室激光加速器设施	环境、材料	劳伦斯利弗莫尔国家实验室
8	伯克利低放射背景深测设施	生物	劳伦斯利弗莫尔国家实验室
9	伯克利同步辐射红外结构生物设施	生物、医药	劳伦斯利弗莫尔国家实验室
10	X射线光学设施（CXRO）	生物、医药	劳伦斯利弗莫尔国家实验室
11	红外热像仪实验设施	环境、材料、军事	劳伦斯利弗莫尔国家实验室
12	系统生物学知识库KBASE设施	生物、医药	劳伦斯利弗莫尔国家实验室
13	材料表征（窗用）设施	材料、物理	劳伦斯利弗莫尔国家实验室
14	移动窗热试验设施	能源、建筑	劳伦斯利弗莫尔国家实验室
15	材料项目设施	材料、生物、医药	劳伦斯利弗莫尔国家实验室
16	薄膜沉积系统设施（窗口式）	材料、生物、医药	劳伦斯利弗莫尔国家实验室

（续表）

序号	设施/场所	领域/学科	管理机构
17	先进光源（ALS）	材料、物理、生物、医药	劳伦斯利弗莫尔国家实验室
18	能源科学网络（ESNET）	能源、网络	劳伦斯利弗莫尔国家实验室
19	联合基金组研究所（JCI）	生物、医药	劳伦斯利弗莫尔国家实验室
20	国家电子显微中心	材料、物理、生物、医药	劳伦斯利弗莫尔国家实验室
21	国家能源研究科学计算中心（NERSC）	超级计算、网络	劳伦斯利弗莫尔国家实验室
22	分子构造设施	物理、材料	劳伦斯利弗莫尔国家实验室
23	生物医学加速器质谱设施	生物、医药、材料	劳伦斯利弗莫尔国家实验室
24	高性能计算创新中心	超级计算、网络	劳伦斯利弗莫尔国家实验室
25	气候模型诊断与比对程序设施	气候、超级计算、网络	劳伦斯利弗莫尔国家实验室
26	300实验测试网站	网络	桑迪亚国家实验室
27	热力学、流体力学和材料分解工程科学实验设施	能源、物理、材料	桑迪亚国家实验室
28	离子束实验设施	能源、物理	桑迪亚国家实验室
29	材料结构、性能科学与工程设施	物理、材料	桑迪亚国家实验室
30	微系统与工程科学应用设施	工程	桑迪亚国家实验室
31	脉冲功率和系统验证设施	电子、物理	桑迪亚国家实验室
32	中断站（A）测试波束（ESTB）	物理、材料	斯坦福直线加速器中心国家实验室
33	直线加速器相干光源（LCLS）	材料、物理、生物、医药	斯坦福直线加速器中心国家实验室
34	斯坦福同步辐射光源（SSRL）	材料、物理、生物、医药	斯坦福直线加速器中心国家实验室

资料来源：美国能源部技术过渡设施数据库。

东京湾区一般指包括日本东京都、埼玉县、千叶县、神奈川县在内的“一都三县”，广义的东京湾区还包括茨城县、群马县、静冈县等。东京湾区城市群是世界上经济最发达、城市化水平最高的城市群之一。东京湾区紧抓全球第一次产业转移机遇，建成了日本最大工业城市群，在汽车制造、精密机床、电子产品等领域居于全球领先地位。东京湾区目前以先进制造业、金融和化工业为主，在庞大港口群的带动下，逐步形成京滨、京叶两大工业地带，钢铁、石油化工、现代物流、装备制造和高新技术等产业十分发达，建立了支撑日本40%人口和一半以上产值的经济体系。东京湾区集中了日本70%以上重大科学基础设施（见表2-3），政府支持的设施主要集中在物理和生物医学的基础及应用研究领域。产业界所属的设施集中在汽车制造、电子电气、材料、化学和能源等行业的大企业中，相关设施占据了全国产业类重大科学基础设施的一半左右，有效保证了日本在未来10～20年的产业领先优势。三大湾区重大科技基础设施布局的形成主要反映了其区域科研与社会经济特点，布局领域不尽相同，但存在一定的共性特点。

表2-3 东京湾区重大科技基础设施情况

序号	设施/场所	领域/学科	管理机构	行政区划
1	仁科加速器	物理	理化学研究所	埼玉县
2	大型放射光设施（Spring-8）	物理	理化学研究所	埼玉县
3	高强度质子加速器	物理	原子能开发机构	茨城县
4	蛋白质发现和功能解析系统	生物医学	东京大学	东京都
5	药物研发共用装置	生物医学	东京大学	东京都
6	实验动物SPECT	生物医学	东京医科大学	东京都
7	绿色超算TSUBAME2.5	系统和信息	东京工业大学	东京都
8	形态分析和疾病模型设施群	生物医学	庆应义塾大学	东京都
9	NMR结构解析基础设施	生物医学	理化学研究所	神奈川县
10	NMR装置群	生物医学	横滨大学	神奈川县
11	地球模拟装置	地球科学	海洋研究开发机构	神奈川县
12	红外自由电子激光装置	物理	东京理科大学	千叶县
13	放射线发生装置群	物理	放射线医学研究所	千叶县
14	超级计算机（“京”及其后续机）	系统和信息	理化学研究所	埼玉县

（续表）

序号	设施/场所	领域/学科	管理机构	行政区划
15	研究用反应堆JRR-3	物理	原子能开发机构	茨城县
16	放射光设施	物理	高能加速器机构	茨城县
17	多串联静电加速器系统	物理	筑波大学	茨城县
18	粒子辐照设施（TLARA）	物理	原子能开发机构	群马县
19	核磁共振NMR平台	生物医学	理化学研究所	东京都
20	汽车设计和出厂试验平台	汽车制造	本田汽车公司	东京都
21	原子级电磁场分析平台	电子电器	日立公司	东京都
22	红外自由电子研究装置	物理	东京理科大学	东京都
23	制药技术相关研究装置	生物医学	武田制药公司	东京都
24	制药技术相关研究装置	生物医学	第一三共公司	东京都
25	新兴发动机研发和生产装置	汽车制造	尼桑汽车公司	神奈川县
26	电机信息技术相关研发装置	系统信息	三菱电机公司	神奈川县
27	医疗器械和传感器研发相关装置	生物医学 系统信息	佳能公司	神奈川县
28	东芝主要技术研发相关装置	系统信息	东芝公司	神奈川县
29	材料、化学、生物研发等研发装置	材料、化学、生物	富士公司	神奈川县
30	尖端材料、石油化学、能源研发装置	材料、化学、生物	佳友化学公司	千叶县
31	汽车制造和发动机研发相关装置	汽车制造	斯巴鲁汽车公司	群马县

资料来源：日本科学技术振兴机构。

从三大湾区发展经验来看，重大科技基础设施的布局与建设，都表现出了主要依托国家实验室作为载体、设施类型与区域产业发展密切相关、集群创新效应明显、与城市建设紧密结合等特点。

一是依托国家实验室作为载体。重大科技基础设施必须依托特定平台或机构进行管理以及对科学目标进行规划。美国两大湾区的重大科技基础设施主要依托国家实验室进行管理，例如劳伦斯利弗莫尔国家实验室和桑迪亚国家实验室。而日本东京湾区则有相当一部分设施依托大型企业财团进行建设与管理，这虽然比较有利于技术成果转化，但也限制了设施的共享共用，不利于知识外溢以及推动区域创新能力发展。

二是设施类型与区域产业发展密切相关。从设施类型看，纽约湾区重大科技基础设施与区域产业发展密切相关。同时，其创新能力主要体现在高校与科研机构层面，比较注重基础性研究。相比之下，旧金山湾区产业更为发达，特别是信息技术产业等。因此，旧金山湾区与产业相关的重大科技基础设施较多，其对产业的技术创新支撑尤为明显。

三是集群创新效应明显。随着全球科技竞争的加剧，单个重大科技基础设施所能发挥的作用愈发局限，产业与学科之间的跨界融合现象要求重大科技基础设施之间形成协同联动机制。特别是多个重大科技基础设施形成的有机联系集群效应，能够在提升区域创新能力时发挥事半功倍的作用。基于此，以东京湾区为代表的重大科技基础设施集群建设模式开始得到国际认可。

四是与城市建设紧密结合。从全球科学研究趋势看，重大科技基础设施建设规模以及资金投入量呈现快速增长趋势。这一方面是由于科学发现越来越向微观、高能级等方向发展，另一方面也与政府的创新意愿密不可分。围绕一个设施或者设施集群形成的支撑区域类似小型城市，覆盖了教育、生活、产业等领域，区域的面积也呈现逐步扩张趋势。基于此，国外不少城市功能规划与布局从旧式的围绕产业、围绕生活、围绕交通展开转变成围绕科学展开，而重大科技基础设施则成为城市发展布局的重要一环。这其中既离不开企业的参与，也需要政府的顶层设计。

世界三大湾区围绕产学研而展开的创新链条也至关重要。由企业、政府、高校、科研院所以及知识转化机构形成的创新生态系统，是重大科技基础设施建设的关键支撑。

一是重视相关企业的参与性。在三大湾区的重大科技基础设施建设和运营中，企业的参与性逐步增强，特别是东京湾区的重大科技基础设施，基本都有日本大型财团的支撑与参与。企业一方面能为设施提供资金、技术与人才支持，另一方面也使设施有了海量的技术研发需求，使设施的运营绩效显著提高。

二是凸显政府规划顶层设计。从湾区早期的重大科技基础设施布局看，其主要依托大型科研院所而建。但是，自2000年以来，随着前沿交叉学科的兴起，政府的顶层设计对于重大科技基础设施的布局与发展愈发重要。基于顶层设计的重大科技基础设施布局有助于形成更为密切联系的创新网络，催生了科学城的概念，并且进一步提升了科技基础设施之间的联动效应。

三是注重知识转化机构建设。随着产业技术创新愈发倚重颠覆性技术，重大科技基础设施的知识溢出效果逐步显现，这必须要有相关高水平的知识转化机构建设，才能使设施产出的技术快速实现商品化过程。以旧金山湾区为例，其区域内配套的知识转化机构与风险投资机构使其区域内的重大科技基础设施技术产出能快速实现商业价值。

（二）以色列高科技产业发展经验

以色列是全球高科技企业创业密度最高的国家之一。2016年，以色列高科技领域的初创企业超过6000家，仅次于美国硅谷，创业密度世界第一。据《以色列国家技术创新报告2016—2017》的统计，以色列共有高科技企业7072家，其中互联网企业占25%，电信技术企业占20%，计算机软件技术研发企业占19%，生命科技企业占17%，清洁技术企业占9%，半导体公司和网站技术研发企业各占2%。另据以色列中央统计局数据，以色列72%的初创企业地处“创业之城”特拉维夫及其周边地区。政府是科技创新的主要推动者，以色列政府一直把推动创新作为国家发展的重中之重①。

一是制定法律法规鼓励、保障创新。早在1985年，以色列就颁布了《鼓励产业研究与开发法》，规定了政府鼓励和资助产业研究与开发的一般原则，其中规定所批准的研究与开发项目所需资金的2/3可以由政府提供。为了鼓励向处于初创阶段的高科技企业投资，2011年，以色列又颁布了《天使法》，规定符合资格的行为主体投资于以色列高科技私营企业，可以从应纳税所得额中扣除所投资的金额。同时，以色列实行了严格的知识产权保护制度，制定了《产权法》《商标条令》《版权法》等一系列法律法规。

二是建立了完善的科技创新管理体制，保证全国科技工作有序运转。建国之

① 方晓霞：《以色列的科技创新优势、经验及对我国的启示》，《中国经贸导刊（中）》2019年第2期。

初，以色列就制定了科技发展的长远战略规划。由以色列科技部、经济部等13个部门共同组成国家科技决策体系，负责制定科技政策、设计发展规划和确定重点项目，形成合力以推进科技创新。从1974年起，以色列创立了首席科学家负责制，主要部门设有13个首席科学家办公室，负责制定年度科技计划、资助科技研发、协调指导相关的科技活动，支持大学与企业构成研发联合体，促进产学研有机结合，构造创新生态系统助力企业创新。在以色列数千家创新企业中，绝大部分是中小企业，资产总额超过10亿美元的企业屈指可数。中小企业有快速反应、根据市场需要灵活选择或改变创新方向的优势，但抗风险能力相对较差，大部分初创企业都不能走出创立前三年的“死亡谷”。为了帮助企业克服早期发展的困难，提高存活率，以色列于1991年开始实施技术孵化器计划（Technological Incubators Program），设立不以营利为目的的技术孵化器，为创业企业提供场所、资金、技术、市场等服务。以色列的孵化器一般隶属于著名的大学、地方行政区域或者工业集团。政府不仅对孵化器数量和运营模式有严格的限制与规范，对进入和退出也设有严格的壁垒。在运营过程中，政府坚持“共担风险，但不分享收益”的原则，为进入到孵化器的企业提供为期两年的低息优惠贷款，创业失败的企业，则无须承担偿还责任。政府对孵化项目的投资占比高达85%。此外，政府还扮演“母基金”的角色为种子阶段科技创业公司提供资金支持。1993年，以色列政府出资1亿美元设立10只风险投资基金，其中政府投入的份额占40%，但是规定剩余60%的份额必须包括国外风险资本公司。与上述优惠贷款机制相同，政府同样“共担风险，但不分享收益”，孵化成功的企业上市或并购后政府资金退出，转为由专业投资机构接管运营。

三是大力发展科技孵化器。以色列存在各类规模不同的孵化器，它们的功能定位也不尽相同。小型孵化器以服务企业和天使级的风投为主，大型孵化器又分为智能硬件孵化器、生物技术孵化器、农业孵化器、国际创投加速器（微软加速器、Microsoft Ventures）等。此外，以色列还拥有种类繁多的加速器，它们是由私人部门自营的创业辅导机构，有背靠大学或研究机构的技术转移机构，有IBM、微软等各大企业推出的加速器，也有在原有场地重塑自身的创新空间。在政府支持、社会资本以及大学解化等合力作用下，以色列逐步形成了由初创企业、孵化器、加速器、工业园区、风险投资和国际资本等组成的良好的创新创业生态系统。

四是推动开放式创新及人才培养。重视教育与吸引人才是以色列创新竞争力的主要来源。以色列重视国际研发合作，积极推动开放式创新，目前已同欧盟、美国、日本、OECD（经济合作与发展组织）国家、联合国科教文组织等全球重要的创新国家和国际组织达成了科技合作协议；参加了数十个国际的和国家间的工业研发活动，与包括中国在内的许多国家和地区开展了项目合作。为了吸引跨国企业来以色列投资，政府还推出了项目资金支持和税收优惠等。以色列政府高度重视教育，教育投入占GDP（国内生产总值）的比重长期保持在10%左右，全国77%的人口接受过12年以上的教育，就业人口中拥有高等教育学位的比例达到45%，为科技创新积累了大量的高素质人才。来自发达国家和苏联的犹太移民也给以色列带来了很多科学技术，为以色列创新发挥了很大作用。外来移民普遍拥有较高的学历，他们中有非常多优秀的工程师，这些人才对以色列高科技产业的发展发挥了不可或缺的作用。

（三）上海和杭州高科技产业发展经验

上海高科技产业发展主要依托其强大的教育及科研机构，也立足于以张江高科技园区为代表的许多产业园区、技术创新园区，形成了政府与高校、科技机构、园区管委会联动发展的模式。而杭州高科技产业后来居上，以杭州高新区为代表的园区大力推动硬科技攻坚，紧密布局相关产业，并根据硬科技的硬度，分类归纳为“绿色”“黄色”“红色”三类发展模式。所谓“绿色”模式，即国产可替代的，要迈开步子、大步向前。杭州高新区利用国产技术化危为机，加大政策引导，开展国产化实用技术推广，倒逼国产化进程加快，实现相关产业营收逆势上扬。“黄色”即国产有望替代的，主要是蓄势待发、力争一飞冲天。针对关键节点的关键技术，杭州高新区形成了三种模式。第一种是“1+X”模式，即以行业龙头企业为核心、以供应链的重塑为主导，推动产业链上下游多家企业参与协同创新。第二种是“1=X”模式，即通过新技术共享应用，衍生产业发展新业态，做强产业生态。第三种是“1+1+1”模式，即在政府的主导下，选定“卡脖子”难题，推动“一家科研机构+一位隐形冠军+一个产业集群”形成协同创新团队，用政策资金引导产学研精准协同，攻克产业发展共性难题。“红色”即国产短期无法替代的，必须居安思危、两手准备，一方面积极建立关键零部件、原材料的储备池，另一方面则敞开大门、开放创新，面向全球招贤纳士，建立各类国际技术交流合作平台，招引好项目，力争在重点领域突破国际封锁、抢占行业制高点。

二、横琴高科技产业战略思路

合作区的高科技发展需要考虑珠澳两地发展的基础与条件，一方面是做好高科技产业发展顶层设计。基于澳门的人才资源与科技研发基础，《总体方案》提出重点发展高端制造与生物医药产业——“大力发展集成电路、电子元器件、新材料、新能源、大数据、人工智能、物联网、生物医药产业”“建设世界一流中医药生产基地和创新高地”“建立具有自主知识产权和中国特色的医药创新研发与转化平台”等。由此可见，新一代信息技术与生物医药将成为横琴合作区优先布局的重点产业，而芯片微电子产业与中医药产业作为澳门研究的特色与国家未来的发展方向，有望实现产业的快速布局与前沿技术的快速转化。澳门高校开展的前沿研究主要集中在中医药、海洋环境与集成电路等领域。以澳门大学为例，该校已经形成集成电路、中医药与物联网等前沿学科研究优势，并大力布局肿瘤精准医疗、先进材料和区域海洋研究等重点发展方向。其两大优势学科——中医药和芯片微电子——在国际上均占据重要地位，中药创新平台曾多次获得国家科技进步二等奖，与欧美等医药公司开展广泛合作，为10余款中药制定国际标准；模拟与混合信号超大规模集成电路国家重点实验室则专注于芯片的研究，在ISSCC（国际）固态电路会议的论文发表数量仅次于英特尔，位居全球第二。此外，海洋产业也是澳门近年来着力发展的战略性新兴产业，其中海洋生物医药、海洋新能源、海水综合利用以及海洋服务业是其发展重点。

另一方面是明确高科技产业发展路径。一是要着眼长远经济利益，实施协调发展战略，引导战略性新兴产业发展规划的编制，促进形成重点突出、差异发展的战略性新兴产业的区域布局。二是要促成合理产业组织，实施市场主导战略，实现资本与战略性新兴产业的优化整合，支持符合战略性新兴产业发展方向的企业在创业板上市，成立投资银行和金融控股公司以及设立投资银行、共同基金、风险投资基金、产业投资基金和私募基金等多种融资模式推动战略性新兴产业发展，实现“以政府投资为主”向“以社会投资为主”的有序衔接；同时，根据市场需求建立产业进入和退出的有效机制。三是要突破关键核心技术，实施技术内生战略。加快构建新型产学研合作机制，建立以龙头大企业为核心的开放式创新网络的“前端控制”机制，建立产业技术联盟，加强战略性新兴产业创新体系的顶层设计，制定各产业的技术路线图，实施自主知识产权战略，抢占产业链高端环节，超前培育和扶植战略性新兴产业，逐步掌握战略性新兴产业技术标准的制订权和主导权，进而迅速占领战略性新兴产业制高点。四是要注重产业关联发展，实施产业融合战略。通过发展战略性新兴产业改造和提升传统产业的技术水平和产品质量，实现产业间的技术互动和价值链接；同时，大力发展现代物流、现代金融、软件服务、工业设计、电子商务等与战略性新兴产业相配套的现代生产性服务业，促成战略性新兴产业与现代服务业的产业融合发展。

三、横琴高科技产业发展布局

高校是科技创新体系的重要支撑，是知识创新系统的执行者，同时也是高科技人才培养的主体。目前，澳门主要依托下辖的两所国际知名大学——澳门大学与澳门科技大学，二者均是泰晤士高等教育（Times Higher Education，THE）世界大学排名300强，在2022年榜单上分别名列亚洲大学排名第33位与第36位。两校汇聚了欧洲科学院院士、英国皇家工程院院士、葡萄牙科学院院士等众多全球顶尖人才；运营着5个国家重点实验室，以及多个跨学科、交叉领域研究中心；2021年澳门高校发表的国际高端科研期刊论文超过4000篇。

基于澳门“一业独大”和科技创新潜力大的考虑，同时也考虑到珠海横琴区位优势及发展基础，粤澳合作发展高科技产业，具体举措包括布局建设一批发展急需的科技基础设施，组织实施国际大科学计划和大科学工程，建设人工智能协同创新生态，打造互联网协议第六版（IPv6）应用示范项目、第五代移动通信（5G）应用示范项目和下一代互联网产业集群；大力发展集成电路、电子元器件、新材料、新能源、大数据、人工智能、物联网、生物医药产业。加快构建特色芯片设计、测试和检测的微电子产业链；高水平打造横琴澳门青年创业谷、中葡青年创新创业基地等一批创客空间、孵化器和科研创新载体，构建全链条服务生态；推动在合作区创新创业就业的澳门青年同步享受粤澳两地的扶持政策，采取多种措施，鼓励合作区企业吸纳澳门青年就业。

第三节 打造湾区国际科技创新中心重要支点

粤港澳大湾区国际科技创新中心是包括横琴粤澳深度合作区（简称“合作区”）在内的所有发展平台共同努力的建设方向，合作区应该有所作为，大力推进粤港澳大湾区国际科技创新中心新支点建设。例如，在深耕科学方面，围绕合作区四大产业定位，谋划由院士领衔创建高技术领域国家实验室、科技创新中心、科学园中园区等载体，加速粤港澳大湾区国家技术创新中心多个子项目落户；着重强化企业在创新体系中的主体地位，实施分层分类服务科技创新企业做强做优做大行动。

一、建设横琴国际科技创新中心的战略意义

微观上看，制造业在珠海属于主导产业、优先产业，财富创造和社会发展的主要动力多数来自制造业这个发动机；澳门的经济发展和社会运营则多以服务业为支撑。珠海、澳门的产业结构在过往的历史进程中都发挥了巨大的价值，但2010年以来也各自面临着一些新的挑战。在这样的现实下，将横琴聚焦到打造科技创新中心这个愿景上来，可以在保持珠澳基本格局稳定的同时，在特定的时空下形成创新要素的集聚，进而成为创新极点。这样的布局一旦获得成功，溢出效应就会率先覆盖到珠澳，促进珠澳产业转型升级。因此，当横琴成为创新发动机后，会直接带动珠海、澳门的创新驱动发展跃上一个新台阶。

中观上看，横琴与珠澳共同构成了粤港澳大湾区的第三组团（广佛莞可视为第一组团，港深可视为第二组团），其创新能力及影响力明显不及第一组团和第二组团，亟待通过域内创新极点的集聚、辐射、带动能力，提高珠澳整体的创新实力和创新能力。“珠澳”组团如果拥有了一个“横琴粤澳深度合作区”级别的创新发动机，就有可能实现粤港澳大湾区三大创新组团良性的竞合态势。

宏观上看，新时期的“一国两制”如何演进，如何把珠海和澳门这两个实行不同社会制度又毗邻的城市打造成开放创新、融合创新、协同创新的典范，是粤港澳大湾区发展战略的重中之重。从开放创新角度看，珠海牵动着纵深极大的内地，澳门连接着更广泛的国际市场，需要为开放创新提供一个规模化的“试验

场”；从融合创新角度看，需要有一种体制机制可以兼容珠海与澳门的创新要素自由流进与流出；从协同创新角度看，珠澳协同也需要一个大的试验场，通过珠澳之间各种要素的接触、结合，最终实现有机的协同。

二、谋划横琴国际科技创新中心的方向

简单地复制澳门或者珠海已有的发展模式难以实现突破，横琴唯有在借鉴先进经验的基础上充分利用珠澳高科技创新、研发的资源禀赋找寻产业合作的突破口，才能建立后发优势，成为湾区国际科技创新中心关键极点。

横琴应当发挥所具备的独特制度优势，围绕《总体方案》提出的四大产业方向，利用好横琴合作区企业所得税、个人所得税“双15%”等优惠政策，持续谋划引进集成电路、新能源汽车等世界知名企业到横琴设立研发设计中心，推动高端制造业创新发展；争取广东省有关政策，在横琴设立广东省航空产业基金，推动航空租赁等产业做大做强；高水平打造横琴澳门青年创业谷、中葡青年创新创业基地等一批孵化器和科研创新载体，完善成果转化机制，强化成果转化服务，构建全链条服务生态；高标准建设澳门大学、澳门科技大学等院校的产学研示范基地，探索创建高校科技企业孵化器，设立大学生创新创业种子基金，针对具有创业意向、尚需进一步了解和适应市场的大学生创业项目提供孵化服务和初始资金，为新兴产业的孕育创造条件；推动在合作区创新创业就业的澳门青年同步享受粤澳两地的扶持政策，鼓励合作区企业吸纳澳门青年就业。

在前瞻性布局符合未来发展趋势的产业项目方面，可着重探索前沿互联网技术，如区块链、元宇宙、虚拟数字人、Web4.0等领域，吸引港澳及海外青年前来横琴创业，使珠澳在这些技术领域的发展能够跟上并保持世界前沿的位置。从当前趋向上看，横琴合作区将目标对准了超级计算和元宇宙，希望以此为总牵引，将合作区的“四新”产业提升到一个新的发展层次。

算法、数据和计算力是推动人工智能技术进步和产业发展的“三驾马车”。横琴拥有基于寒武纪国产神经元网络专用芯片的大规模、自主可控的先进智能计算平台，该项目位于横琴岛科创研发区，周边高新产业密布，由横琴与中科院共同建设，是粤港澳大湾区首个先进智能计算平台，填补了珠江西岸、广深港澳科技创新走廊人工智能重大基础设施的空白。项目分三期整体规划建设，建成后将

成为立足横琴、面向粤港澳大湾区、辐射全国的集智能计算服务、交叉研究和产业创新“三位一体”的重大科技基础设施和公共服务平台，向全球规模最大的人工智能超算中心迈进。横琴应围绕智能计算平台出台制定人工智能专项政策，开展算力招商工作，汇聚横琴人工智能产业集群，从科技研发、产业孵化、创投资本、教育培训、配套政策环境五个方面入手构建“核心平台+数据运营+生态合作”的智能生态圈系统，以打造智能算力基础设施为牵引，以智能算力为创新赋能，以本地维管业务单位为支撑，以城市智能企业孵化转型为抓手，以高校院所人工智能研究承载为启源，以特色传统行业赋能升级为驱动，推进珠澳深度合作，共建新型智能产业生态。

元宇宙在消费端和产业端的巨大应用前景将带动相关软硬件产业创新发展，包括计算芯片和图形芯片、存储和通信、元宇宙消费端设备、元宇宙软件等。这有助于促进合作区优势产业——集成电路产业——的进一步发展。作为一个跨应用、跨生态的崭新领域，元宇宙产业与《总体方案》所确定的主攻方向高度契合，元宇宙技术的进步可以赋能“四大产业”的发展，推动构建下一代互联网产业集群与国际数字贸易枢纽港，实现产业的数字化升级。合作区可以从容地选择自己的优势和特点培育相关产业，吸引优质企业资源，打造区域性乃至国际性的元宇宙门户基地；可以围绕文旅会展、高端制造、智慧城市等领域建设“元宇宙超级试验场”，抓紧形成建设方案、技术路线和时间表，打造“元横琴”这一集技术创新、融合应用、用户体验、规则制定为一体的元宇宙创新平台。

三、打造横琴国际科技创新中心的支撑体系

粤澳科技创新交流合作已进入全新阶段，在初具规模的广深港澳科技创新走廊上，资本、技术、人才、信息等关键要素加速流转，科技创新展现出勃勃生机。应当在推动重大科研载体建设、加强产业技术创新、促进要素高效便捷流动、加快创新合作平台建设等方面构建横琴国际科技创新中心的支撑体系，实施博采众长、相互促进的联合创新模式，激发粤澳两地科研人员的更多活力，吸纳越来越多的科研机构投身探索湾区协同创新。

（一）培育引进复合型、高端人才

制定吸引和集聚国际高端人才的政策措施，实施顶级专家人才战略，加快认

定一批港澳台和外籍高层次人才，不断集聚全球高端创新人才资源，促成人才这一创新要素的跨境流动和区域流通。瞄准集成电路、电子元器件、新能源、大数据、人工智能、生物医药等产业的世界前沿科技，探索公开招聘世界一流科学家、国际顶尖工程技术人才的新机制。通过国家重大项目和平台广泛吸引全球的顶级专家加盟参与，培养造就具有国际水平的战略科技人才、科技领军人才、青年科技人才和高水平创新团队，力争成为世界高端人才流动的"创新驿站"。实施柔性引进科技人才机制，通过政府立项的形式，鼓励支持粤港澳三地的高校教师到合作区重点产业企业兼职担任技术副总或副总工程师，强化高校与企业之间的创新资源"产学研用"深度融合，打造科技创新的研发高地，助力企业科技创新和产业高质量发展。

（二）推进科技创新生态优化

一是优化财政科研资金跨境使用的体制机制。贯彻落实中央和省关于深化粤港澳创新合作、构建融合发展的区域协同创新共同体的工作部署，加快实施《广东省省级财政科研项目资金跨境港澳地区使用管理规程（试行）》，完善财政科研项目资金跨境使用的审计规程和管理流程。加快实现市级财政科研资金跨境流通，出台科研经费使用"包干制"和"负面清单"管理等全国领先的先行先试政策，推动百亿规模的粤港澳大湾区科技成果转化基金落户合作区。

二是加强粤港澳大湾区协同创新。科技计划面向港澳开放，率先实现粤港澳大湾区市级财政科研资金跨境流通。探索建立政府引导机制，通过政府出资设立科技成果产业化引导基金，引导社会资本进入合作区科技创新领域，重点投向重大科技成果产业化项目、战略性新兴产业等科技产业领域，主要投向处于种子期、起步期、成长期的科技型中小微企业。

三是深化合作区金融合作。依托合作区内的金融企业，积极在技术孵化、技术开发等领域大胆引入国内外风险投资资本，通过科技信贷风险补偿撬动合作银行为科技型中小企业贷款，引导全球高端创新资源要素向合作区聚集。探索建立风险投资退出机制，活化退出通道，畅通"募投管退"的投资死循环，形成"投资—培育—退出—再投资"的良性循环。

（三）构建开放型融合发展的区域协同创新共同体

一是优化创新制度和政策环境，充分释放珠海和澳门的"双区驱动效应"，进一步拓展粤港、粤澳联合资助计划，集聚国际创新资源，着力提升科技成果转化能力，促进合作区接受辐射发展。利用合作区享有科研仪器设备进口、国际互联网科研数据跨境流动等一系列便利条件，积极推动中科院等科研院所、广东省内外高校在横琴设立重大创新平台，吸引更多科研机构、科研人才、科技企业落户。

二是推动成立国家级综合型科技创新中心。围绕服务支撑国家重大发展战略，与国家科技部门联合成立综合类创新中心，集聚整合相关优势高校、科研院所、企业、新型研发机构等源头创新力量，成为创新中心的重要研究实体。组织实施国际大科学计划和大科学工程，布局建设一批发展急需的科技基础设施，开展颠覆性技术创新，着力解决制约国家发展和安全的“卡脖子”难题。

三是扩大组建粤港澳联合实验室。发挥琴澳两地资源优势，充分整合澳门和珠海以及周边城市的科研力量，利用澳门大学、澳门科技大学、澳门城市大学、澳门旅游学院以及内地的中山大学珠海校区、北京师范大学珠海校区、暨南大学珠海校区等高校资源组建更多的联合实验室开展战略性、前沿性科技创新研究，鼓励申报政府科技资助项目，推动产学研跨界合作。

四是探索创新科研合作模式。依托珠江西岸产学研优势，以珠澳“双城联动”为基点，创新“资源共享+人才流动+协同培育+全球引进”机制和“澳门基础研究+珠海产业转化”模式，联合澳门共同探索有利于推进新技术新产业发展的法律规则和国际经贸规则，推动团队和高校、科研机构开展合作，力求在集成电路、电子元器件、新材料、新能源、大数据、人工智能、物联网、生物医药产业、特色芯片、元宇宙等领域实现突破。

通过多措并举，不断破除瓶颈和制约，打通创新要素跨境便捷流动的堵点，逐步释放粤港澳协同创新能量，为科技湾区建设注入更强劲动力、打开更广阔空间。

第三章

Chapter 3

横琴构建全球中医药产业新高地

党的二十大报告提出“推进健康中国建设”，并强调“促进中医药传承创新发展”，倡导文明健康生活方式，为未来一段时期中医药发展领航定向。横琴粤澳中医药合作，正迎来天时、地利、人和的大好时机。2021年9月5日，中共中央、国务院印发《横琴粤澳深度合作区建设总体方案》（简称《总体方案》），明确了将横琴粤澳深度合作区建设成为“世界一流中医药生产基地和创新高地”的战略定位，以发展促进澳门经济适度多元的新兴产业，发挥澳门-珠海极点对粤港澳大湾区的引领带动作用，并辐射带动珠江西岸地区加快发展。2023年2月，广东省人民代表大会常务委员会发布《横琴粤澳深度合作区发展促进条例》，支持合作区建设中医药生产基地和创新高地，发展中医药服务贸易，建立具有自主知识产权和中国特色的医药创新研发与转化平台，发展休闲养生、康复医疗、健康管理、高端医疗服务等大健康产业。中医药产业是澳门多元化发展的重要支柱，一水之隔的横琴，正致力于打通中医药产业的产学研链条，为传统中医药插上“创新之翼”，加快走向世界。

第一节　横琴中医药产业发展态势分析

新冠疫情暴发以来，中医药产业的发展迎来了历史上最好的机遇期，横琴合作区中医药产业也得到各级政府部门的大力支持。在新发展阶段，横琴中医药产业以新发展理念为指导，立足合作区原有的产业基础，构建新发展格局，着力打造国内领先、国际知名的中医药科技、文化、旅游、康养为一体的先行示范区，推动广东、澳门中医药产业一体化发展。横琴合作区发展中医药产业具有良好的产业基础和优势，也存在着制约发展的劣势；中医药产业发展充满了各种机遇，也面临着多种挑战。

一、横琴中医药产业发展的优势

（一）政策法规优势

党的十八大以来，以习近平同志为核心的党中央强调中医药是中华民族的瑰宝，把中医药工作摆在更加突出的位置。习近平总书记指出：“中医药学凝聚着深邃的哲学智慧和中华民族几千年的健康养生理念及其实践经验，是中国古代科学的瑰宝，也是打开中华文明宝库的钥匙。”[①]2015年12月18日，在致中国中医科学院成立60周年的贺信中，习近平总书记进一步指出，“希望广大中医药工作者增强民族自信，勇攀医学高峰，深入发掘中医药宝库中的精华，充分发挥中医药的独特优势，推进中医药现代化，推动中医药走向世界，切实把中医药这一祖先留给我们的宝贵财富继承好、发展好、利用好”[②]。2016年，国务院印发《中医药发展战略规划纲要（2016—2030年）》，把发展中医药上升为国家战略。2017年10月，党的十九大报告提出：“实施健康中国战略。”要坚持中西医并重，传承发展中医药事业。2017年，《中华人民共和国中医药法》实施，为继承和弘扬中医药，扶持和促进中医药事业发展确立了法律依据。2019年10月，习近平总书记在全国中医药大会上强调，“要遵循中医药发展规律，传承精华，守正创新，加快推进中医药现代化、产业化，坚持中西医并重，推动中医药和西医药相互补充、协调发展，推动中医药事业和产业高质量发展，推动中医药走向世界，充分发挥中医药防病治病的独特优势和作用”。2019年10月，中共中央、国务院下发《关于促进中医药传承创新发展的意见》，内容包括健全中医药服务体系、发挥中医药在维护和促进人民健康中的独特作用、大力推动中药质量提升和产业高质量发展、加强中医药人才队伍建设、促进中医药传承与开放创新发展、改革完善中医药管理体制机制等，明确了中医药传承创新发展的目标方向和具体举措，彰显了党中央、国务院对中医药事业与中医药文化的高度重视。

中医药产业的发展处于历史最好的发展时期，横琴合作区中医药产业也得到各级政府部门的大力支持。一是中共中央、国务院印发《总体方案》对合作区中医药产业给予明确的大力支持，包括着眼建设世界一流中医药生产基地和创新高地，建立具有自主知识产权和中国特色的医药创新研发与转化平台，澳门审批合作区生产的中医药产品、食品及保健品允许使用“澳门设计”“澳门监制”等字

① 《习近平出席皇家墨尔本理工大学中医孔子学院授牌仪式》，《人民日报》2010年6月21日第1版。

② 《习近平致中国中医科学院成立60周年贺信》，2015年12月18日，https://www.gov.cn/xinwen/2015-12/22/content_5026645.htm。

眼，有利于澳门中医药产业打造为特色品牌，进一步释放澳门中医药产业的内在发展潜能等。2018年10月22日习近平总书记考察横琴新区粤澳合作中医药科技产业园时指出，要深入挖掘中医药宝库中的精华，推进产学研一体化，推进中医药产业化、现代化，让中医药走向世界。二是《粤港澳大湾区发展规划纲要》提出多项有利于中医药发展的举措。第十章第三节专题“推进珠海横琴粤港澳深度合作示范”明确支持粤澳合作中医药科技产业园发展，探索加强与国家中医药现代化科技产业创新联盟的合作，为园区内的企业新药研发、审批等提供指导。三是《粤港澳大湾区中医药高地建设方案（2020—2025年）》明确提出以粤澳合作中医药科技产业园、中药质量研究国家重点实验室等为载体，打造“中国服务”品牌，推进产学研用一体化，推进中医药产业化、现代化。四是粤澳中医药科技产业园是“一国两制”框架下的成功实践，横琴、澳门可在“一国”框架内各自分工，在“两制”框架下充分发挥自身优势，向海外拓展，同时积极发挥世界卫生组织传统医药合作中心的作用，推动澳门首创的GMP标准和产品标准推向全世界①。当前，粤澳两地主动作为，通过成立粤澳中医药产业合作专责小组②、签订横琴中药新药技术创新中心项目、签订分子态中医药健康产业项目等多项措施，深化合作交流，正在努力共同推动两地中医药事业发展。

为有效降低经济发展对博彩业的过度依赖、实现经济适度多元，澳门特别行政区提出了发展金融业、会展业、文化产业及中医药产业四大新兴产业的构想③。澳门特别行政区政府2021年财政年度施政报告也强调要促进中医药产业化，加快中成药注册管理制度立法，争取更多中医药产品在澳门注册，在澳门及横琴加工生产，先以粤港澳大湾区为主体销售区域，再逐步将销售版图扩展至其他地区。发挥中药质量研究国家重点实验室的作用，支持并配合品牌药企在澳门建设中医药产业基地④。由此可知，粤澳两地均不遗余力地开展澳门中医药产业

① 史昊宇：《浅析国家中医药产业在“一带一路”规划中的发展——以澳门平台为例》，《新丝路》2020年第5期。

② 黄蓓：《中医药积极参与粤港澳大湾区建设》，《中医药管理杂志》2019年第4期。

③ 林晓曼、林德钦：《澳门特区新兴产业发展的现状、障碍及对策研究》，《经济论坛》2020年第11期。

④ 傅艺薇：《横琴更好服务澳门发展中医药产业的思考》，《珠海特区报》2021年6月7日第7版。

的发展推动工作，合作区中医药产业已经具备了良好的政治环境。

澳门地区的药品注册受澳门特别行政区政府卫生局管辖，实行进口中成药及传统药物的预先许可制度，没有明确的中成药注册分类，对于已经注册成功的品种，提交原产国或出口国/地区的自由销售证明或注册证明资料即可①，流程相比香港地区更为简单。另外，在澳门已经上市的药物也可以通过绿色通道进入内地。《粤港澳大湾区药品医疗器械监管创新发展工作方案》指出，广东省药监局可对在港澳已上市传统外用中成药进行审批，提示澳门地区符合规定的已上市品种可迅速通过审批进入内地。该方案还支持在横琴粤澳合作中医药科技产业园设立中医药产品创新孵化中心，鼓励中医医疗机构在产业园发展医疗机构制剂，鼓励在产业园研发中医医疗器械。由此可知，在法律政策的角度，横琴粤澳深度合作区发展中医药产业是受到鼓励的，在将来也能得到政策保障。

（二）产业基础优势

澳门中医药产业具有较好的基础和优势，与横琴中医药产业相互支撑、互相助力。中医药是澳门传统优势行业，具有深厚的历史文化底蕴和较强的产业基础。1872年澳门地区第一家华人医院镜湖医院启用，1892年近代澳门中医药的代表同善堂创立，除此之外，目前澳门中医药医疗服务较为完善，政府公立医疗机构提供有限的基本中医医疗服务，民营中医机构则有效弥补了高端中医药医疗需求的空白。星罗棋布澳门的“参茸行”等中药材店、私人中医诊所等，保留了大量澳门中医药特色②③。据澳门特别行政区政府卫生局统计，2021年，澳门私人医务活动场所中，中医医务所有89家，拥有准照注册的中医医生566人，中医医师143人，按摩师13人，针灸师7人；澳门中成药及传统药物数量6776种，中药房130家，药行24家，澳门中药厂7家④。

---

① 曾建武、吴翠玲、蒋杰：《港澳台地区中药注册政策与技术要求比较》，《时珍国医国药》2015年第3期。

② 郑其昌、张屹：《澳门中医药的历史沿革、现状分析与发展策略》，第二届中医药现代化国际科技大会，成都，2005。

③ 孙洁：《澳门中医药发展的优势与特色》，医圣仲景南阳国际论坛暨海峡两岸中医药与太极养生文化研讨会，南阳，2013。

④ 澳门特别行政区政府卫生局：《2021年度统计年刊》2021。

2021年末，横琴合作区的生产总值454.63亿元，同比增长8.5%；2022年上半年，合作区实现地区生产总值223.93亿元，同比增长2.5%，其中，工业高速增长，规模以上工业增加值增长54.8%；金融业增加值同比增长11%，占地区生产总值的36.7%。实际使用外资15.23亿美元。横琴新区自身的经济实力得到明显加强。横琴新区在产业方面重点发展科技创新、特色金融、生物医药、跨境商贸、文旅会展等产业。其中，岛内高新技术企业328家（占珠海市的15.6%）。琴澳产业合作持续推进，截至2021年12月，横琴合作区实有澳资企业4761家，同比增长32.55%，覆盖国民经济17大行业门类，成为内地澳企最为集中的区域。

横琴中医药产业基本集中在粤澳合作中医药科技产业园（见图3-1）。该产业园是《粤澳合作框架协议》的首个落地项目，于2011年成立，占地50万平方米，总开发面积约140万平方米，由澳门和横琴共同组建公司进行开发建设与运营管理。重点围绕“国际级中医药质量控制基地”和“国际健康产业交流平台”的核心目标，以及打造“中医药产业与文化‘一带一路’的国际窗口”的优势定位，以搭建产学研一体化平台、推动中医药国际化，以及发展大健康产业为思路

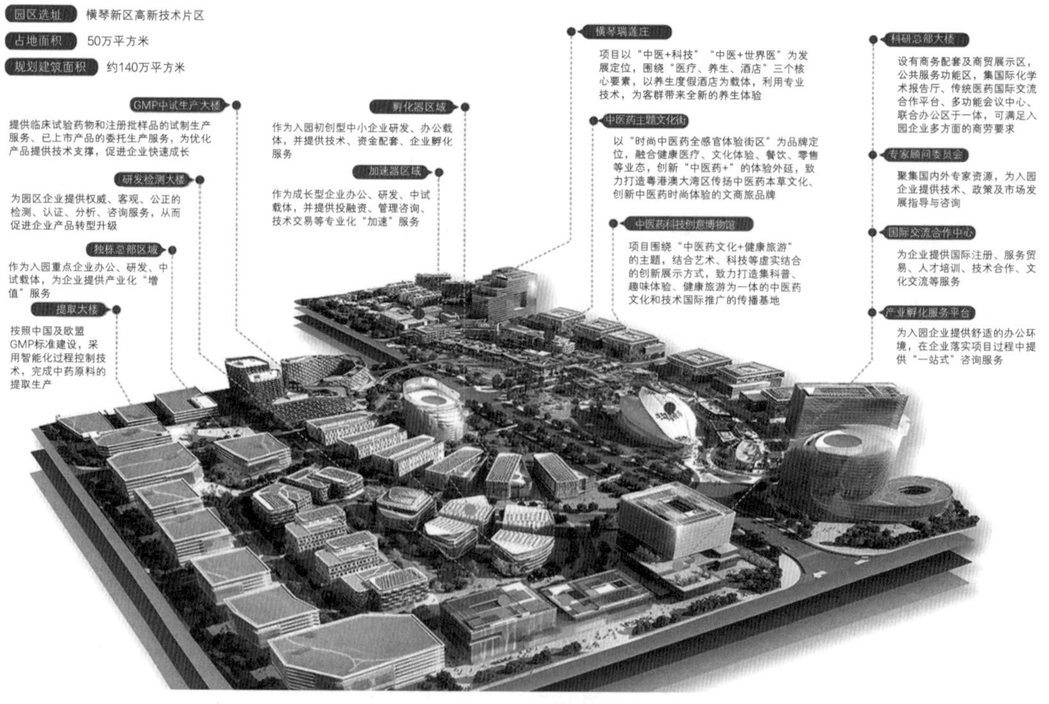

图3-1　横琴粤澳合作中医药科技产业园布局

资料来源：粤澳合作中医药科技产业园网站。

与规划开展工作。截至2022年6月，注册企业达226家，其中澳门企业57家，入园企业涉及中医药、化妆品、保健品、医疗器械、生物医药、医疗服务领域。产业园经过多年努力发展，已搭建起符合中国内地及欧盟认证标准的GMP中试生产、研发检测、产业孵化基地等一体化全链条的专业化公共服务平台，具有一定的软硬件基础、创新驱动源头和产业发展的条件，初步构建起相对完整的创新产业链。

综上所述，合作区发展中医药新产业具有良好的产业基础，能与澳门中医药传统优势产业形成协同配套一体化发展，进而促进澳门经济适度多元发展。

（三）社会文化优势

横琴地处广东珠海地区，广东省是中医药强省，中医药传统底蕴深厚，凉茶、煲汤等药食文化浓郁。毗邻横琴的澳门中医药气氛浓厚，中医药民间发展较好，从居民的日常保健凉茶，到沿街各处的中药材店，再到大小林立的私人中医诊所，澳门中医药已与澳门居民的生活相融合，形成了休戚相关的体系，保持了澳门中医药独有的特色[①]。随着澳门回归祖国，澳门中医药进入发展快车道。澳门科技大学中医药学院和澳门大学中华医药研究院相继建立，中药质量研究国家重点实验室落户澳门大学和澳门科技大学，粤澳合作中医药科技产业园项目正式启动，世界卫生组织传统医学合作中心落户澳门，代表着国际对澳门传统医药事业发展的认可，促进了中医药的产业化和国际化。

澳门与葡语系国家和海外归侨联系密切，具有中医药国际化推广的独特优势。全球有9个国家和4个地区使用葡萄牙语，包括巴西、葡萄牙、莫桑比克、安哥拉等，总人口超过2.5亿，澳门与这些国家和地区有独特的语言、文化和历史纽带，同时，这些国家和地区对中医也具有一定的认可程度，葡萄牙就是欧洲较早对中医药立法的国家，澳门与这些国家和地区的交流和合作具有天然优势，通过它们，可以辐射更为广泛的其他地区，如通过葡萄牙可进入27个欧洲国家，因而能充分利用葡语系国家优势推广中医药。迄今为止，澳门已与葡萄牙食畜总局、西班牙欧洲中医基金会、莫桑比克卫生部等多个政府或行业机构建立了合

① 孙洁：《澳门中医药发展的优势与特色》，医圣仲景南阳国际论坛暨海峡两岸中医药与太极养生文化研讨会，南阳，2013。

作[1]，为中医药产品在葡语系国家和欧盟各国的普及应用夯实了基础。澳门拥有60多个国家的归侨及侨眷，其中不少来自“一带一路”沿线国家和地区，归侨社团拥有广泛的社会关系和影响力，几百年间，众多华侨已在当地广泛传播中医药，借助归侨的力量，中医药的国际化将事半功倍。目前，横琴粤澳合作中医药科技产业园已有9款产品在莫桑比克注册成功，后续需要更大力度推动更多的中医药产品在海外注册、参与更多的国际标准制定、输出更多的知名品牌等。

（四）技术领域优势

中医药产业涉及的技术领域较广，包括中医治疗的技术领域、中药制造的技术领域、康养保健等技术领域。中医药属于中华民族独有的治疗体系，源远流长，技术水平世界领先，但随着现代西医西药的传播和发展，中医药也需要吸收西医药的一些优势理念，包括诊断治疗的标准化、西药制造的标准质量控制以及系列现代科学先进技术的应用等。现代中药研发大量借鉴了西药开发和评价的标准化理念，包括临床有效性、安全性评价等，在中药制造过程中质量可控性也大量借鉴西药制造过程的GMP质量体系标准控制理念和要求。

内地中医药的技术水平普遍较高，内地中医院尤其广东地区中医药的诊疗能力和水平处于领先水平，中药企业的制造及质量控制整体呈现较高水平。澳门虽然中医药基础较好，但水平不高，医药高等教育和科研体系建立较晚，2000年澳门科技大学中医药学院建立，2002年澳门大学中华医药研究院成立，2011年中药质量研究国家重点实验室落户澳门大学和澳门科技大学。

在国家的大力扶持和有效指导下，澳门本地的科研能力正在逐渐显现。澳门大学与澳门科技大学的相关研究成果两次荣获国家科学技术进步奖二等奖，澳门大学实验室2016年启动了12个进入欧盟、加拿大和美国的创新中药产品研发工作，澳门科技大学实验室协助美国药典委员会制订膳食补充剂标准4个、草药标准2个，协助欧盟药典起草麦冬、银花等9个草药标准[2]，显示出澳门地区在中医药研发领域良好的发展前景。

① 汪灵犀：《中医药产业：澳门发展新增长极》，《今日中国》2020年第2期。
② 方怡晖：《中医药：澳门多元经济新亮点》，《小康》2019年第35期。

二、横琴中医药产业发展的劣势

（一）土地资源制约中医药产业发展空间

横琴粤澳深度合作区囊括横琴岛“一线”和“二线”之间的海关监管区域，总面积约106平方公里。相较于同样以“打造中医药产业新高地”为目标的黑龙江宁安市（7924平方公里）和云浮市（7785平方公里）而言，合作区现有体量相去甚远。匮乏的土地资源必然导致中医药产业发展面临日趋紧张的空间约束，土地价格上涨，首当其冲的便是中医药发展的基础产业——中药材生产。高昂的种植成本使得横琴的中药材种植只能采取精耕细作的种植方式，无法采用规模化、机械化的种植方式，这对中药材生产产业有很大局限。

（二）中医药产业缺少产业链头部企业

粤澳合作中医药科技产业园作为《粤澳合作框架协议》首个落地项目，已在横琴新区布局，2011年以来吸纳相关中医药领域注册企业220家。据企查查统计，截至2021年7月，广东省仅深耕中药饮片领域的企业便达5.09万家，其中广州中药饮片企业最多，达17068家，相较之下，横琴还有很大的发展空间与潜力。目前，产业园内已吸纳广药集团、Intertek天祥集团、盈科瑞药物研究院等大型企业及CRO（Contract Research Organization，合同研究组织）研发服务机构，但从总体占比来看，这些龙头企业发挥作用有限，难以达到集约化经济规模。区域内的整体中医药产业集群还处于初级发展阶段，缺少中医药产业链的头部企业，中医药产业链整体性和带动性不足，产业凝聚力与产业集群竞争力还有待提升。

（三）中医药整体产业链结构失衡

目前，粤澳合作中医药科技产业园内入驻企业的经营范围和产业部署偏重于中药研究开发、中药制药两大领域，而对中药材生产、中医药配套服务的涉猎较少。中药材生产产业受土地资源限制，难以大规模发展。中医药配套服务领域下的中医药旅游产业、中医药养老产业、中医药文化产业以及中医药国际服务贸易产业反映了横琴在中医药产业发展结构方面的失衡，但这类服务贸易产业却恰恰是合作区相较其他地区的比较优势。只有完善中医药产业链的有序网络，形成从第一产业至第三产业的一条龙服务，横琴的中医药产业才能具备强大的内生优势，以获得更大的经济利益。

（四）产学研成果转化示范效应尚未发挥

相比内地，澳门中医药科研创新历史积累不够，可供产业化、市场化转化的成果不多。同时，澳门中药厂数量少、规模小，主要生产一些油剂等传统剂型，质量管理体系水平与国内《药品生产质量管理规范》（GMP）或欧美GMP相比差距较大，生产设备设施和制造过程的现代化水平不高，新产品产业化能力和水平都偏低，产品质量控制水平也不高。珠海横琴的粤澳合作中医药科技产业园已建立了企业研发、总部、贸易等功能齐全的孵化基地，产学研一体化平台已开始运作，具有一定的支撑产业发展软硬件条件，但产业园区GMP中试生产车间主要是水提醇沉等传统中药制造技术，中药新药涉及的新技术如超临界萃取、工业色谱等配套不够，难以完全满足现代中药的产业化转化需求，同时，产业园自成立以来尚未有园区内企业获得中药新药批准上市，产学研成果转化的示范效应尚未形成。

（五）中医药人才供给短缺

在人才供给方面，澳门大学、澳门科技大学等高校是横琴培养优秀人才的有利后盾。此外，横琴内的珠海澳大科技研究院依托澳门大学3所国家重点实验室及优势学科院所的研究力量，在吸引及培养科研人才方面均取得了不俗的成果。不过，相较内地几十年的沉淀式培养模式，横琴的中医药人才培养体系还有待完善。纵然近几年横琴在中医药领域的高水平科学研究成果频出，但总体看行业内的领军人才还较为稀缺。横琴急需培养一批既具备中医药理论知识与中医药临床思维基础，又懂得运用现代医学的生命救治、生命支持手段的综合性现代化中医药人才，推动横琴中医药产业守正创新发展。

（六）中医药产业存在国际化障碍

中医药作为中华民族的瑰宝，通过澳门国际化传播的广度和深度还不够，澳门国际化的独特优势尚未充分发挥。中药复方复杂成分的特殊性与西药单一成分相比差别较大，给中药生产制造过程中的质量控制带来较大的挑战，导致中药难以像西药一样实现标准化生产，因此国际化认可和传播困难重重。此外，中医药难以快速广泛传播很重要的一个因素是未建立完善的现代医疗制度体系，包括治疗制度、诊疗方法、药品检测等系统的国际通用标准难以被西方医疗体系接纳，容易遭受质疑。

三、横琴中医药产业发展的新机遇

（一）新冠疫情为中医药国际化带来了新契机

新冠疫情在给人类健康带来巨大威胁的同时，也为中医药发展壮大、走向世界创造了一些难得的机遇。疫情防控期间，中医药的突出表现为进一步推动中西医结合提供了更加便利的条件，减少了中医药国际化的阻力。

国家卫健委与国家中医药管理局公布的《新型冠状病毒感染的肺炎诊疗方案（试行第四版）》指出，本次来势汹汹的新冠肺炎病毒与SARS样冠状病毒的同源性可达85%以上。以抗击“非典”时的卓越中医药经验为根基，中医药在此次的疫情中取得了不俗效果：在常规治疗上，连花清瘟胶囊充分发挥了对新型冠状病毒的抗病毒、抗炎作用；在重症治疗上，中医辅助疗法配合西医的连续性肾脏替代治疗（CRRT）[①]和体外膜肺氧合技术（ECMO）[②]等支持疗法起到了显著的效果；在危症治疗上，结合中西医思想的血必净注射液，对治疗新冠病毒肺炎重型、危重型的全身炎症反应综合征起到了很好的效果[③]。中医药在抗击疫情上展现了良好的效果，得到了更多的认可，为国际社会提供了独具中医药文化匠心的中国方案，国际影响力大幅提升。随着疫情蔓延，越来越多国家的民众愿意认识中医药、了解中医药、使用中医药、支持中医药，国际社会对中医药的需求量不断增大，促进了中医药产品和服务走向国际，进一步加快了中医药产业发展国际化步伐。横琴粤澳合作中医药科技产业园一方面借助于粤港澳大湾区发展的东风，一方面依托澳门这一重要的葡语系国家平台，在推动中医药产业国际化方面迎来了新的契机。

（二）人口老龄化拉长了中医药养老保健产业链

第七次全国人口普查数据显示，截至2021年，我国65岁以上老年人口的数量

---

① 王一梅、沈波、张咏梅等：《新型冠状病毒肺炎疫情期间连续性肾脏替代治疗的感染防控和临床治疗策略》，《上海医学》2020年第3期。

② 马文帅、郭万刚、尹姣等：《ECMO在新型冠状病毒肺炎危重症患者中应用价值的探讨》，《心脏杂志》2020年第2期。

③ 施烜、魏娟、刘美云等：《血必净注射液治疗新型冠状病毒肺炎的整体调控作用研究》，《上海中医药杂志》2020年第4期。

高达1.9亿人，占总人口比例的13.5%，处于全面的社会深度老龄化阶段。此外，联合国发布的《2019世界人口展望》预计，到2050年，全球65岁以上老年人占比将由11%上升到16%。庞大的老年群体将致使老年病领域的医疗与保健需求快速上升。中医药养生作为独具中国特色的保健手段，历史悠久，成效斐然。相较西医治疗方法，中医按照整体观念去认识老年人患病的规律与病变全过程，食补药补等多种治疗方式并举，有的放矢地辨证施治，更易受到国内乃至世界中老年群体的青睐。展望未来，元气养生抗衰防老的中药或中成药，行之有效的延缓衰老的养生保健方法，在迎接人口老龄化的挑战中将发挥越来越大的作用。庞大的老年医药保健市场为横琴粤澳合作中医药科技产业园发展描绘了一个美好的春天，为横琴粤澳合作中医药科技产业园研发、拓展产业链提供了新目标。

（三）疾病谱变化开拓了中医药庞大的慢病市场

随着医疗技术进步、人口年龄结构变化及人民生活水平的提高，致死率最高的传染性疾病、急性传染病已被高血压病、肿瘤、糖尿病、退行性疾病等慢性疾病所替代。国家卫生健康委疾病预防控制局发布的报告揭示，目前我国因慢性病导致的死亡人数占总死亡人数近九成。世界卫生组织统计的前十大主要死亡原因中，缺血性心脏病与慢性阻塞性肺病两类慢性疾病赫然居于前列，其中前者更是居于榜首。而经临床实践证实，中医药在治疗这些慢性疾病上具有更高的治疗经济学意义与相对更低的毒副作用，如中医推广使用的“补阳还五汤”在治疗高脂血症时效果显著，副作用更少，更易于在中小型城市、农村推广开来[①]。这些特色与优势无疑是中医药发展的新机遇，也是未来横琴粤澳合作中医药科技产业园发展的方向之一，推动着粤澳合作中医药科技产业园中医药的研发与创新。

（四）“一带一路”合作畅通了国际外循环

在“十三五”期间，中医药高质量融入共建“一带一路”建设取得积极进展。在政策沟通方面，中医药已将传播范围扩展至196个国家和地区，成为中国与东盟、欧盟、非盟、拉共体等地区的重要合作领域；在贸易畅通方面，目前已建设17个国家中医药服务出口基地，中药产品进出口贸易总额累计已达到281.9

① 郭集军、古伟明、潘金城：《补阳还五汤对老年人高脂血症降脂作用的观察》，《国际医药卫生导报》2004年第8期。

亿美元；在标准规范方面，国际标准化组织/中医药技术委员会（ISO/TC 249）已颁布64项中医药国际标准，涵盖中医临床、中药管理等多个领域。而在《推进中医药高质量融入共建“一带一路”发展规划（2021—2025年）》的政策引导下，“十四五”期间，我国将进一步加大对高水平中医药医疗服务平台的支持力度，建设30个较高质量的中医药海外中心和56个中医药国际合作基地，为共建“一带一路”沿线国家和地区民众提供优质的中医药服务，这无疑是未来中医药产业进军海外市场的有利机遇。横琴粤澳合作中医药科技产业园依托粤港澳大湾区在“一带一路”沿线国家和地区的市场，高质量融入“一带一路”沿线国家和地区。

四、横琴中医药产业发展面临的挑战

（一）国内市场竞争日趋激烈

10多年来，包括《中国药典》《国务院办公厅印发关于加快中医药特色发展若干政策措施的通知》等在内的一系列相关政策，旨在加大对中医药产业的扶持力度，促进中医药产业发展。各地也纷纷响应国家的号召，出台关于中医药产业相关政策，将中医药产业作为新兴经济增长点加以扶持培育。山东省提出在“十四五”时期将围绕医疗、科研、人才、产业和文化打造中医药“五大高地”；《上海市中医药发展“十四五”规划》提出，到2025年，上海基本建成中医药制度建设高地、中医药健康服务高地和中医药创新策源高地；中医药文明的重要发祥地——南阳市——出台了《南阳市打造“全球中医圣地、全国中医高地、全国中医药名都”行动方案》。当前及今后一段时期内，横琴中医药产业面临激烈竞争。

（二）国际知名品牌对外部市场的冲击

随着近年来中医药在国际市场上的认可度不断提升，出口金额逐年攀升：据中国海关数据，2009—2014年，我国中药材及饮片出口呈增长趋势，2014年达到出口峰值，此后年出口金额稳定在10亿～12亿美元之间，10年复合增长率为8.6%；自新冠疫情暴发以来，我国中药材及饮片出口迎来一波新的增长，超越此前的出口峰值，达13.1亿美元。然而，与国际市场中中药及植物药300亿美元的年销售额相比，我国中药材及饮片出口额尚不足国际市场份额的5%。外部竞争者有来自美国的大型植物药公司如健安喜（GNC）、英国的大型植物药公司如波特斯、日本的汉方制药企业津村制药等。这些国际植物药品牌疗效显著、技术含量高，对横琴中药出口产生巨大的外部竞争压力。

（三）技术性贸易壁垒限制

出于保护本国医药市场及关联产业的发展，一些国家在对传统药和植物药的管理上，会或多或少地实施“技术性贸易壁垒”以阻碍中医药产品或服务进入本国市场。美国、欧盟、韩国、日本等国家会对进口的中药材施加较中国指标更为严苛的农药残留量、放射线辐射水平及重金属残留量等限制[①]。横琴中医药企业在应对他国的绿色壁垒时，被迫在技术、环境方面增加投入，直接导致产品或服务成本增加，这对提升中医药产品的竞争力而言是极大的挑战。

（四）中西医医疗体系竞争

西医在医疗机构数量、医疗市场份额与医学的科研成果等方面相较中医而言优势明显。由于东西方文化的差异，国外民众对中医的文化内涵不甚了解，这种不了解导致患者的不信任，从而降低了中医的受众群体；此外，中医采用“望、闻、问、切”手段进行问诊与辨证治疗，较长的就诊期间增加了患者的时间成本。这些因素使得大多数患者以西医作为治病首选，当西医治疗无果时才退而选择中医治疗。因此，横琴中医药产业需要在庞大的西医产业体系下开拓市场。

第二节　面向世界的中医药产业高地战略定位

开发横琴不单要考虑珠海方面的建设，还必须考虑澳门的利益需求与发展诉求，在国家战略的大背景和大视野下体现横琴的特色[②]。横琴粤澳深度合作区建设世界一流中医药产业高地需要充分利用琴澳两地中医药资源先发优势，发展科技创新、服务贸易、标准化制定三大战略支撑点。

① 董震、徐文、刘颖烁：《技术性贸易壁垒对中药出口贸易的影响及其对策研究》，《西部中医药》2015年第12期。

② 袁持平、梁雯：《以澳门与横琴合作促进澳门经济可持续发展》，《华南师范大学学报（社会科学版）》2013年第4期。

一、推动澳门中医药走向世界

受岭南中医药地域文化及亚热带季风气候的影响，中医在澳门广受欢迎，每100名澳门居民中便有95名因自身对预防保健或疾病治疗的需求，寻求过中医帮助。广大的群众需求也反映在澳门的中医就诊人数上（见图3-2）。

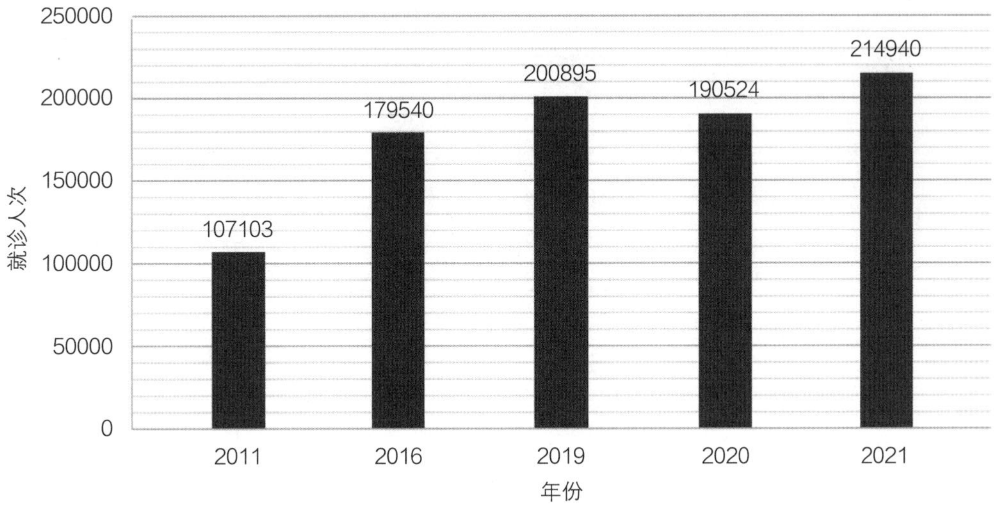

图3-2　2011—2021年澳门中医门诊就诊人次

资料来源：澳门特别行政区政府统计暨普查局发布的《2021统计年鉴》。

澳门特别行政区政府卫生局的最新统计数据显示，2016—2020年澳门特别行政区政府卫生中心的中医门诊人次总体呈逐年上升趋势，虽2020年受到新冠疫情的影响，中医就诊人数有所回落，但仍达19万人次。高峰时年，澳门特别行政区政府卫生中心中医科室一年接待患者达7.5万人次，在所有门诊中位列第三，仅次于儿童保健科室。与中医诊疗服务配套的中药产品销售也随之繁荣。在澳门的大街小巷，中医诊所和中药店铺随处可见，无论是本地街坊还是文旅游客，都能轻而易举地买到门类丰富的中成药和传统中药材。澳门特别行政区政府施策有力，将中医药产业作为澳门特区重点发展领域，使得澳门的中医药事业获得长足发展，取得显著成绩。富有澳门特色的中医药发展和服务模式，得到了澳门本地居民乃至葡萄牙、巴西等国人民的广泛认同和欢迎。

澳门浓厚的中医药文化底蕴，为中医药扬名之路打开了一个面向国际的崭新窗口。要将横琴粤澳深度合作区建设成为“世界一流中医药生产基地和创新高地”，必须牢牢把握澳门这一中医药国际窗口。

推动澳门中医药走向世界最直接的影响是，有效推进澳门经济适度多元化，缓解澳门产业结构单一，以及对博彩业的高度依赖。

表3-1　2017—2021年澳门博彩业及主要非博彩行业的收益

单位：百万澳门元

产业	2017年	2018年	2019ʳ年	2020年	2021年
博彩业	267862	304186	293380	61285	88200
主要非博彩行业总计	372269	385508	378375	266551	320964
建筑业	62768	51108	49591	48449	52486
酒店业	32555	37291	38271	12925	19319
饮食业	11053	11760	12240	8712	9658
批发及零售业	122045	129416	130535	85060	114192
运输仓储及通信业	29614	33712	32590	16941	19067
金融业	33481	37509	39120	33750	49978
其中：银行业	25635	27932	28785	30072	32780
不动产及工商服务业	80743	84713	76027	60715	56264

注：r表示修订数字。

资料来源：澳门特别行政区政府统计暨普查局公布的历年《澳门经济适度多元发展统计指标体系分析报告》。

据《澳门经济适度多元发展统计指标体系分析报告》，在2020年以前，博彩业为澳门贡献了近50%的收益（见表3-1）。2020年新冠疫情全球大暴发，使澳门博彩业受到重大冲击，收益大幅萎缩，同比下跌79.1%，主要非博彩行业亦呈下跌态势，但跌幅仅有29.6%，两者叠加致使澳门当年GDP收缩约56个百分点。面对内地颇具规模的中医药产业，澳门自身的发展优势并不明显，选择拓展海外市场的“中医药蓝海”占领先发优势，往往收益更大。梁启超先生1903年撰写的《新大陆游记》曾有记载：“西人有喜用华医者，故此业常足以致富。有所谓王老吉凉茶，在广东每贴铜钱二文，售诸西人或五元十元美金不等云，他可类推。”伴随着连花清瘟胶囊成为治疗新冠肺炎的有效药物，海外市场对中医药的信任与期待进一步提升，诸如金银花和板蓝根等中药不仅供不应求，而且价格也水涨船高。横琴中医药产业应积极利用这一契机加快走向世界的步伐，使中医药产业为粤澳产业合作带来新机遇，成为澳门经济增长的“发动机”。

另外，目前世界中成药市场的年销售额超过300亿美元，我国在全球拥有绝对中药材资源优势的前提下却只占了5%的份额。中西文化差异使得中医药仅在海外华人圈中传播，语言差异使得中医药难以在短时间内说清道明，极大影响了中医药国际化推广。

澳门具有特殊的历史优势和中西文化交融的社会背景。经由澳门这座连接中国与葡语系国家的桥梁，将中医药品牌推广至葡萄牙、巴西、安哥拉和莫桑比克等国，可提高葡语系国家对中医药的知名度及认可度，以点带面克服国内中医药治疗与产品难以跨出国门的困境，创新海外销售渠道，为中医药在药疗健康领域率先确立一定的市场基础。中医药品牌在葡语系国家站稳脚跟后，还可将其发展为连接世界的中医药大平台，辐射周边国家和地区。推动澳门中成药走向世界这一先行之策，为合作区更好地利用国内国际两个市场、两种资源开辟世界一流中医药产业高地提供了强大引擎。

推动中医药走向世界，还需要从以下几个方面着手：

一是进一步提升中医药的业内形象。就澳门统计普查局的最新调查，在澳门无论是正规中医院校毕业的中医生，还是祖传或师徒制学成的中医师及针灸师，大多在私家诊所或中药店工作，为居民提供服务。受雇于政府医疗系统与私立医院的专职人员比例偏低，中医生的专职人员在总群体中的占比为7.24%，其中仅有9人在澳门特别行政区政府卫生局就职，中医师的专职人员在总群体中的占比仅为2.1%，没有针灸师在医院提供医疗服务，中医从业人员在传统医疗机构中的规模还有待提升（见表3-2）。澳门特别行政区政府不仅应在民间基层扩大中医药的发展空间，还应在传统医疗机构中提升中医的从业比例，扩大高质量中医队伍，扭转中医药的“在野”印象，以高水平的中医药服务吸引患者就诊，促进澳门地区中医药的健康循环发展。同时，对于一些私立的中医药诊所及店铺，澳门特别行政区政府卫生局应加强对其营业资质的审查与认证，严查某些打着所谓“祖传秘方”“民间偏方”的伪中医，以有序的区域中医药市场与良好的中医药声誉为基础，进一步提升澳门中医药品牌的金牌商誉，赢得海外市场的青睐。

表3-2　2021年澳门按工作场所划分的中医从业人员分布现状

单位：人

人员	卫生局	私营医院	私家诊所	其他	总数
中医生	9	32	459	66	566
中医师	0	3	97	43	143
针灸师	0	0	7	0	7

资料来源：澳门特别行政区政府卫生局发布的《2021年度统计年刊》。

二是夯实中医药产业基础，完善中医药产业链。得益于2011年粤澳合作中医药科技产业园在横琴新区的投入使用，澳门中医药产业规模逐渐发展：开设的中药房数量达130间，中药厂数量达5间，收益一度接近6亿澳门元①。然而，受新冠疫情影响，2020年澳门中药及中药材的出口额均出现明显下滑，其中中药出口额同比下降75.1%，仅为629.3万澳门元（见表3-3）。澳门作为海岛型经济体，土地面积狭小，发展中医药的厂房数量及面积有限，使得很多产业环节无法落地，致使澳门中医药产业链不完整，难以应对外部冲击。对此，要充分发挥横琴的优势互补作用，两地进行分工合作：在澳门进行中医药原创技术的研发，集中对关键核心技术和重大短板进行攻关，大力推动中医药产业迈向中高端水平；在横琴进行中医药产品的规模化生产制造，并配备完善的仓储及物流设置，以弥补澳门中医药产业的土地短板。此外，横琴政府还应在产品研发、土地要素和人力资本方面为澳门中医药产业提供政策优惠及生产补贴，让要素在琴澳两地便捷流通，助力澳门夯实中医药产业基础，以完善的中医药产业链和供应链作为后盾，应对“灰犀牛”与“黑天鹅”等突发事件，携手澳门向海外市场拓展。

① 澳门特别行政区政府统计暨普查局：《澳门经济适度多元发展统计指标体系分析报告》第三章《主要非博彩行业的发展——中医药产业》，2020。

表3-3 2017—2021年澳门中药对外贸易指标

出口额	2017年		2018年		2019年		2020年		2021年	
	总数/千澳门元	变化/%	总数/千澳门元	变化/%	总数/千澳门元	变化/%	总数/千澳门元	变化/%	总数/千澳门元	变化/%
中药	21091	6.5	18317	13.1	25259	37.9	6293	75.1	9157	45.5
中药材	7065	64.4	5718	19.1	3712	35.1	2014	45.8	1066	47.1

资料来源：澳门特别行政区政府统计暨普查局公布的历年《澳门经济适度多元发展统计指标体系分析报告》。

三是开展中医药合作交流活动。虽然澳门凭借其“精准联系人”功能和独特历史文化优势，缓解了中医药企业在海外进行贸易活动所面临的文化障碍，但是，“海外法律法规”“专业术语转译”仍为中医药走向世界设下了重重关卡。由于中医翻译理论体系还缺乏被专家学者所广泛认可的统一标准，翻译术语不统一，中医药术语本身又具有深厚内涵，不具备一定的中国语言文化功底和中医药理论知识储备的译者很难将其准确向国外客户传达。这些困境应从两方面着手。对外，应继续借助粤澳合作中医药科技产业园国际交流合作中心，邀请内地、澳门特别行政区以及葡语系国家和地区的医药企业代表、区域或国际性医学组织、知名中医药专家，开展以中医药为主题的国际科教、医疗、康养、文化等多层次合作交流，促进国际社会对中医药的理解、应用与贸易；对内，在合作区开展中医药名词术语翻译规范研讨会、海外医药的法规制度现状与案例分析专题培训活动，为企业推广中医药提供可行之策。应加快形成有特色的中医药研究中心和信息中心，搭建企业信息交流和资源共享的线上平台。在“传经”的基础上，为中医药企业与海外经销商的衔接提供便利。

二、创新中医药科技产业发展

从熨灸裹敷到中医标准化，在中医药发展的5000多年历程中，创新是最大的活力源泉：春秋战国时期名医扁鹊奠定中医学的切脉诊断方法，开启了中医学先河；宋代太平惠民和剂局编写的中成药标准——《太平惠民和剂局方》，跨出了标准化、规范化的第一步；清代吴鞠通的《温病条辨》，总结并发展了温病学说，创立了“三焦辨证”体系，开始了现代中医治疗急性传染性疾病的先河。

然而，中医药发展到当代，日本、韩国凭借在中医药领域的科技优势，低价向我国进口中药原材料，深加工后销往海外，垄断了国际中医药市场90%的份额。中国原产、韩国开花、日本结果，一定程度反映了我国中医药产业存在创新体系不完善的问题。在横琴建设世界一流中医药产业高地的背景下，应当以“创新是引领发展的第一动力”理念推动中医药的守正传承。

作为横琴重大创新载体，横琴粤澳合作中医药科技产业园涉及中医药、化妆品、保健品、医疗器械、生物医药、医疗服务领域，已逐渐形成一定的产业集聚氛围，累计注册企业224家（其中通过产业园平台培育的澳门企业有56家，占注册企业的25%）。在创新研发集群打造及成果转化基地建设方面，产业园吸引广药集团、Intertek天祥集团、盈科瑞药物研究院等大型企业及CRO研发服务机构入驻，以及澳门大学、广州中医药大学、成都中医药大学等高校创新驱动资源，并与葡萄牙、莫桑比克、巴西等海外国家研究机构建立合作关系，共同打造了粤港澳大湾区中医药科技成果研发与产业化平台，利用产业、政策、资本等优质资源，打造中医药创新产业集群。

聚焦中医药领域的科研创新资金投入，2020年澳门申请科学技术发展基金的中医药获批准项目达29项，总共获批金额达52434500澳门元（约合41166326元），相较之下，横琴2020年在中医药领域的一般公共预算支出仅400万元。这反映出横琴与澳门在中医药产业的创新投入上还存在一定距离。由于两地在管理制度上有所差异，未彻底打通的行政壁垒限制了科技创新要素的流动与共享，导致横琴与澳门两地的中医药创新链未能有效衔接，区域创新与协同创新效率还需进一步提高，孵化的中医药创新成果是否能在实体经济中获得相应回报还有待时间检验。

横琴建设世界一流中医药产业高地，必须在成果转化、协同攻关、创新赋值等三个方面着力。

一方面，横琴需重视中医药协同攻关，全力发掘中医药创新的原动力。“治未病”“辨证论治”“经络和脏腑”等理论、治则和诊疗方法体系，都具有我国特有的原创思维，蕴含系统生物医学和化学生物学等科学前沿的思想，要保持中国在中医药领域的领先优势，就必须走原始创新之路，这也是中医药创新发展的不竭动力。在“如何走中医药原始创新之路，做中国的原创新药”的问题上，横琴应整合高校、科研院所、企业的优势资源，大力推动产学研结合，继续借助以“中药质量研究国家重点实验室”和“中华创新药物联合研究中心”为龙头的琴澳两地技术支持，积极引进国内外优秀高校、科研院所与名优药业，以重大、疑难、传染性疾病以及中医治疗具有相对优势的病种为突破口进行重点合作研发。例如，在澳门大学主导的“树皮修补人皮”研究项目中，澳门大学专注中医药研发制造，粤澳合作中医药科技产业园专注工业化生产验证与临床前实验，充分发挥了产学研一体化优势。横琴应利用前沿尖端化学和高新药理技术界定中药物质基础，利用现代分析和药剂技术确保中药安全有效可控，并系统采集临床信息保证中医药临床疗效，开展中医临床研究基地、重点研究室、实验室建设，组建国际一流的中医药创新研究开发中心，推动更多原始创新案例在横琴迸发涌现。

另一方面，横琴应鼓励中医药跨界融合，精准瞄准市场应用创新。在加强原始创新的同时，应注重积极引进现代科学技术。进入新时代，中医药发展不仅要继续面向临床，还要根据现代人群的疾病谱，将先进的现代化理念、技术融入中医药发展中，例如通过与现代数字信息技术、生物技术等多学科的有机融合与对接，改造提升传统中药产业落后的研究创新模式，不断赋予中医药产业新发展源泉。此外，由于中医药体系与西医理论体系差异较大，使得中医药品未能受到西方主流医药市场的认可。在日化业、健康管理业布局中医药，可成为其谋求发展的一个新途径。目前，澳门已开展了多项中医药交叉研究，尝试在农药检测、医美美容、互联网等领域进行跨界融合。如鲸准智慧医疗的AI舌像解析、AI测肤，为横琴在“互联网+”中医药领域的创新打开序幕，创新性地解决了中医资源短缺的现实问题。未来横琴应进一步尝试创新“互联网+”中医药技术，发展互联网中医院、中药材大数据、人工智能中医诊疗等模式，促进中医药产业朝智能化领域发展，让中医药走进千家万户。横琴在推进中医药科技创新发展时，也不能忽视潜在的市场需求。以中药服用模式为例，传统中药采取汤剂形式，经煎煮方可服用，费时费力。横琴可发展超临界萃取、物理超微粉碎等技术，研发体积小、易携带、服用方便的中药颗粒配方，迎合患者的需求，扩大中医药的受众群体。

此外，横琴应保障中医药成果转化，全面加速中医药突破创新。中医药的研发具有投资大、周期长与风险高的显著特点，使得中医药产业对专利权的依赖性远远高于其他产业。早在1976年日本就意识到这种依赖性的存在，对药用植物提取物的组方如安中散、芍药甘草汤等给予专利保护，日本汉方药专利保护制度由此诞生。中国在1993年之前仅采用行政立法的方式保护中医药专利的知识产权，1993年修改专利法后，才对中医药给予专利保护。虽然中国在中医药领域拥有技术优势，但受制于专利权人的约束，国内中医药在国际市场上丧失领先优势。因此，横琴在中医药的成果转化阶段，应及时进行海外专利申请。具体来说，横琴可借鉴日本对汉方药的专利保护政策，对已被他国抢占的或自主开发的中医药基本专利技术进行“外围性专利”开发，达到化被动为主动的目的。另外，横琴中医药成果转化离不开信息化建设，应建立中医药专利数据库，及时更新世界中医药专利数据，通过专利审查为本土中医药企业找准创新突破口，有针对性地在横琴构建以市场为导向的科技创新体系，不断开拓海外创新市场。

三、发展中医药国际服务贸易

中医药服务是中国独具知识产权，具备学术特色、比较优势和经济价值，在全球范围内具有较强竞争实力的一类特色服务产业。一方面，中医药服务具有较高价格定位潜力，可以促进中国服务贸易结构调整与转型，有效地拉动中医药产品的出口贸易，带动就业，创造良好的经济效益和社会效益。另一方面，中医药国际服务贸易可以充当先行者，改变我国中医药出口的现状，从供货商转为服务提供商，拉动中医药产品的出口贸易。另外，中医药国际服务贸易也是中医药文化传播的强大载体，是海外消费者体验中华民族优秀医药文化的有效形式。通过开展服务贸易，促进资金、技术和信息的国际流动和交换，将推动中医药在服务领域的科研与学术的进步，进一步提升中医药国际学术地位和国际影响力。

中医药国际服务贸易范围囊括中医药领域内的医疗服务、教育培训服务、文化传播服务、养生保健服务和康复护理服务等与之相关的旅游、咨询等其他服务。根据《服务贸易总协定》（GATS），从服务贸易提供方式可将中医药国际服务贸易的提供模式分为四类：跨境支付型、境外消费型、商业存在型、自然人流动型。

目前，从横琴中医药国际服务贸易的提供模式来看，横琴借助中医药深厚的文化底蕴和丰富的自然资源形成了国际服务贸易产品优势，借助低廉的中医药诊疗费与旅行费用形成了国际服务贸易成本优势，主要提供两类中医药国际服务贸易模式：以中医药健康服务（中医药诊疗养生等相关的医疗服务）和中医药商务服务（中医药展览管理服务、中医药会议服务等）为主的境外消费型，以中医药教育服务（派出中国中医师前往海外进行访学等）为主的自然人流动型。对于跨境支付型（中医药的远程教育、远程诊疗服务和养生保健国际咨询服务等）及商业存在型（国内医疗机构或个人到境外开办中医诊所、中医医疗中心或建立中医医院等）这两类中医药国际服务贸易模式涉猎不足，有待提升。这主要是因为中医药国际服务贸易中尚存在一些贸易壁垒与技术壁垒，如人员流动壁垒、信息移动壁垒、经营权限制壁垒、参考标准壁垒、技术法规壁垒等。

随着社会主要矛盾发生转化，人们对疾病治疗、预防保健、延缓衰老、延年益寿的健康服务需求日益扩大，中医药服务贸易出口迎来了重大机遇和广阔市场前景。因此，横琴需努力克服阻碍服务贸易顺利进行的贸易壁垒及技术壁垒，发展中医药国际服务贸易的新模式和新方法，提升横琴中医药国际服务贸易经营规模和市场占有率。

一是为中医药国际服务贸易提供政策性保障。作为服务贸易的新业态，国家对中医药服务贸易给予了很大重视。2009年《国务院关于扶持和促进中医药事业发展的若干意见》提出，“完善相关政策，积极拓展中医药服务贸易”；2012年卫生部、国家中医药管理局制定《中医药对外交流与合作中长期规划纲要》，将“扩大中医药服务贸易”作为今后5～10年的重点任务之一；2021年商务部、国家中医药管理局等七部门联合印发《关于支持国家中医药服务出口基地高质量发展若干措施的通知》，从体制、财政、教育等多方面为高质量发展中医药服务出口基地、推动中医药服务贸易走向世界提出了18条具体政策措施。横琴目前主要针对中医药产业的创新研发成果、创新研发平台、科研人才给予相应补贴和奖励，较少对中医药国际服务贸易提供政策性保障，应结合中医药国际服务贸易发展情况，加大政策性保障力度。在企业所得税优惠政策方面，可对合作区符合条件的中医药国际服务贸易企业降低企业所得税税率，以减轻其压力；在教育优惠政策方面，可对前往合作区就读高等院校中医药专业或赴海外高校访学的中医药领域学者提供一定的财政支持；在人员流动方面，在资格审查通过的前提下，可对在琴澳两地进行中医药治疗的海外患者及其家属依规办理横琴口岸多次出入境有效签证；在金融管理方面，推动中医药服务贸易企业海外外汇兑换便利化，扩大对海外从事中医药商务服务小微企业的贷款和担保规模。

二是为中医药国际服务贸易扩展服务范畴。中医药服务一直以“人”为中心展开，采取个性化服务，讲究“一人一方”。不同的中医药服务者在提供服务时，往往受到工作习性、工作经验、业务能力与被服务者体质、个人需求、所处地域、所处时节等多重因素的共同作用，走向国际市场时存在服务范围局限、普适性不强、难以进行系统性操作等问题。因此，发展中医药国际服务贸易，要将中医药服务产品按照一般商品的要求拓展服务范畴，既要扩展服务贸易的供给模式，又要扩展服务贸易的营销模式。从供给模式来看，横琴在跨境支付型与商业存在型中医药国际服务贸易方面还有所欠缺。跨境支付型国际服务贸易在当代主要通过远程技术实现，横琴应鼓励相关从业机构提供远程中医诊疗服务，鼓励高等院校对外开设远程中医药教育培训，节约线下服务成本。商业存在型国际服务贸易是中医药国际服务贸易发展的关键瓶颈，贸易壁垒的存在对这类模式限制很大，仅依靠一方的努力较难达成在他国开设中医药医院的目标。因此，横琴在当下应继续发展跨境支付型服务贸易，形成中医药服务需求市场，为开展商业存在型服务贸易打好基础。从营销模式来看，横琴可对方法技术类的中医药服务进行模块化，对涉及病症应用类的中医药服务进行捆绑化。模块化是指将中医药服务按提供顺序，依次分为若干模块，如将中医医师的诊疗过程分为见效、痊愈与巩固三大模块，分阶段提供服务，以延长中医药国际服务贸易环节。捆绑化是指根据客户需求有针对性地提供一系列中医药服务与产品的组合，如对慢性病患者提供集数据动态监测、中药调理、穴位针灸、中药药膳、运动引导于一体的中医药服务包，既能拓展服务范畴，又能推广中医药产品。

三是为中医药国际服务贸易提供数据性支撑。2020年，电信、计算机和信息服务贸易与运输服务贸易为中国国际贸易的主要来源，其中电信、计算机和信息服务贸易占比达21.65%，运输服务贸易占比达20.17%，中医药服务贸易归属于其他商业服务贸易，没有精确的进出口数据公开，难以分析中医药国际服务贸易现状。有关中医药服务贸易的从业人数、行业分类等基本数据还没有统计公开。虽然2019年国家中医药管理局和商务部联合开展中医药服务贸易统计试点工作，但尚未建立专门的中医药服务贸易统计平台公开披露数据，这使得中医药国际服务贸易机构没有合理可信的参考依据进行业务决策分析。横琴应商讨建立中医药服务贸易统计平台，投入资金组建专业统计团队，采用最先进的统计方法与数据库技术，建立开源数据共享平台，并开展统计交流会，帮助中医药国际服务贸易机构充分认识中医药国际服务贸易统计工作的重要意义，积极组织辖区内从业机构定期向数据共享平台填报，全面收集中医药服务在海外的开展情况，让政府机关与中医药企业全面、准确、及时掌握中医药服务贸易现状和发展趋势，为促进中医药服务贸易发展提供决策依据。通过建立横琴中医药服务贸易统计平台，横琴还可将优秀经验推广至周边地区，扩大中医药服务贸易统计平台的统计范围和应用对象。

四、探索中医药国际标准制定

随着经济全球化和区域经济一体化的推进，标准影响经济活动的研发支出、生产和市场渗透等多个方面，其既是自由贸易主义与多边主义开展知识传播、专利共享、应用推广的有效途径，也是贸易保护主义和单边主义实施贸易技术壁垒的工具。在几代中医药人前赴后继的不懈推动下，中医药学所蕴含的独特医学价值、丰富文化内涵和潜在经济价值逐渐凸显，海外国家由此对中医药产业有了全新认识，开始参与到中医药国际标准的争夺之中。

受中华传统文化的影响，亚洲国家中日本与韩国拥有与我国传统中医药形制相近、同气连枝的日本汉方医学与韩医学。在世界卫生组织发展传统医药决议的引导下，日本与韩国均实施了传统医药标准的研究战略：日本设立“汉方药企业协会”研究制定汉方和生药制剂的成分、含量、规格等品质标准，以保证汉方和生药制剂的生物学有效性；韩国设立“韩医技术标准中心”，开发韩医学各项技术标准，并将其标准化，实现韩医技术的计量化和科学化。两国均希望在传统医学国际标准化的竞争中占据领先地位。

西方国家则借助国际贸易技术壁垒试图限制我国中医药进入海外市场。以欧盟为例，2004年颁布了《传统植物药注册程序指令》（即2004/24/EC法令），中医药产品以食品、保健品的类别进入欧洲市场需通过更高的进口食品的卫生检疫标准（如重金属含量、农药残留、微生物污染等）。法令还使中医药产品以药品身份进入欧洲市场面临更多困难：在包装、说明书、广告上不能宣传主治功效；单味中药需要70万～80万欧元不等的注册费用，复方中药制剂的注册费用较单方成倍增加，致使中成药在7年的注册过渡期内无一例通过欧盟药品注册。

在日韩等国争夺中医药标准话语权与西方国家对我国实施技术性贸易壁垒的双重压迫下，2009年9月中国推动国际标准化组织（ISO）成立了中医药技术委员会（ISO/TC 249），负责所有起源于古代中医并能共享同一套标准的传统医学体系标准化领域的工作。截至2021年12月，ISO/TC 249拥有中国、日本、韩国、澳大利亚等23个成员，以及英国、法国、阿根廷、罗马尼亚等24个观察员，并成立了8个工作组，共制定并发布中医药产业相关国际标准76项，在研国际标准33项，涵盖中医临床、中药管理、中医药专用术语、中医药检测标准、中药材与中医器具通用标准等多个领域，这不但为中医药产品与服务在国际范围内的推广提供了重要技术支撑，而且为中国在中医药国际标准制定方面带来了一定话语权。

通过深化与国际标准化组织的交流与合作，积极参与国际中医药标准的制定，中医药国际标准化工作正步入高质量发展阶段。然而，中医药标准化工作还存在不少不足，与中医药事业拓宽海外市场的发展需要还存在一定的差距：一方面，中医药国际标准仍存在较大空白。目前，ISO/TC 249发布的中药材国际标准仅有15项，与我国拥有的12800多种中药生物资源总量相去甚远。另一方面，国际合作对象覆盖面太小，ISO/TC 249仅有的8个成员国与9个观察国参与“一带一路”倡议数量均未过半，难以支撑中医药国际标准在沿线国家的推广及应用。

要建设世界一流中医药产业高地，需要妥善应对上述挑战。

一是在生产层面，推动中医药国内标准与国际标准接轨。中国的中医药标准化工作开展较晚，制定的技术标准稍显薄弱，不像日本、韩国及欧美国家那样有能力制定高科技技术标准，起到主导产业、开辟市场的作用。对此，可在横琴建设同时符合中医药双标准——国内中医药生产质量管理规范标准与国际中医药生产质量管理规范标准的生产平台，这样才能跨越西方国家借助诸如加拿大《天然健康产品条例》、美国《植物药产业指南》及欧盟《传统植物药注册程序指令》等药物标准给中医药产品设定的国际贸易技术壁垒。目前，横琴主要将目光投向中成药的生产，在粤澳合作中医药科技产业园着手建立符合中国及欧盟认证双标准的药品生产质量管理规范（GMP）中试生产平台，已配备可生产片剂、胶囊剂、颗粒剂、丸剂和搽剂5种剂型的生产车间，为中成药产品销往欧盟提供了生产条件。中国海关统计数据显示，除中国香港外，美国是中国中成药出口金额最高的地区，其出口金额达1555万美元。因此，横琴应在建设中国及欧盟认证双标准的GMP中试生产平台的基础上，进一步建设中国及美国认证双标准的中成药生产平台，为诸多小型企业上市产品的小批量、多批次生产提供临床样品生产条件。此外，中国海关的中医药出口数据显示，中药材及饮片是我国三类中药产品（中药保健品、中成药、中药材及饮片）中最主要的出口产品，横琴可向技术成熟的中药材生产质量管理规范（GAP）种植基地，如清远白云山穿心莲和记黄埔技术开发有限公司的穿心莲GAP种植基地、香雪制药股份有限公司的广藿香GAP种植基地等请教学习，在粤港澳大湾区建立湾区中药材GAP种植基地，向国际GAP标准靠拢，建立国际中药材的专供体系。

二是在研究层面，加强中医药国际标准合作研究。中医药国际标准应是全球行内专家高度共识的产物，澳门是开展中医药国际标准新合作模式的优秀典范：澳门大学充分利用澳门现有的传统医药中心、粤澳合作中医药科技产业园及中药质量研究国家重点实验室资源，建立紧密的合作互动机制，于2012年与美国药典委员会达成合作机制，并建立“中药标准研究联合实验室”，成功推动7个中药标准得到美国药典会认可。横琴应充分借鉴澳门大学与他国权威组织“点对点”进行中医药国际标准制定的新型合作模式，建立“中医药国际标准化研究中心”，推动粤澳合作中医药科技产业园与横琴中医药产业重点合作伙伴，如葡萄牙、巴西、泰国等国药典委员会的有效沟通与合作，精准把握当地政府限制与市场需求，一方面为他国在本国标准体系制定中医药标准提供咨询服务，另一方面为我国进一步制定双方互认的中医药国际标准提供合作基础。借助澳门会展商贸的特色产业与作为自由港的地理优势，横琴还可与澳门携手开展“点对面”的中医药国际标准制定的新型合作模式——区域中医药国际标准大会。在大会发展初期，可通过与ISO/TC 249合作，借助ISO/TC 249的权威与澳门的国际影响力，吸引各国中医药科技标准化领域的高级别专家在线上或线下参加会议，并于会议期间分享中医药国际标准化领域最新研究成果，协调探讨中医药国际标准化的合作模式，逐步将横琴区域中医药国际标准大会打造成中医药国际标准化领域的特色会议，在全球范围内寻求共识、共建合作。

三是在实施层面，建立中医药国际标准评估机制。一项中医药国际标准被采纳一般需要经历五个阶段：提案阶段、草案计划阶段、执行阶段、监控阶段、评估阶段。评估阶段主要是中医药国际标准落实与修订过程的重要环节，是在标准实施一段时间后对标准的技术内容、实施情况与实施效益进行评估测算的过程。其目的是发现中医药国际标准实施过程的不足并收集相关经验，从而对标准的技术内容进行进一步优化。目前，我国中医药国际标准化工作的研究成果主要集中在前四个阶段，评估机制尚未系统建立。如果没有评估机制对标准推出后的效果进行测算，将制约中医药国际标准化的可持续发展。因此，横琴必须加强中医药国际标准化评估工作，在评估模式方面，以独立第三方评估为主，第一方与第二方评估为辅；在评估流程方面，对标准实施进行中期评估与后期评估，中期评估确定标准制定的合理性与改进措施，后期评估确定标准的整体实施效果，为之后中医药国际标准的制定提供参考经验；在评估指标方面，设计以技术内容、实施情况和实施效益为三个维度的指标体系，每一体系下设由共性指标构成的一级指标和由特性指标构成的二级指标，既利用共性指标对中医药国际标准进行概括性测算，又利用特性指标对中医药国际标准化对象的类别进行针对性测算；在评估方法方面，采取定性评估（同行评议、文献调研等）与定量评估（层次分析、机器学习等）相结合的方法对结果进行分析；在评估反馈方面，建立大数据线上评估反馈平台，定期搜集标准的反馈信息，树立样板示范，扩大评估的参与方和应用方。

第三节　横琴中医药产业高质量发展路径

横琴中医药产业应着力打造集中医药科技、文化、旅游、康养为一体的先行示范区，推动广东、澳门中医药产业一体化发展，服务于澳门产业多元化发展，创造“国内领先、国际知名”的中医药区域品牌。

一、整合优势资源，打造医疗高地

第一，应建立“政府推动+市场引导”机制，营造良好的产业发展环境，引导中医药产业集聚加快，大胆创新有利于横琴中医药大发展的体制机制，争取更多中央授权，突破体制机制障碍。

第二，应积极争取中央层面支持，凡是在澳门和横琴注册登记企业的中医药新产品同等待遇优先注册审批，享受注册绿色通道。广东省争取国家药监局药品和医疗器械技术审评检查大湾区分中心在横琴设立分支机构，开展中医药新产品审评事前事中沟通指导及相关检查等工作，提高中医药创新成果转化效率。效仿大湾区分中心模式，广东省争取国家市场监督管理总局在横琴设立特殊食品审评检查的派出机构，便捷开展保健食品的审评审批，引导横琴保健食品产业集聚。

第三，推出中医药从业资格认定清单，对澳门、香港等地境外从业资格进行直接备案管理，使境内外中医药从业人员在合作区同等依法获得执业资格。参照海南自由贸易港政策在横琴实施更加便利的免签入境措施，将外国人免签入境渠道扩展为旅行社邀请接待、外国人自行申报或通过单位邀请接待；放宽外国人申请免签入境事由限制，允许外国人以商贸、访问、探亲、就医、会展、旅游、体育竞技等事由申请免签入境横琴，推动琴澳两地免签政策互认机制，形成全面开放新格局。

二、促进融合发展，打造创新高地

中医药产业的发展离不开守正创新，国务院办公厅印发的《“十四五”中医药发展规划》明确提出要建设高水平中医药传承保护与创新科技体系，加强中医药传承保护，加强重点领域攻关，建设高层次科技平台，促进科技成果转化。

可以借鉴深圳科技创新发展的优势和经验，打造“基础研究+技术攻关+成果产业化+科技金融+人才支撑”中医药全过程创新生态链的横琴模式。大力推动澳门与内地中医药高校科研院所如澳门科技大学、中国中医科学院等在横琴开展中医药基础理论、中药作用机制研究和方法研究项目，大力解决一批制约中医药优势发挥和循证医学深入发展的瓶颈问题。加强中医药基础研究，围绕中医药产业加大培养中医药多学科人才。另外，利用澳门特别行政区知识产权制度的特殊性和更快的专利批复速度，加大知识产权的布局，完善中医药领域保护制度。在横琴形成更尊重知识的营商环境，更有效地发挥知识产权制度激励创新的基本保障作用。

以横琴粤澳合作中医药科技产业园为核心，通过引进和自建相结合的方式，打造从技术研发到产业化的国际一流一站式中医药创新研发与产业转化平台，加快科研成果从实验室到生产线的中试转化，使横琴中医药产业化、市场化转化效率达到全球领先水平。建议粤澳联合成立中医药成果转化专项基金对全球中医药创新项目进行投资，以项目到合作区转化作为基本条件，推动中医药创新成果集聚合作区，孵化成功后可择机退出，回收资金继续支持其他创新项目，使横琴成为全球中医药创新成果的集聚中心。

三、夯实发展基础，打造人才高地

人才作为第一资源，一直是全面贯彻落实《粤港澳大湾区发展规划纲要》与《粤港澳大湾区中医药高地建设方案（2020—2025年）》，做大做强横琴中医药产业高地的必由之路，因此打造人才高地迫在眉睫。

首先，需要从顶层设计着手，制定合作区中医药人才专项政策，吸引和支持多层次、多梯度中医药人才到横琴发展。中医药人才专项政策的制定不能简单仿照其他地区或其他行业的现行人才引进政策，应当从中医药人才流动生存环境、中医药人才成长环境、中医药人才价值保障环境等维度搜集人才偏好信息，在发挥当地资源优势的基础上，出台针对性的人才专项政策。横琴的经济发展水平、自然环境与生活环境状况构成了中医药人才的流动生存环境，横琴的教育培训机会、科技创新氛围与信息共享条件构成了中医药人才的成长环境，横琴的人才市场与社会保障管理现状构成了中医药人才的价值保障环境，合作区应充分对本地发展现状进行调研，挖掘本地对中医药人才的吸纳点与薄弱点。

打造人才高地，除了制定横琴粤澳深度合作区中医药人才专项政策以吸纳外部人才流入外，还应注重未来人才的可持续化发展，联合澳门和内地城市建设高水平的中医药人才培养培训基地是可行之举。一是大力培养中医药本土人才与国际化人才，充分发挥合作区内澳门大学的优质教育资源，大力推动澳门科技大学及内地中医药高校科研院所如中国中医科学院、广州中医药大学等在横琴设立分校、分院、分所，依托粤港澳三地知名中医药院校，建立中医药人才协同培养机制，联合培养一批高水平中医临床人才、中医药管理人才、中医药营销人才、中医药领军人才以及国际化中医药复合型人才。二是将招生范围拓展至葡语系国家、“一带一路”沿线国家和地区，为这些留学生开设中药学专业、中药制药技术专业、中医学专业及针灸推拿学专业，培养具备中药学基础理论、基本技能以及中医学基本知识和能力，能在中药生产、检验、流通与应用领域从事中药鉴定、设计、制剂及临床用药等工作的高级技术人才，使他们在服务本地的同时，为中医药的国际推广贡献力量。三是加强从业人员的国际化职业技能培训，打造国际化交流和发展新平台。以粤澳医疗机构为主导，联合内地医疗机构，成立更多的中医药国际援助医疗队，长期在葡语系国家、“一带一路”沿线国家和地区、非洲国家开展国际医疗援助，通过以医带药方式推广我国中医药，培训被援助国中医药专业人才，扩大中医药国际影响力。

总体来看，横琴舒适的生活环境、宜居宜游的自然环境、中医药产业发展的科技创新氛围、丰富的中医药教育培训机会是吸引中医药人才的要素，政府要维持这些比较优势，营造良好的人才入驻氛围，应落实好高端人才和紧缺人才个人所得税税负超过15%的部分予以免征等政策，构建多层次多梯度的人才住房保障机制，让中医药人才在横琴安居乐业和干事创业。此外，政府还应更有针对性地为国际人才提供相应便利，对境外中医药高端人才和紧缺人才到横琴投资创业、讲学交流缩减入境手续，争取逐步实现免签入境，加速国内外中医药高水平专家以及复合型人才汇聚到横琴粤澳深度合作区。

四、深化互利合作，打造产业高地

要将横琴粤澳深度合作区建设成为世界一流的中医药产业高地，必须打造涵盖中药种植企业、中药研发机构、中药生产企业、中医药流通企业、中医药公证、代理与咨询中介机构的上中下游产业链，构建一个集中药材生产、中药研究开发、中药制药、中医药配套服务四大体系的现代化产业集群[①]。

中药材生产是中医药发展的重要基础。不同药材品类种植对光照、温度、湿度、气候、土壤的要求不尽相同，导致中药材种植基地在布局上存在一定的区位局限。澳门与横琴土地资源有限，难以建设中药材种植产业园区，可转而与内地

① 陈弘：《现代中药产业集群模式与发展研究》，博士学位论文，中南大学管理科学与工程专业，2009。

其他地区合作，将中药材种植产业“外迁”，选择优势地区特别是粤东西北地区布局中药材种植基地，带动粤东西北中药产业大发展。在具体实施过程中，中药材种植要遵循规范化、严格化和适度规模化的原则，建设符合国内国际标准的优质无公害药材生产基地。这要求粤澳尽快合作建立中药材国际种植规范和中药材国际质量标准，从生产源头向国际标准靠近。同时，还应与内地合作，在横琴发布中药材国际价格指数，开展中药材国际期货贸易，掌握中药材国际话语权，引领中药材的国际发展。

完备的中药研究开发体系应包括中药新药研究开发中心、中药品筛选评价中心、中药制剂研究开发中心、中药制药新技术研究开发中心、中药品临床试验管理规范中心、中药物非临床研究质量管理规范中心等。这些研究开发中心与管理规范中心离不开药物研究所与高等院校双方的共同努力。中药研究开发是横琴粤澳深度合作区的优势产业，粤澳合作中医药科技产业园、中药质量研究国家重点实验室与两地大学科研院所均在其中起着支撑作用。未来，广东和澳门两地要进一步发挥大学科研院所创新优势，加大科研基金项目支持，鼓励中医药领域多出科研成果；横琴应发挥粤澳合作中医药科技产业园一站式医药创新研发与转化平台优势，进一步完善如超临界萃取、工业色谱等现代中药的产业化转化需求，进一步完善产学研一体化的示范效应。

中药制药企业是中药产业集群的核心环节，目前粤澳合作中医药科技产业园已有广药集团、澳邦制药（横琴）有限公司、分子态（珠海横琴）中医药科技有限公司等多家中药制药企业入驻。园内可组建行政工作小组，定期对园内已入驻的中药制药企业进行量化评估并上报政府部门，当地政府可对组织架构完善、中药产品前景良好的中药制药企业给予一定的政策扶持，推动其通过《药品经营质量管理规范》（GSP）与《药品生产质量管理规范》（GMP），并扶持其成长为大规模中药制药企业集团。例如，由政府牵头，促进优秀中药制药企业与广东特别是粤东西北地区制药企业衔接，通过发挥粤东西北地区制药企业生产制造的成本和质量体系优势，低成本高质量地制造有国际市场竞争力的中医药新产品。与此同时，横琴还应继续积极引进内地、港澳以及海外知名中医药制药品牌及老字号，打造世界中医药制药品牌聚集地，争取更多中医药知名品牌新品在横琴进行全球首发，吸引世界目光。

在中医药配套服务产业方面，应积极发挥澳门“一国两制”下独特的国际交流优势，展现中医药产业生态魅力。以与东南亚国家侨民文化相通和葡语系国家语言相通为基础，大力开发中医药主题文化、旅游康养、国际展销会等项目，开展多种经营；借助澳门的旅游业，建设具有国际水准的中医药健康保健中心，延长中医药产业链，拓宽药品、保健品、天然食品的国际市场，打造中医药文旅会展的横琴高地。可在澳门、横琴开发短途中医药文化体验和疗养结合的旅游休闲路线，结合广东省丰富的中医药资源开发中长途中医药文化体验和康养保健体验结合的精品旅游休闲路线，借鉴广药集团神农草堂中医药博物馆经验在澳门、横琴开发中医药文化体验旅游项目，引进高水平中医院开展中医药康复疗养体验旅游项目，把澳门、横琴建设成为粤港澳大湾区中医药“一程多站”旅游路线的关键节点、中医药文化传播的重要枢纽载体。

此外，粤澳可联合在横琴打造每年一次的中医药国际文化节，采用喜闻乐见的方式和现代技术手段，系统完整地向广大游客展示中医药的魅力。文化节期间可举办世界中医药文化赛事、中医药世界品牌评选、世界中医药消费体验展销博览会、世界中医药文化湾区论坛、中医药主题特色娱乐综艺节目等。粤澳还可联合在横琴打造每年举办一次的高规格、高品质国际中医药展销博览会暨世界中医药湾区论坛，使其成为全球规格最高、品质最好的中医药盛会，与中医药文化节呼应，带动中医药文化大传播和中医药旅游大发展。另外，横琴还应争取成为生物医药、医疗保健、大健康等领域重大学术会议和商贸展会的举办地，打造具有国际影响力的展会平台。

五、助力“一带一路”，打造国际化高地

在党的二十大精神指引下，横琴粤澳中医药合作有了更明确的发展方向，未来，粤澳两地要切实增强中医药传承创新发展的责任感使命感紧迫感，立足现有的基础和优势，在继承中创新、在创新中发展。澳门要充分利用“小地方，大平台”的作用，汇集内地有特色的中医中药产品，从葡语系国家开始普及到“一带一路”共建国家和地区，让中医中药更好地走向世界，将中医药的影响力延伸到海外、造福于海外人民。横琴用好区位及平台优势，促进中医药科技产学研深度对接；积极谋划与澳门建立更紧密的合作机制，为中医药科技成果转化创造独特

又富有吸引力的环境，为中医药标准化工作作出更大贡献。广东省要大力扶持和支持粤澳中医药科技产业的合作和发展，从加大专项支持、鼓励产学研合作、加强国际合作这三方面发力，进一步加强体系建设，建立完善统一的管理规则；要在产业振兴上下功夫，推进产学研一体化发展，打造中药现代化产业体系，全方位推进粤港澳中医药产业合作，建设具有国际影响力的中药制造业中心；要全力支持中医药人才队伍建设，提高青年人才的科研创新能力，加快培养教学型、科研型、临床型、复合型中医药人才后备力量；要加快推动粤港澳大湾区中医药产业创新发展，走好新时代广东中医药高质量发展之路，加快实现从中医药大省向中医药强省的跨越。

具体来说，应做好以下几点工作：

一是在《“十四五”中医药发展规划》与《推进中医药高质量融入共建“一带一路”发展规划（2021—2025年）》的指引下，发挥好澳门与葡语系国家、东南亚国家乃至欧洲国家的天然联系和交流独特优势，大力加强中医药的国际化，让世界上更多的人了解中医药、接纳中医药以及体验中医药治疗，让中医药惠及更多国家的人民，打造横琴中医药国际化高地，使其成为中医药沟通世界的重要窗口，拓展中医药“一带一路”全方位合作新格局，实现中医药更大范围、更高水平、更深层次的开放发展。

二是积极实施中医药国际合作专项，通过在“一带一路”沿线国家和地区建设中医药海外中心和中医药国际合作基地，开展高水平国际科技合作项目，汇集中方与当地组织之力，更有效率、更有针对性地研发面向当地市场的中医药产品与中医药技术。此外，还可以中医药海外中心和中医药国际合作基地为平台，举办面向当地群众的博展会或文化交流会，促进中医药文化在当地社会的传播与交流互鉴，扩大中医药文化在“一带一路”沿线国家和地区的普及面。

三是促进中医药产业国际贸易发展。合作区可以国家中医药服务出口基地和中国与葡语系国家商贸合作服务平台为载体，大力发展国际中医药出口贸易，以澳门和横琴为主窗口出口中医药服务和中医药健康产品，输出本土中医药知名品牌，提升粤港澳大湾区中医药国际贸易的影响力和辐射力。“一带一路”三条经济线穿越多个内地省份与沿线国家，最终到达北欧、巴黎以及威尼斯等地，粤澳可明确国际分工，广东省专注国内销售，澳门及横琴重点开展国际化推广，把中国优质的中医药产品优先推广到葡语系国家、“一带一路”沿线国家和地区及较多侨民的东南亚国家，进而辐射推广到欧美国家等全球市场。

四是深化中医药交流合作。与葡语系国家、“一带一路”沿线国家和地区进行中医药国际标准制定、产品注册等方面的政府间多边、双边交流与合作，不断改善中医药海外发展的政策环境。积极推动高校、医院和企事业单位与葡语系国家、“一带一路”沿线国家和地区、日韩等国家的有关组织机构合作，制定和实施中医药的治疗制度、诊疗方法、中医药产品检验等的国际标准。大力支持横琴建设中医药产品海外注册公共服务平台，推动内地、香港、澳门的中医药产品获得在海外的上市资格，推动中医药产品出口及国际推广。

五是积极推进中医药参与重大传染病防控国际合作，为有需求的国家提供中医药技术支持，加强各国间传染病项目的交流互鉴，以中医药产品助力构建人类卫生健康共同体。

第四章

Chapter 4

横琴迈向文旅产业融合新境界

党的十八大以来，党中央高度重视文化建设和旅游发展，习近平总书记先后作出一系列重要论述和指示批示，推动文化和旅游工作取得历史性成就。随着文旅融合不断深入，文化铸魂、文化赋能和旅游为民、旅游带动作用充分显现，为加快建成社会主义文化强国、铸就中华文化新辉煌奠定了坚实基础。

推进粤港澳大湾区世界级旅游目的地建设，打造具有岭南文化特色、富有凝聚力感染力传播力的文旅融合示范地是《粤港澳大湾区发展规划纲要》的部署要求；发展文旅会展商贸产业，高水平建设横琴国际休闲旅游岛，支持澳门世界旅游休闲中心建设，将旅游休闲产业培育成为经济支柱产业，则是横琴面向国家“十四五”规划、充分发挥粤澳深度合作重大平台功能的重要任务。横琴具备优良的文旅产业资源禀赋，早在1998年和2009年就分别在广东省和国家层面进行战略谋划。目前，横琴以旅游产业为引擎的发展方式成效显著，旅游增速领跑湾区各市，琴澳合作、粤澳合作下的文旅产业正不断迈向新的发展境界。

第一节　横琴发展文旅产业的基础禀赋

文化和旅游是粤港澳大湾区建设的重要内容和载体。高质量文旅融合有助于健全现代文化产业体系，能够推动文化和旅游产业协调共生、相互赋能；有助于提升社会文明程度和国家文化软实力，是传播弘扬中华文化的有效路径；有助于完善公共文化服务水平，是满足人民美好生活需要的必然要求。政策的红利、资源的涌入、两地往来日益便捷高效的基础条件，为横琴文旅产业的发展提供了良好的土壤。多年来，众多旅游资源的挖掘和创新，持续为琴澳文旅产业共融共享奠定了坚实的基础。

一、战略谋划

在横琴合作发展文旅产业，国家和粤澳两地的战略谋划由来已久，并逐步付诸实践。

1998年，横琴被确定为珠海五大经济功能区之一。翌年，珠海市建议把横琴开辟为旅游开发协作区，然而，规划和各项建议迟迟未能落实，当年热情满怀的人们来了又走，岛上终归冷清。珠海原市委书记梁广大曾把横琴称为“黄金宝岛”，主张保护横琴岛上的自然环境，发展软件产业、总部经济、研发基地、会展产业和旅游业。然而，由于历任政府对于横琴开发的产业布局、管辖许可权、开发主体存有争议，有关是否要在横琴发展工业、重点打造旅游开发协作区等问题的争论，纷纷扰扰多年仍无定论。

2006年10月27日，在广东省发改委、建设厅的主持下，由国内众多专家学者组成的评审组，在珠海市完成了横琴岛开发的规划方案——《泛珠三角横琴经济合作区总体规划设计纲要》。在功能选择上，主要包括科技研发、高新产业、会议商展、旅游休闲四大主导功能，以及物流贸易、培训交易、文化创意、商贸服务、生态居住等五大辅助功能。

2009年6月24日，时任国务院总理温家宝主持召开国务院常务会议，讨论并原则通过《横琴总体发展规划》，其中提出，要通过重点发展商务服务、休闲旅游、科教研发和高新技术产业，加强生态环境保护，鼓励金融创新，实行更加开放的产业和信息化政策等，逐步把横琴建设成为“一国两制”下探索粤港澳合作新模式的示范区、深化改革开放和科技创新的先行区、促进珠江口西岸地区产业升级的新平台。

2009年8月14日，国务院正式批准实施《横琴总体发展规划》，横琴新区在毗连港澳的横琴岛上正式成立，明确将休闲旅游作为空间布局的重要功能片区，并将建设与港澳配套的国际知名旅游度假基地作为产业发展重点。

2010年3月5日，十一届全国人大三次会议《政府工作报告》指出，要积极推进港珠澳大桥等大型跨境基础设施建设和横琴岛开发，深化粤港澳合作，密切内地与港澳经济的联系。

2011年3月11日，国家“十二五”规划强调要加快共建粤港澳优质生活圈步伐，加强内地与港澳文化、教育等领域交流与合作，将横琴纳入粤港澳合作重大项目之中，内容涉及通关、服务业合作、金融、物流等多个方面。

2015年4月23日，中国（广东）自贸试验区珠海横琴片区正式揭牌，重点发展旅游休闲健康、商务金融服务、文化科教和高新技术等产业，建设文化教育开放先导区和国际商务服务休闲旅游基地，打造促进澳门经济适度多元发展新载体。

2019年2月18日，《粤港澳大湾区发展规划纲要》（简称《规划纲要》）发布，其中明确，要构筑人文湾区和休闲湾区，建设粤港澳大湾区世界级旅游目的地。《规划纲要》中提及旅游46次，并将“宜居宜业宜游的优质生活圈”确定为粤港澳大湾区五大战略定位之一。在建设粤港澳深度合作示范区中，珠海横琴配合澳门建设世界旅游休闲中心，高水平建设国际休闲旅游岛，建设集养老、居住、教育、医疗等功能于一体的综合民生项目。

2019年4月9日，国家发展改革委印发《横琴国际休闲旅游岛建设方案》，将横琴定位为“促进澳门经济适度多元发展新载体”“国际一流休闲旅游基地”“国家全域旅游示范区”，横琴成为继海南和福建平潭之后国内获批的第三个国际旅游岛。

2019年7月5日，广东省委、省政府印发《中共广东省委 广东省人民政府关于贯彻落实〈粤港澳大湾区发展规划纲要〉的实施意见》，广东省推进粤港澳大湾区建设领导小组印发《广东省推进粤港澳大湾区建设三年行动计划（2018—2020年）》，提出推进珠海横琴粤港澳深度合作示范，充分发挥澳门和横琴旅游资源综合优势，主动协同澳门高水平建设珠海横琴国际休闲旅游岛；深化民生合作，支持珠海和澳门在横琴合作建设集养老、居住、教育、医疗等功能于一体的综合民生项目，探索澳门医疗体系及社会保险直接适用并延伸覆盖至该项目。

2020年12月24日，文化和旅游部、粤港澳大湾区建设领导小组办公室、广东省人民政府印发《粤港澳大湾区文化和旅游发展规划》，其中再次强调要高水平建设横琴国际休闲旅游岛，支持琴澳旅游深度合作，允许香港、澳门旅游从业人员经培训考核后到横琴提供相关服务。

2021年9月5日，中共中央、国务院印发的《横琴粤澳深度合作区建设总体方案》指出，横琴粤澳深度合作区的战略定位是促进澳门经济适度多元发展的新平台、便利澳门居民生活就业的新空间、丰富“一国两制”实践的新示范、推动粤港澳大湾区建设的新高地。其中，“发展文旅会展商贸产业”是“发展促进澳门经济适度多元的新产业”中的重要组成部分。

2022年2月，广东省人民代表大会常务委员会印发《横琴粤澳深度合作区发展促进条例》，进一步明确文化旅游会展商贸领域的发展重点，包括休闲度假、会议展览、舞台演艺、体育赛事观光、游艇旅游等文旅产业，高水平建设横琴国际休闲旅游岛，举办国际高品质消费博览会暨世界湾区论坛。

二、禀赋优势

在自然环境上，横琴地处珠海南端，属亚热带海洋性气候，海岛旅游资源和生态环境突出。岛上清风海韵、绿树环绕、奇石成景，四季鲜花盛开，舒适宜人，风景秀丽，生态优美。地形有低山、丘陵台地、滩涂，海湾众多，沙滩绵延，怪石嶙峋，山清水秀，山、海、林、湿地、岸线等生态资源丰富多样，原始植被保存完好，海洋、湿地、森林三大生态系统完备，70%以上的土地被划为禁建区和限建区，生态用地比例超过50%。空气清新，$PM_{2.5}$浓度常年在30微克/米^{3}以下。大、小横琴山和横琴谷共同形成了“两山夹一谷，一水横贯东西”的独特自然景观资源优势①。作为一座富有生态资源的岛屿，横琴具有发展国际水准的度假酒店、影视基地以及海上运动、主题游乐、邮轮码头等休闲项目的先天优势，政策的加持让其有了更广阔的空间和更集聚的能量打造世界级旅游目的地“一程多站”枢纽节点。

在地理位置上，横琴与澳门一水一桥之隔，最近处相距仅187米、距离香港34海里，具有相对独立的空间②；港珠澳大桥珠海连接线直接延伸至横琴，使其成为内地唯一与香港、澳门同时路桥相连的地区。此外，横琴百公里范围内拥有5个大型机场和深水港口，有横琴大桥、高速路网、城轨与珠海市区、珠三角腹地连通，水陆空交通设施发达，能满足文化旅游业高速发展带来的人流运输需求。横琴口岸24小时通关，进一步强化了粤澳合作的优势。粤港澳大湾区的人口、消费能力、市场辐射范围位居国内前列，横琴相较于海南，拥有更为广阔的文旅市场空间。

在公共服务方面，横琴具有城市规划发展的“后发优势”。截至2022年6月底，合作区有公共文化体育场所7处、省级文物保护单位1处、尚未定级为文物保护单位的不可移动文物3处、非国有博物馆2家、在建单位1处（市民艺术中心）；大型体育场馆4个、体育公园13处，共30公里的骑行和跑步用道。合作区

---

① 张旭、邝婉桦、林德钦：《横琴与澳门旅游产业协同发展研究》，《中国市场》2019年第25期。

② 汪杨：《横琴跨入“自贸时代”》，《金融经济》2015年第9期。

共开展公益文化体育活动130场，活动参与人数总计5476人。横琴文化站到馆人数累计9890人次，线上社群传播点击量6.34万余次。

在区域联动上，横琴文旅发展与港澳特别是澳门休戚相关，是澳门旅游需求溢出的承接地。横琴的优势在于产业纵深大、潜力大，作为珠海境内最大的海岛，具备发展滨海休闲度假产业的先天条件；澳门的优势主要在于其较为发达的现代服务业，其旅游产业比内地更早实现现代化，在休闲娱乐、酒店等产业领域拥有先进的经验，产业成熟度较高，二者具有很好的互补性。

作为世界休闲旅游中心，400多年的中西方文化交汇史给澳门留下了众多名胜古迹、丰富的旅游资源和独特的文化风情[①]，东方的佛、儒、道教同西方的天主教、基督教并行，东西方文化和艺术交相辉映，形成了中西结合、华洋杂处的文化史迹和市井风情，大三巴牌坊、妈阁庙、东望洋炮台等历史景点被列入联合国世界文化遗产名录。发达的博彩业也吸引了大批游客，澳门被称为世界三大赌城之一，被誉为“东方蒙地卡罗”，酒店业、饮食业、珠宝金饰业、演艺业随之兴起。2009—2019年，澳门入境游人次一直保持增长，从2175万人次增至3940万人次。然而，澳门的文旅业发展面临三大瓶颈。一是相较于香港等旅游城市，文旅业态单一，以博彩业作为经济支柱，客源构成不够多元，超过一半来自内地，国际客源主要来自东南亚国家。据统计，2019年游客的平均留宿率只有0.7个晚上，多数游客过而不留，难以持续拉动经济的发展。二是发展空间有限，地理面积仅32.9平方公里，产业用地非常紧张，需要更多的腾挪发展空间。三是会议展览、康养度假、滨海休闲、文化创意等产业链、消费链不长，客单价难以做高，供给与消费难以双向升级。

香港有着深厚的中华文化传统，且拥有中西方文化荟萃的独特优势以及广泛的国际脉络，旅游业被视为香港四大支柱产业，配合香港在国家“十四五”规划的中外文化艺术交流中心的新定位，前景可期，但是，自2019年修例风波和新冠疫情暴发，香港旅游业的内在危机逐渐浮现。根据香港旅游发展局数据，2019年

---

① 王国安：《专家：澳门参与“海上丝绸之路”有四大优势》，2021年6月24日，http://www.scio.gov.cn/zhzc/8/3/Document/1438637/1438637.htm。

访港旅客从2018年高峰时期的6515万人次跌至5591万人次，2020年2月至2021年2月，访港旅客人次连续13个月同比下跌幅度超过90%；酒店入住率由2019年高峰期的90%以上跌至2020年2月的不足30%。客源结构的失衡、周边竞争城市的分流，导致香港传统旅游项目正在失去往日的吸引力，香港国际航空枢纽的地位日益受到挑战，而新的旅游项目未见成效。

在这样的背景下，横琴成为粤港澳文化和旅游深度融合发展的关键载体。第一，在土地资源上，横琴可以为澳门拓展出发展空间，使得澳门文旅业的可作为面积从32.9平方公里扩充到106平方公里，辐射的市场扩容约2倍。第二，依托于粤港澳大湾区公路、机场、港口以及邮轮等交通基础设施的优化改善和跨区域联动，可以创造出湾区人流、物流、资金流、信息流更为畅顺的基础条件，横琴坐拥港珠澳“1小时生活圈”、粤港澳“黄金3小时旅游圈”的区位优势，有助于转化更多的旅游消费增量，从而创造出一个更大的区域文旅市场。第三，横琴先行先试的制度优势，有助于使粤港澳在文旅产品开发上实现互通互动，发展新兴文旅业态、延长文旅产业链、提升文旅价值链，推动区域、市场及政策等要素再组合，形成“大区域”城市群的新场景、新空间和新的市场竞合场域，不仅可以带动更多消费者前往横琴和港澳休闲度假、文化旅游消费，还可以带动会展、教育、医疗、养老等服务行业的高质量发展，为打造世界旅游休闲产业链和聚集区奠定基础。

三、瓶颈与挑战

与其他国际顶级文化旅游地区相比，横琴在发展环境、体制机制、产业协同、人才资源、品牌营销等方面，还存在瓶颈与挑战①。

在发展环境方面，横琴面临着一定的土地空间制约，其陆地面积106平方公里中，70%以上的土地被划为禁建区和限建区，能开发的建设用地仅28平方公里，还需要规划填海造陆来弥补土地资源的不足。另外，横琴的生态区位特殊，

① 武文霞、庄伟光、李婷：《提升横琴国际休闲旅游岛治理能力现代化研究》，《新经济》2020年第10期。

大横琴山本身拥有森林及淡水溪流生态系统，加上横琴所处的南海之滨本身又是海洋生态系统的重要组成部分，多样的生态环境为横琴创造出极为丰富和宝贵的生物多样性，至今仍有很多珍稀濒危物种，例如中华白海豚、欧亚水獭、白腹海雕以及新发现的横琴粤溪蟹等，生活在横琴岛及其周边。随着文旅建设项目的继续推进以及未来游客数量的不断攀升，横琴原本的生态系统面临较大挑战。此外，横琴软环境建设，如开放度与国际接轨吻合度、文商旅的融合高质量发展、生态环境保护的法律法规、行政管理模式、市场服务体制、文化旅游公共服务体系以及人才培养模式等，落后于硬环境建设。硬环境也还存在服务设施建设不平衡、缺乏便捷国际旅游交通条件的短板。

在体制机制方面，横琴面临粤港澳大湾区的共性瓶颈。粤港澳大湾区由传统珠三角城市群及港澳两地构成，属于跨境湾区，内部体制层级复杂，存在多个层面的差异，“一个国家、两种制度、三个关税区、三套法律体系、四个核心城市（香港、澳门、广州、深圳）”，在行政权力机构、经济制度、财政体系、货币发行制度和司法体制等方面存在很大差异，造成行政和市场分割，在基础设施建设、资源整合和资本运作等方面，存在一定的区域协调难度。各地对文化旅游资源的使用各成体系，容易忽略整个区域文化旅游业协调发展的系统性、文化旅游资源的特点和市场需求，容易引发盲目的同质开发、重复建设与恶性竞争现象，从而影响区域文化旅游整体高质量发展。

在产业协同方面，横琴与澳门、香港的合作尚处于产业要素的简单组合、互补及依靠优惠政策阶段，琴澳文化和旅游合作虽然已经完全实现两地人、财、物的无缝对接，但结合程度不高，总体仍属民间为主的分散合作，没有充分发挥双方的潜在优势，在彼此的产业体系中未体现应有的地位。澳门是亚洲为数不多的自由港，与欧盟和葡语系国家有密切的贸易联系，在30多个国际经济组织中具有正式成员与准成员地位，然而，横琴文旅产业还无法充分利用澳门的这些优势。

在人才资源方面，《横琴总体发展规划》提出横琴2020年目标人口规模为28万人左右，在第七次全国人口普查中，横琴常住人口仅有43168人，数量偏低。文化旅游产业的发展，离不开人才的支撑。对照横琴文旅产业的建设标准以及未来发展目标，高端文化旅游人才资源的供给仍然处于短缺状态，这主要是由于澳门高水平行业人才到横琴执业创业还存在一些限制，横琴的高层次人才引进规模效应需要时间积累，本地人才培养体系尚未充分建立，文化旅游人才的认定标准、管理规范还有待进一步层次化、系统化。

在品牌营销方面，横琴文化旅游的国际形象没有得到广泛推广，营销力度有所欠缺[①]，宣传大多停留在景点资源的介绍上，模式单一，缺乏创新特色，旅游景点服务、旅游产品类型及旅游软实力都亟待提升。

第二节　建设世界级旅游目的地枢纽节点

文旅会展商贸产业是《横琴粤澳深度合作区建设总体方案》重点发展的四大新产业之一，乘着横琴粤澳深度合作区建设的东风，一批重点项目加速推进，琴澳旅游产业协同发展不断加速。旅游形象整体推广、“一程多站”旅游线路打造、跨境活动举办、客源互济、便利通关等，是运用政策优势加强两地文旅会展商贸产业联动发展、拓展两地产业合作发展空间的主要发力点。

一、高水平建设横琴国际休闲旅游岛

高水平建设横琴国际休闲旅游岛，是中共中央、国务院印发《横琴粤澳深度合作区建设总体方案》（简称《总体方案》）的重要战略决策部署，旨在聚焦促进澳门经济适度多元发展的初心，加快构建以休闲旅游业为核心的现代化产业体系，打造粤澳深度合作示范区，大力推进生态文明建设，建设环境友好、资源节约的生态岛，积极推进自由贸易试验区建设，构建开放合作新体制，探索国际休闲旅游岛开发新模式，逐步将横琴建设成为面向未来、国际品质、生态优先、协同发展、智慧支撑的国际休闲旅游岛。

中央对于横琴建设国际休闲旅游岛的战略定位主要有三点。一是促进澳门经济适度多元发展新载体。配合澳门建设好世界旅游休闲中心，充分发挥琴澳两地

① 张爽：《珠海横琴岛国际旅游竞争力调查及发展策略研究》，《珠江论丛》2020年第2期。

旅游的综合效益和融合效应，助力澳门突破土地、人力、产业单一等瓶颈，有效挖掘澳门旅游产业发展潜力，进一步拓展国际旅游市场，实现两地产业互补、市场错位、协同发展，促进澳门经济发展更具活力。二是打造国际一流休闲旅游基地。充分发挥横琴独特区位、生态禀赋和改革创新优势，积极融入粤港澳大湾区建设，引进具有国际影响力的旅游休闲项目和企业，加快构建独具特色的旅游产品体系，完善旅游基础设施和公共服务体系，建设与葡语、西语国家旅游合作平台，加强与“一带一路”共建国家和地区旅游合作，促进人力、资本、技术和信息等高端旅游要素高效便捷流动，创新通关便利化、旅游标准化、旅游环境国际化等重点领域，全面提升旅游管理和服务水平，建设成为国际知名的休闲旅游海岛。三是国家全域旅游示范区。通过“旅游+”培育多样化旅游新业态，实现从观光旅游到休闲度假旅游、从景区旅游到全域旅游的转变，引领休闲旅游产品和旅游消费形态转变，更好地满足个性化、多样化休闲旅游需求，充分发挥旅游的综合带动作用，促进旅游业全区域、全要素、全产业链发展，实现横琴旅游业全域共建、全域共融、全域共享。

在建设目标上，中央规划了三个阶段。到2020年，把旅游休闲产业培育成为经济支柱产业，初步建成国际海岛旅游目的地；到2025年，旅游休闲产业规模进一步扩大，携手港澳打造“一程多站”旅游线路基本成型，对澳旅游通关便利化水平全面提升，对横琴新区经济社会发展的带动作用进一步增强；到2035年，建设成为生态优美、景观丰富、配套完善、特色鲜明的国际休闲旅游岛，全域旅游产业体系基本形成。

在区域布局方面，中央统筹考虑横琴总体规划以及土地利用、城镇、交通、水利等相关规划，构建“一带、一廊、一区”的全域发展空间布局，逐步形成集聚化、网络化发展格局（见图4-1）。其中，“天沐河旅游休闲带”以现代文化及一河两岸的商贸生活体验为特征，集中打造城市文化及生活消费体验轴带，突出市民休闲和旅游休闲相结合的发展定位，重点建设天沐河“壮丽三公里”特色旅游集聚地，打造融商业、文化、旅游于一体的最有活力的商业大道；“生态休闲绿廊”串联北山区、二井湾红树林湿地公园、大小横琴山山体边缘绿地、小横琴山汽车营地、芒州湿地、南山咀、西部海岸线等的山地、绿道、湿地，打造集湿地风貌、滨河风貌、海滨风貌于一体的生态休闲绿廊；增设休闲驿站、汽车旅馆等配套设施，打造环岛马拉松、环岛自行车赛等品牌赛事，增强体育旅游体验及城市居民休闲运动功能。“南部动感娱乐旅游产业集聚区”按照规划建设海洋大剧院、海洋博物馆、粤港澳国际游艇俱乐部、粤港澳国际游艇码头及客运码头等项目，配套建设有特色、高水平、亲近自然的体育休闲旅游设施，打造国际知名体育度假地标。

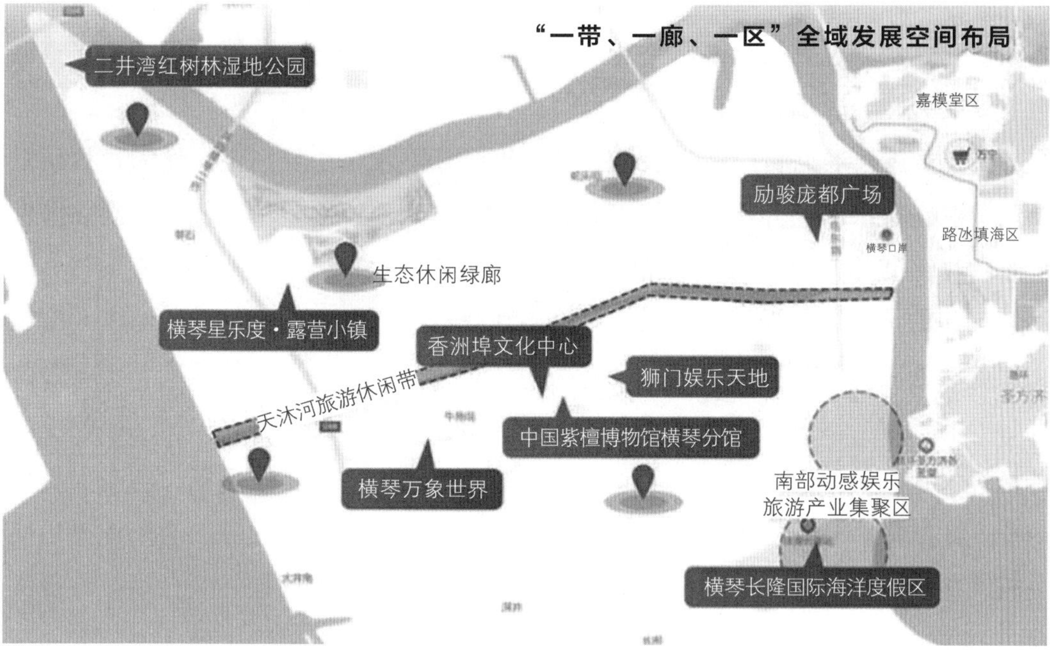

图4-1 横琴国际休闲旅游岛布局

在重点任务方面，主要有六项。一是助力打造粤港澳世界级旅游大湾区。加强与港澳旅游规划和标准衔接，探索合作开发旅游产品，无缝对接旅游基础设施，打造大湾区精品旅游线路。二是培育高品质休闲旅游产品体系。大力发展休闲度假旅游，积极发展文体休闲旅游，创新发展城市休闲旅游，积极发展商务休闲旅游，着力发展养生休闲旅游等。三是创新与国际接轨的休闲旅游市场监管机制。创新休闲旅游行业标准和认证，建立旅游要素诚信体系，引入澳门“诚信店”管理机制，完善旅游市场监管综合管理体系。四是推进休闲旅游配套设施建设，打造通达旅游交通体系。五是构建“旅游+”产业生态圈，含“旅游+”金融服务、“旅游+”商务服务、“旅游+”高新技术、“旅游+”总部经济、“旅游+”

文化创意等内容。六是提高旅游对外开放合作水平。深入推进区域合作，全力推进中拉合作，着力推动与“一带一路”沿线国家和地区的交流与合作，全面加强国际旅游品牌推广。

二、着力发展文旅会展商贸综合业态

着力发展文旅会展商贸综合业态，是《总体方案》谋划横琴支持澳门的“四新产业”之一，也是横琴高水平建设国际休闲旅游岛的产业支撑，更是未来打造世界级文旅和会展中心的重要支点。

横琴文旅会展商贸产业发展基础较为雄厚，不仅是主导产业，还为科技研发及高端制造、中医药等澳门品牌工业、现代金融其他产业聚集人气等要素提供发展平台。经过多年的探索，粤澳文旅会展商贸产业的融合发展具备了天时、地利、人和的优势。首先，一系列国家战略和政策的颁布实施带动了粤港澳大湾区文旅会展商贸产业的一体化进程。其次，“一线”“二线”通关模式，将成为跨境游、两地展会以及人才要素流动的利好因素。最后，针对在合作区工作的境内外高端人才和紧缺人才，个人所得税税负超过15%的部分予以免征，将吸引更多专业人才落户横琴。2020年以来，受疫情影响，广东和澳门文旅、会展业界均面临较大挑战。与此同时，横琴与澳门文化和旅游交流更加密切，联合举办跨境文化、节庆、赛事活动，开发跨境“一程多站”旅游产品，吸引了较多澳门居民在横琴居住、生活及旅游。

据此，《总体方案》明确要高水平建设横琴国际休闲旅游岛，支持澳门世界旅游休闲中心建设，在合作区大力发展休闲度假、会议展览、体育赛事观光等旅游产业和休闲养生、康复医疗等大健康产业。加强对周边海岛旅游资源的开发利用，推动粤港澳游艇自由行。支持粤澳两地研究举办国际高品质消费博览会暨世界湾区论坛，打造具有国际影响力的展会平台。允许在粤澳深度合作区内与澳门联合举办跨境会展过程中，为会展工作人员、专业参展人员和持有展会票务证明的境内外旅客依规办理多次出入境有效签证（注），在珠海、澳门之间可通过横琴口岸多次自由往返。支持粤澳合作建设高品质进口消费品交易中心，构建高品质消费品交易产业生态。建设中葡国际贸易中心和数字贸易国际枢纽港，推动传统贸易数字化转型。

发展文旅会展商贸产业将为澳门产业多元化的发展创造有利条件，形成以旅游带动产业发展的联动效应，有力推进琴澳经济发展，同时，为业界带来机遇，通过创新联线产品的出台，提升旅客体验。

粤澳可通过旅游资源的错位互补发展，提升整体竞争力。例如，澳门拥有“世界文化遗产名录：澳门历史城区”和“联合国教科文组织：创意城市美食之都”两张城市名片及众多国际综合度假村；广东省则拥有丰富的文化旅游资源和广阔的文旅消费市场，双方可以共同研究推出大湾区旅游产品，开拓“一程多站”旅游线路，推广大湾区内多元的特色旅游元素。广东可以借助澳门与国际组织保持密切联系的有利条件加快文旅国际化进程。

横琴应基于互补原则，开发更多新颖的文化旅游产品。一是通过横琴的主题乐园发展模式，配合澳门的综合度假村等休闲配套资源，推动业界推出更多高端的琴澳联游路线，吸引旅客延长逗留时间，带动旅游消费；二是配合横琴特有的海岛旅游资源，开拓海岛旅游特色产品，促进旅游元素的多样化；三是利用横琴特有的中医保健、科教研发等产业优势，推动琴澳在大健康的旅游合作，开发琴澳特色医药旅游线路，推动休闲养生旅游。

此外，2022年举办的中国（澳门）国际高品质消费博览会暨横琴世界湾区论坛立足粤澳深度合作区“双循环”交汇点，创新了“一会展两地”的跨境合作模式，有助于把内地庞大的消费市场、琴澳联动发展优势，以及澳门中葡商贸合作服务平台功能联系在一起，推动更多客商赴澳门和横琴粤澳深度合作区进行商贸交流和旅游消费，为不同企业推广业务提供交流平台，延长了“食住行游购娱”的消费链条，同时，以世界湾区论坛为契机，合作区向与会各界积极展示其在文旅会展、生物医药、高品质消费等领域的发展战略和产业机遇。琴澳应以此为契机，进一步做强世界级会展品牌，提升合作区的文旅会展商贸发展能级。

三、建设便利澳门居民生活就业新家园

在横琴建设便利澳门居民生活就业的新家园，是《总体方案》的四大任务之一，旨在推动合作区深度对接澳门公共服务和社会保障体系，为澳门居民在合作区学习、就业、创业、生活提供更加便利的条件，营造趋同澳门的宜居宜业生活环境。

澳门自回归祖国以来，虽然各方面取得了长足进步，但受制于空间狭小等问题，也积累了一些深层次的矛盾，特别是发展空间有限、产业结构单一等问题，显得尤为突出。澳门只有30多平方公里，但却拥有近70万人口，是世界上人口密度最大的地区之一，急需拓展生活就业的空间。横琴是澳门陆地面积的3倍，可以为澳门居民提供就业的新平台，成为澳门居民的新家园。此前，因为琴澳在教育、医疗、互联网等环境上存在较大差异，澳门企业、居民大多对在横琴就业、生活的意愿不强。要实现这一目标，就必须站在提高澳门居民生活水平的角度去思考新家园的规划与建设。

首先是吸引澳门居民就业创业。允许具有澳门等境外执业资格的金融、建筑、规划、设计等领域专业人才，在符合行业监管要求的条件下，经备案后在合作区提供服务，其境外从业经历可视同境内从业经历；支持在合作区采取便利措施，鼓励具有澳门等境外资格的医疗领域专业人才依法取得境内执业资格；高水平打造横琴澳门青年创业谷、中葡青年创新创业基地等一批创客空间、孵化器和科研创新载体，构建全链条服务生态；推动在合作区创新创业就业的澳门青年同步享受粤澳两地的扶持政策；采取多种措施鼓励合作区企业吸纳澳门青年就业；对在合作区工作的澳门居民，其个人所得税税负超过澳门税负的部分予以免征。

其次是加强与澳门社会民生合作。加快对接澳门教育、医疗、社会服务等民生公共服务和社会保障体系，拓展澳门居民优质生活空间；推动全面放开澳门机动车便利入出合作区；支持澳门医疗卫生服务提供主体以独资、合资或者合作方式设置医疗机构，聚集国际化、专业化医疗服务资源；允许指定医疗机构使用临床急需、已在澳门注册的药品和特殊医学用途配方食品，以及使用临床急需、澳门公立医院已采购使用、具有临床应用先进性（大型医用设备除外）的医疗器械；研究支持粤澳共建区域医疗联合体和区域性医疗中心，增强联合应对公共卫生突发事件能力；建立合作区与澳门社会服务合作机制，促进两地社区治理和服务融合发展；大幅降低并逐步取消合作区与澳门间的手机长途和跨境漫游费。

最后是推进基础设施互联互通。支持澳门轻轨延伸至合作区与珠海城市轨道线网联通，融入内地轨道交通网；加快推动合作区连通周边区域的通道建设，有序推进广州至珠海（澳门）高铁、南沙至珠海（中山）城际铁路等项目规划建设；加强合作区与珠海机场、珠海港功能协调和产业联动。

近年来，从澳门新街坊建设到澳门街坊总会进驻，从跨境通勤专线开通到跨境人才认可执业，从澳门居民横琴居住到澳门员工共管家园，合作区的新家园建设正逐步从硬基础的完善到软关怀的升级。

四、构筑旅游教育合作中心与培训高地

构筑旅游教育合作中心与培训高地在多份规划、协议文件中不断被提及。早在2011年签署的《粤澳合作框架协议》中，粤澳双方就明确要加快建设横琴休闲度假区，发挥海岛型生态景观资源优势，合作发展高品质旅游休闲度假项目，引入澳门旅游教育培训机构，促进澳门旅游、酒店等人才进入横琴就业。随后，在《广东省政府关于加快横琴开发建设的若干意见》中又提及“支持横琴与港澳加强旅游合作，在通关、交通、支付等旅游便利措施方面先行先试，开展旅游人才教育培训合作”，并“鼓励包括港澳在内的国内外优质教育资源在横琴开展合作办学、举办职业教育和技能培训项目”。2015年，在《中国（广东）自由贸易试验区总体方案》中，对横琴重点发展旅游休闲健康、商务金融服务、文化科教和高新技术等产业进行了部署，并明确要“建设文化教育开放先导区和国际商务服务休闲旅游基地”。2019年，《粤港澳大湾区发展规划纲要》颁布实施，强调要打造教育和人才高地，发挥澳门旅游教育培训和旅游发展经验优势，建设中葡双语人才培训基地和粤港澳大湾区旅游教育培训基地。随后，《横琴国际休闲旅游岛建设方案》提出应充分利用澳门旅游职业教育优势，“支持横琴探索与澳门合作设立国家旅游人才教育培训基地”，并“加强旅游等服务业人才培养培训，为粤港澳大湾区旅游产业发展提供人才支撑”，“允许自贸试验区机构与港澳相关机构工作人员交流培训。探索与港澳旅游行业协会共建区域旅游专业人才培养体系，率先实现港澳旅游人才单向认可”。2021年，《粤港澳大湾区文化和旅游发展规划》又进一步强调支持澳门建设以中华文化为主流、多元文化共存的交流合作基地，建设中国与葡语系国家文化交流中心，粤港澳大湾区旅游教育培训基地、世界旅游教育及培训中心和中葡双语人才培训基地。

2019年，澳门旅游学院与珠海市文化广电旅游体育局、珠海市珠光集团在澳门签署框架协议，在珠海横琴建设澳门旅游学院粤港澳大湾区旅游教育合作中心，建立三方合作沟通机制，统筹合作中心项目落地建设运营；推动珠海酒店、

职业院校、高校等资源整合，打造集专业课程、实训基地为一体的培养模式，致力于为大湾区培养旅游人才。同年底，在文化和旅游部的支持下，横琴新区管理委员会与澳门旅游学院签署《横琴新区管理委员会与澳门旅游学院战略合作框架协议》，以澳门旅游学院为依托单位共建澳门旅游学院横琴培训基地，协同粤港澳大湾区内外合作伙伴，提供各类型的培训课程，开展研讨、论坛等交流活动，搭建区域交流合作平台。此后，该基地在培训旅游从业人才、延伸平台功能和建立行业标准等领域发挥了积极作用，推出了“非本地学员短期培训和赴澳实习计划”与“粤港澳大湾区文化和旅游发展培训班”，为来自粤港澳大湾区的实习生安排了澳门综合度假村实习，并与澳门劳工事务局、广东省职业技能服务指导中心签署“澳门职业技能认可基准（MORS）”一试多证专项合作协议书，修编粤港澳大湾区旅游行业标准，持续举办MORS导师培训及考核课程，为大湾区不同城市院校及企业培养了上百名高素质的种子导师。近年来，粤港澳大湾区旅游教育培训基地的广州合作中心、顺德合作中心相继成立，增强了粤港澳大湾区的文旅人才培养输送能力。

五、因地制宜做好“文旅+”文章

产业融合是全球经济发展的大趋势，也是世界各国推动产业发展的新选择，并逐渐成为产业提高生产能力和竞争力的重要方式之一。无论是参照发达经济体旅游产业的发展经验，还是从当前我国文化旅游消费的总体态势看，文旅产业和其他产业的融合正越来越紧密，产业边界也更加模糊，彰显了“跨界合作”的发展理念。2019年，国务院、国家发展和改革委员会、文化和旅游部、农业农村部、民政部等各部委陆续发文，鼓励支持交通、体育、养老、健康等产业与文旅融合发展，在消费、用地、金融等方面，为产业融合发展提供政策支持和保障措施。如今，文化和旅游产业正在成为多产业发展的“增效器”，“旅游+”“+旅游”等模式迎来历史性机遇。

“文旅+”即文旅与其他产业相融合所构建形成的新文旅生态圈，是新时代下文旅行业以创新、创意、创造满足日渐多元化、细分化、个性化、定制化市场需求的重要道路。在此过程中，最重要的是结合区域自身的资源禀赋、产业发展阶段，因地制宜地推进产业融合。横琴粤澳深度合作区大力发展的休闲度假、会议展览、体育赛事观光等旅游产业，实质就是文旅外延的扩大。

根据《横琴国际休闲旅游岛建设方案》的构想，横琴“旅游+”产业生态圈主要围绕五个方面展开。一是“旅游+”金融服务。建立旅游业适用的政府和社会资本合作融资体系，鼓励港澳资本、境外资金、保险资金、社会资本投资横琴有一定收益的项目。二是“横琴+”商务服务。支持横琴发展新型服务经济，打造粤港澳大湾区商务服务基地。依托中拉经贸合作园，着力拓展对拉美货物贸易、服务贸易，加快推进十字门中央商务区南部区、横琴口岸服务区建设，完善配套功能建设。三是“旅游+”高新技术。加快“互联网+”创新创业发展，完善相关基地规划和建设，大力发展云计算、大数据等高端科技，创新发展在线旅游购物和餐饮服务平台。四是“旅游+”总部经济。以企业需求为引导，吸引旅游高端服务业、旅游高新技术产业、特色海洋经济总部落户，打造融通港澳、汇聚国际一流企业的旅游总部经济。五是“旅游+”文化创意。引导旅游与文化创意实现双向融合，打造一批“旅游+文化创意”的高端旅游娱乐项目和覆盖粤港澳的文化创意孵化基地，支持粤港澳青年到横琴发展创业，为粤港澳青年提供创业发展及文化交流空间。

具体而言，文旅产业定位于支柱产业，在“文旅+”产业融合方面，既要考虑本地的资源禀赋，也要考虑市场需求。这就需要深度整合横琴的滨海度假、会展、艺术、体育等资源，推动旅游休闲产业和商务服务、金融服务、海洋经济、文化创意、中医医疗保健、科技研发、高新技术等相关产业融合，发展具有横琴特色的现代化文旅产业体系，推动旅游休闲产业和城市建设、经济社会协同并进。例如，在“旅游+会展”方向上，中国（澳门）国际汽车博览会与横琴的房车露营旅游示范基地具有跨境联动办展的合作空间；在“旅游+艺术”方向上，横琴与澳门的艺术节、音乐节、烟花汇演、光影节等活动合作前景广阔；在“旅游+体育”方向上，各项陆上和水上运动赛事在琴澳两地“一河两岸”的举办能够联动扩大影响力，极大提升体育观光的功能[①]。

① 蔡华锋、郑洁琳、周人果：《横琴距离国际顶级旅游目的地还有多远？》，《南方日报》2021年9月10日B02版。

针对大湾区本地消费市场和国内消费市场，横琴文旅融合发展主要聚焦于两个关键点。本地客源市场需要充分挖掘大湾区本地化的休闲度假及文旅消费需求，沿着健康、生态、休闲的大方向进行产业整合。外省客源市场则需要充分考虑滨海度假、港澳联动、会展（航展）、主题公园等招徕游客的核心要素，提升旅游基础设施水平，打造出一流的旅游消费环境，实现相关产业的深度融合和相互协作。

第三节　横琴文旅产业融合发展的重点

按照国家战略部署规划方向，横琴应紧紧把握全球文旅市场发展的新兴趋势，发扬已有的世界级旅游资源优势，与澳门文旅产业发展相向而行，重点聚集打造“新街坊”生活创意社区、培育高品质休闲旅游产品体系、构建文旅创新要素聚集生态圈、激发粤港澳文旅制度创新潜力等方面，培育具有独特性、极致性的新兴吸引物，建设中国旅游业国际化、现代化示范区。

一、打造“新街坊”生活创意社区

2019年，中共中央、国务院印发的《粤港澳大湾区发展规划纲要》指出，要支持珠海和澳门在横琴合作建设集养老、居住、卫生、教育、医疗等功能于一体的综合民生项目，探索澳门医疗体系及深化保险直接适用并延伸覆盖至该项目。此前，澳门特别行政区政府在2015年就开始研究规划在横琴为澳门居民建设优质的生活社区，以解决澳门土地资源不足的问题。多年来，横琴不断探索与澳门开展跨境民生领域合作，先后制定和出台了包括澳门单牌车入出横琴、澳门专业人士跨境便利执业、澳门常住居民参加珠海医保试点、澳门企业跨境办公、开通免费跨境通勤专线等一系列措施，两地社会民生领域合作不断深化，奠定了在横琴新建社区的基础。2020年4月9日，珠澳双方共同签署“澳门新街坊”项目《国有建设用地使用权出让合同》。同年4月20日，澳门特别行政区政府第五任行政长官贺一诚在施政报告中提及了包括“澳门新街坊”项目在内的横琴与澳门的合作。2021年初，“澳门新街坊”项目正式全面启动，将以装配式预制件的环保施工方式兴建，规划于2023年建成（见图4-2）。由此，粤港澳三地规则联通、

图4-2　“澳门新街坊”规划设计效果

融合发展迈向了新阶段。

横琴“澳门新街坊”是珠澳两地携手合作的内地第一个为澳门居民专门打造的集养老、居住、教育、医疗等功能于一体的综合民生项目，体现出国家对于澳门改善社会民生建设、推动澳门经济适度多元化发展提供重要支援。该项目由珠海市政府以协议方式出让项目用地，由澳门都市更新股份有限公司负责土地规划及项目兴建。该公司是澳门特别行政区、工商业发展基金及科学技术发展基金共同组建的股份有限公司，工作重点包括改善旧区居民居住条件、活化社区经济、促进澳门历史文化建筑的保留和维护。“澳门新街坊”项目位于横琴新区中心大道东侧、小横琴山南侧、天羽道西侧、港澳大道北侧，总占地面积约19万平方米，计容积率建筑面积约42.2万平方米，包括住宅及社区服务配套、商业、学校和公园等，可提供约4000套住房，含约200套只租不售的人才住房，另提供约60个商业单位，同步开放澳门标准的医疗、教育、社区服务等公共服务配套，包括幼儿园、小学、诊所、养老中心等，均由澳门特别行政区政府指定机构营运。项目采取限销售价格、限销售对象方式，定向解决部分澳门居民的居住需求，拓展澳门居民的居住空间，使他们在横琴享受到与澳门本土相当的社会服务水平，为他们在大湾区内工作和生活创造便利条件。

“澳门新街坊”项目是我国跨境新社区融合建设的一大创新和突破，在粤港澳大湾区民生、公共服务领域具有重要的示范价值。项目引进的澳门群体集中偏向青年或中产，这个粤澳共同打造的生活创意社区，一方面有助于缓解长期困扰澳门的土地资源不足问题，为中青年拓展更为广阔的发展空间，加速澳门居民更好地融入大湾区生活圈；另一方面有助于提升横琴的整体人气，满足横琴产业布局的人才储备需求，居住于项目中的澳门居民不仅是未来建设横琴的重要力量，也是当地文旅消费的主力群体之一，更是促进外来人口入驻横琴的吸引所在。这一项目展现出“一国两制”的巨大生命力。

二、培育高品质休闲旅游产品体系

作为粤澳合作桥头堡，横琴有支持服务澳门世界旅游休闲中心建设、接受澳门旅游辐射的先天优势。“琴澳和鸣”有助于求取两地旅游综合效益和融合效应。一方面，琴澳合作可以减少澳门旅游发展的规模压力，助力澳门突破土地、人力、产业单一等瓶颈，有效挖掘澳门旅游产业发展潜力，进一步拓展国际旅游市场，促进澳门休闲旅游转型升级；另一方面，澳门在发展国际旅游业方面已积累多年经验，形成了大量资本和人才储备，可以在横琴找到用武之地，实现两地产业互补、市场错位、协同发展。横琴应对标世界一流旅游目的地，逐步打造一批标志性景区景点、游径、活动品牌，优化市场供给，开发推广一批以岭南文化、高科技、先进制造为主题的“一程多站”精品旅游线路，培育世界级文化艺术类旅游产品。

2021年，横琴旅游综合收入约20亿元，景区接待游客量超过500万人次，在《横琴国际休闲旅游岛建设方案》等政策的引导下，一系列高品质“文旅+”产品应运而生，横琴初步构建出了七大旅游产品体系：一是以珠海长隆国际海洋度假区为代表的主题旅游产品；二是以中国国际马戏节为代表的体育旅游产品；三是依托粤澳合作中医药科技产业园形成的健康旅游产品；四是以横琴星乐度·露营小镇为代表的休闲旅游产品；五是以丽新创新方为代表的文创旅游产品；六是以励骏庞都广场为代表的商贸产品；七是以珠海国际会展中心为代表的会展旅游产品。并且，在文化娱乐、休闲旅游、医疗康养、邮轮游艇等领域蕴含巨大的发展潜力。

珠海长隆国际海洋度假区是全球最大的海洋主题公园，包括长隆海洋王国、长隆横琴国际马戏城、长隆横琴湾酒店、长隆马戏酒店、长隆企鹅酒店以及长隆迎海酒店公寓等，组成一站式超大型国际主题旅游矩阵。全球首创珍贵动物展区与大型游乐设施相结合的独特设计，全面整合珍稀的极地和海洋动物、顶尖的游乐设备以及花车大巡游、烟花汇演《海洋保卫战》等精彩的大型演艺，吸引了海内外不同年龄层的游客，成为全球主题乐园的新典范。自2014年3月正式营业后，珠海长隆国际海洋度假区连续创造5项吉尼斯世界纪录，荣获全球“主题公园杰出成就奖”。2020年，长隆海洋王国年接待游客1173.6万人，增长8.4%，在年接待游客数上超过了上海迪士尼的52.6万人。

中国国际马戏节由国家文化和旅游部、广东省人民政府主办，珠海市人民政府、广东长隆集团有限公司承办。2013年11月，第一届中国国际马戏节在珠海长隆国际海洋度假区国际马戏城举办，从40多个国家选送的200多个节目中，精选了17个国家的30个节目参赛参演，是中华人民共和国成立以来第一次办国际马戏节，不仅填补了广东和珠海的空白，也填补了中国杂技发展史的空白，对于加强中国艺术领域的国际交流、促进我国杂技艺术的全面发展、满足广大人民群众的精神文化需求、扩大我国杂技艺术在国际上的影响具有十分重要的意义。在中国国际马戏节的带动下，世界女子网球超级精英赛、环中国国际公路自行车赛和中国横琴WDC标准舞/拉丁舞邀请赛等一系列国际性赛事相继落户横琴，使横琴文体品牌声名远扬。

粤澳合作中医药科技产业园是《粤澳合作框架协议》首个落地项目，产业园开展了瑞莲庄康养综合项目、中医药科技创意博物馆及中医药主题文化街3个子项目，致力打造国际健康养生及文化旅游目的地。其中，瑞莲庄康养综合项目创新整合了“酒店+养生+医疗”三大业态，为客人提供以中医为基础的东方疗愈体验和悦榕集团管理的高端酒店奢华服务。中医药科技创意博物馆是全球首家大型中医药主题沉浸式叙事体验馆，选用叙事导览的方式，从国际化的视角带领游客了解博大精深的中医药文化。中医药主题文化街以Ola Lotus·莲地为品牌，融合健康医疗、文化体验、餐饮、零售等业态，打造“元气漫游”“新氧食刻”“灵动创意”“怡养臻享”四大体验场景，创新“中医药+”体验，把中医药文化的精髓融入项目不同的业态中，打造全球具有引领性的中医药体验目的地。

横琴星乐度·露营小镇由珠海大横琴泛旅游发展有限公司投资建设和运营，背靠小横琴山，从起初的房车、木屋、帐篷、集装箱等特色住宿业态逐步发展成为业态齐全、产品完善、品牌内涵丰富的“城市自然休闲度假区”，逐步建立中国南方地区知名度最高、数量最多、品质最优的“露营+”全产业链生态品牌，自2018年1月开园以来，接待游客突破百万人。后疫情时代，作为文旅消费新蓝海，“露营热”成为民众争相尝试的时尚玩乐方式之一。星乐度基于这一文旅新趋势，开展了一系列粤港澳大湾区青少年文化交流活动，与澳门旅游企业进行品牌联动，通过职业教育等形式引入澳门旅游服务业技能认可基准，助力粤澳文旅产业交流合作，构建粤澳合作的新纽带，先后荣获广东省第一个“国家标准试点验证基地”、国内第一个“中国房车露营旅游示范基地”“广东省房车露营旅游示范基地”等荣誉称号。据统计，星乐度澳门游客比例占30%以上。

丽新创新方是香港丽新集团旗下以文化创意为主题的国际休闲旅游综合体项目，位于合作区中心地带，项目总建筑面积146万平方米，分五期建设，分阶段揭幕。项目涵盖旅游、文化、艺术、教育、商业、娱乐等范畴。一期项目包括全球首座狮门影业国际电影主题乐园“狮门娱乐天地”、华南首家高科技室内亲子娱乐项目“横琴国家地理探险家中心”、珠海首个沉浸式光影互动体验“奇幻功夫夜”、两大炫酷玩乐空间“创乐星球”和“创战空间”。同时，还有横琴凯悦酒店及概念零售餐饮等，集丰富潮玩元素于一体，为不同年龄段的游客打造一站式旅游新模式。

励骏庞都广场是2019年开业的大型商业综合体项目，总投资16亿元。项目位于横琴口岸对面，包含两栋三层商业美食楼及一栋六层商场主楼，占地面积约3万平方米，总建筑面积约14万平方米，商业面积约8万平方米，以零售、餐饮、旅游等业态为主。项目参考17世纪葡萄牙曼奴式建筑风格，是横琴首个葡萄牙文化建筑物广场、澳门中小企业参与横琴开发的成功范例、粤澳合作和横琴的商业窗口、中葡经贸合作平台的试点。

珠海国际会展中心位于珠海十字门中央商务区湾仔片区，占地面积26.9万平方米，距港珠澳大桥落脚点仅5分钟车程，是国内数一数二的集展览厅、会议厅、酒店大楼、剧院、音乐演唱厅、甲级写字楼及配套的商业化于一体的会议综合体。地上建筑包含珠海国际展览中心、珠海国际会议中心（含歌剧厅、音乐厅）及配套设施三大部分，地下有超过4800个停车位。落成至今已先后举办中国（珠海）国际游艇展、中国（珠海）国际办公设备及耗材展览会、中国（珠海）家具博览会、澳珠企业家峰会、中国（珠海）国际海洋高新科技展览会、国际绿色建筑与建筑节能大会等一系列知名展会。

2021年，万山海洋开发试验区纳入横琴一体化运作，所辖海域约4500平方公里，拥有桂山、东澳、大万山、小万山等105座岛屿，海岛陆地总面积约88平方公里。万山群岛作为横琴国际休闲旅游岛服务澳门世界旅游休闲中心的重要资源，是打造大湾区“一程多站”海洋海岛旅游线路、促进澳门休闲旅游产业发展的新载体和新平台。

三、形成文旅创新要素聚集生态圈

文旅创新要素是塑造核心竞争力最为重要的一环。从发展“四新产业”，到完善企业所得税税收政策、促进境内外人才聚集，从人员进出高度便利，到货物“一线”放开、“二线”管住，横琴的人流、物流、资金流、信息流正加速聚集，构建出更趋国际化的营商环境、更为国际化的人才队伍和更有利于文化旅游创新发展的生态圈。

在人才聚集上，横琴澳门青年创业谷、中葡青年创新创业基地等一批创客空间、孵化器和科研创新载体，为港澳、内地青年创业者技术开发、成果转化、创业培训、投融资等提供了全方位的优质服务。横琴粤澳深度合作区澳门青年创业训练营面向澳门青年和澳门高校学生，培训内容涵盖跨境电商、生活电商、文化创意、人工智能等多个主题，帮助和引导更多的青年创业者更好更快地实现创业理想。“澳门青年实习计划”打造常态化、滚动式实习实践项目，为澳门青年锤炼本领、增长才干提供更广阔的平台，首批推出的189个实习岗位累计吸引890名澳门青年报名。《广东省人力资源和社会保障厅关于支持珠海市横琴新区人社事业创新发展的意见》提出下放现代服务业、文化创意产业等战略性新兴产业和优势产业领域相关专业高级职称评审权，实施港澳导游换证执业和有关职业资格互认试点，支持建设国际化人力资源市场，建设“粤菜师傅”“南粤家政”工程示范基地，率先推进湾区“社保通”工程等举措，从人社事业的角度推动横琴打造人才新高地。

在企业税收上，《财政部 税务总局关于横琴粤澳深度合作区企业所得税优惠政策的通知》明确，对在合作区设立的旅游业、现代服务业、高新技术产业企业新增境外直接投资取得的所得，免征企业所得税，鼓励引入外资发展相关产业；在《横琴粤澳深度合作区企业所得税优惠目录（2021版）》中，对文化会展商贸业、旅游业、现代服务业等产业的超过30项文旅相关内容给予税收优惠，有力促进文旅会展商贸相关企业落地发展。

在消费市场培育上，粤澳两地研究举办的国际高品质消费博览会暨世界湾区论坛，合作建设的高品质进口消费品交易中心，除了能够带动商贸旅游和消费购物以外，还有助于引入国际高品质消费的知名品牌或企业在横琴落地，形成文旅商贸会展上下游产业链，构建高品质消费品交易产业生态，使购物旅游具有良好的依托基础。

在物品出入境上，横琴着力构建与澳门一体化高水平开放的新体系，实施货物"一线"放开、"二线"管住，不断简化货物的申报程序和要素，促进跨境贸易便利化，使得文化艺术、旅游休闲相关物品的通关手续更加便捷、物流更加畅顺、运作更加高效。

四、激发粤港澳文旅制度创新潜力

制度创新是文化旅游产业高质量可持续发展的关键之举。在横琴文旅发展的政策支持上，中央和地方各级相关部门在旅游改革试验、规划及实施、国际旅游市场拓展、政策引导、资金投入、项目引进、人才培养等方面不断先行先试，给予全面支持配合。2015—2022年，横琴对标高标准国际贸易规则，在政务服务、通关便利、金融创新、法治建设、信用监管、廉政建设等方面作出尝试和探索，推出622项改革创新措施，形成一大批可复制推广的"横琴经验"。

在扩大内地与港澳专业资格互认范围，推动内地与港澳人员跨境便利执业方面，横琴先行先试，"对接港澳跨境专业服务规则新探索"成功入选商务部发布的全国自贸试验区第四批18个"最佳实践案例"之一，以港澳导游及领队执业资格等领域为突破口，研究制定了港澳专业人士跨境执业办法，成立了三地联营机构，率先试点对港澳相应资质专业人士单向认可。

在机动车通行制度创新方面，“国内首创澳门单牌车便利入出横琴”获得广东自贸试验区制度创新最佳案例。2016年，珠澳两地签署了《关于澳门机动车辆入出横琴的协定》，第一辆澳门机动车于12月20日驶入横琴。随着澳门单牌车申请量大幅增加，申请条件分别于2017年、2018年、2019年和2021年4次放宽，配额总量由最初的400个逐步增加至10000个，5年翻25倍，澳门机动车入出横琴配额数量的不断增加，极大地推动着横琴建设世界级旅游目的地“一程多站”枢纽，是粤澳合作的重大成果之一。

在税收制度创新方面，2019年8月2日，根据财政部、国家税务总局印发的《关于横琴新区企业所得税优惠目录增列有关旅游产业项目的通知》，在横琴的旅游企业将享受减按15%的税率征收企业所得税，这是继福建平潭之后，国内旅游业税收优惠政策获批的第二个新区。

在跨境消费维权方面，针对粤澳法律法规、维权程序、消费习惯等方面存在较大差异、跨境消费维权难的痛点，横琴在与澳门建立共商共建共管共享新机制的基础上推出“跨境消费通”项目，开通了跨境消费法律咨询热线电话、微信公众号法律咨询端口和留言页面，通过购买法律服务，委托内地与港澳三地联营律师事务所，聘请三地消费领域法律专家，及时为内地与港澳消费者提供消费前的公益法律咨询服务及消费后的维权程序指引。此外，还研究实施了跨域视频调解机制、建立澳门-横琴消费领域信用体系共建基地等重要举措。

在知识产权保护方面，横琴推动成立“横琴国际知识产权保护联盟”平台，“五环节一平台”新机制获得广东自贸试验区制度创新最佳案例，探索构建了知识产权注册、培育、使用和交易、保护、法制保障五个环节全链条培育和保护监管体系。

在加速会展业发展方面，《总体方案》允许在合作区内与澳门联合举办跨境会展过程中，为会展工作人员、专业参展人员和持有展会票务证明的境内外旅客依规办理多次出入境有效签证（注），在珠海、澳门之间可通过横琴口岸多次自由往返。这对于出入境客商而言，非常具有吸引力。

在文旅产业联动发展方面，横琴积极探索将自身的旅游资源与澳门优势资源“串珠成链”，“琴澳跨境旅游联票”获得广东自贸试验区制度创新最佳案例。2020年8月，横琴本地旅游企业星乐度·露营小镇联合澳门冒险王国推出全国首套跨境旅游联票，成为横琴口岸通关背景下琴澳联动打造两地“一程多站”旅游产品的标志节点，为促进澳门经济适度多元、配合建设澳门世界旅游休闲中心迈出新的一步。

第四节　横琴文旅产业高质量发展的支撑体系

面向未来，横琴粤澳文旅产业的深度融合和高质量发展还应在数字化赋能提质增效、标准化促进品质提升和区域化协作共建共享等方面谋求新突破，为粤港澳大湾区建设世界级旅游目的地提供有力的支撑。

一、数字化赋能提质增效

数字文旅是以网络为载体，以数字技术和信息通信技术与文旅业的深度融合而形成的新产业形态，是文化建设的基础工程，也是旅游发展的产业动能，通过连接供给和需求，为业态赋能；培育和扩大新消费市场，实现产品增值；驱动产品和业态创新，重构产业格局。

以分享、交互、体验、资讯为特征的粤港澳大湾区数字文旅正在凸显发展优势。“数字科技+文化+旅游”催生出线上文博、智慧旅游、沉浸式场景、旅游智能制造等新业态、新产品。第一，大量文物、艺术作品、文旅设施借助数字技术在网络平台上展示，游客可以更加便捷地搜索、了解、观看相关资源，一些珍贵的物品或影像可以借助这种形式为更广大的民众所了解和认知。第二，借由更加高速的信息传输和网络平台，让文旅产品交易、供求信息对接、内容分享更加快速高效。借助云计算等技术，有利于供给方更了解需求方，双方的交易效率更高。第三，人工智能、虚拟现实等技术的应用，能让游客在购买前、旅游中获得更有品质的体验，如云旅游、沉浸式演艺、沉浸式游乐项目等。第四，通过网站、App、微信、微博等多种信息渠道，游客可以获取关于目的地的全方位信息，旅游出行更加便捷。第五，物联网、互联网、人工智能、大数据、云计算等与旅游装备制造业融合催生出众多旅游智能装备制造产品，不断拓展着文旅消费的内涵与边界。

随着“元宇宙”概念不断升温，数字技术和文化旅游变得密不可分。2022年，全国首个元宇宙开放创新试验区落户横琴，合作区搭建“新品秀”“融合秀”和“场景秀”三大展厅，研究出台《横琴粤澳深度合作区元宇宙产业促进办法》。在此基础上，未来横琴应当通过数字化赋能文旅产业推动行业提质增效。一是提升数字文旅场景体验，持续应用大数据、云计算、人工智能、远程遥感、数字交互等技术提升博物馆、展览馆、艺术中心等文化艺术体育设施的服务水平，顺应线上线下消费趋势，打造各类具有数字人文特征的时尚潮流“地标”。聚焦元宇宙关键技术的集成创新与融合应用，支持建设合作区元宇宙产业链股份制联盟。二是依托珠海国际会展中心，联动澳门会展业构建“高、专、精、特、新”的科技交流活动、成果展贸活动平台体系，新增举办科技展、科技秀、科技赛等系列科技主题会展节事，打造与大湾区“具有全球影响力的国际科技创新中心”相适应的科技旅游发展格局。三是运用好数字技术、智能技术提升管理和服务效能，构建粤澳数字化旅游集散平台，打通跨境旅游实时数据通道，建设信息透明、指引清晰、服务匹配的旅游集散体系，为游客提供深度“一站式”旅游服务。四是大力发展电子竞技、电子商务等数字产业，探索在横琴设立期货交易所的可行性研究以及数字人民币的落地方案，促进数字旅游产业发展。

二、标准化促进品质提升

文化和旅游标准制定及实施有助于引导文旅行业朝着标准化、规范化、高质量化的方向发展，从而提升文旅服务品质。

横琴应当充分发挥粤澳合作优势，在协商一致、协同推进的基础上，先行先试推进文旅行业标准、地方标准的制定，特别是围绕重要产品、工程技术、基本公共服务和行业管理等所需，制定的公益类基础通用标准；鼓励企业、学会、协会、商会、联合会、产业技术联盟等社会团体和教育、科研机构协调相关市场主体共同制定满足市场和创新需要、高于推荐性标准技术要求的文化和旅游团体标准。重点关注文化创意产业、数字文化、中医药文化、大型公共文化设施等领域的标准编制实施。

对于一些制定时间较早，已不符合当前文旅融合和粤港澳“人文湾区”“休闲湾区”“健康湾区”建设趋势要求的文旅标准，如港澳青少年内地游学、滨海旅游、乡村旅游、自驾车旅游等，应及时开展修订工作。此外，还应加大力度组织开展文化和旅游标准化研究、培训等活动。

应加快推动横琴成为国家标准的新试点，根据实际需要，研究和采用国际标准，推进国内标准外文版翻译工作，参与国际标准制定，开展标准化对外交流与合作。同时，推进文化和旅游标准化工作与科技创新互动发展，促进科技进步、技术融合与成果转化，以科技创新提升标准水平。

横琴应成为立足粤港澳大湾区、面向全球的文旅标准宣传推广高地。文化和旅游标准由其制定单位委托的出版机构出版发行，或通过标准信息公共服务平台依法向社会公开。文化和旅游标准发布后，各级文化和旅游行政部门、相关技术委员会应开展标准宣传，做好标准解读。鼓励企事业单位和相关社会组织开展标准研制、应用等经验交流活动。

三、区域化协作共建共享

琴澳两地文旅产业区域化、一体化共建共享，既是高质量建设世界级旅游目的地“一程多站”枢纽的客观要求，也是粤澳文旅深度合作的大势所趋。基于当前态势，区域化协作应以充分发挥横琴的制度优势、区位优势为前提，在文旅产业融合发展政策体系、港澳内地游学、新兴文旅业态、数字内容生产制作、青年创新创业等领域集中发力。

在区域协作体制机制上，持续探索新路径、新模式。例如，通过市场化形式设立横琴文化旅游产业发展促进基金，加强对横琴旅游企业和重大项目的融资支持和服务。支持企业通过政府和社会资本合作模式在横琴投资、建设、运营旅游项目，引导社会资本广泛参与旅游相关产业投资；完善跨境文旅人才、职称、社会保障的政策和制度，建立琴澳文旅发展专家库、人才库和智库；深化横琴金融产业与旅游产业更好融合，研究数字人民币在横琴文旅产业中的落地场景；粤澳两地文旅会展管理机构、行业协会及主要企业发起共商共建文旅会展产业联盟，逐步扩展联盟成员范围，增强大湾区文旅会展产业发展的辐射作用。

在文旅业态创新上，依托粤港澳大湾区岭南文化、红色文化、华侨文化、海上丝绸之路文化、近代工业文化等资源，开发精品历史文化遗产旅游线路及创意文化和旅游产品，重点聚焦万山海洋开发试验区纳入横琴一体化运作机遇，按照万山群岛特色化、差异化、品牌化的“一岛一特色”发展路径，通过与澳门的深度合作，联合开发更多滨海文旅休闲资源；挖掘培育具有文化公约数的共有知识产权资源，开发集文化创意、度假休闲、康体养生等于一体的主题文化旅游综合体；联合湾区其他地市，共同拓展旅游客源市场。

在文体会展活动举办上，以广东、香港、澳门联合承办2025年第15届全国运动会为契机，积极举办国际化的大型文化、体育、竞技活动，特别是广东省牵头举办的立足大湾区、面向全国乃至世界的航模、电竞、无人机大赛等。同时，持续高质量办好国际高品质消费博览会暨世界湾区论坛，推动粤澳会展业通过“一展一会”“一会两地”等形式密切合作，打造更多具有国际影响力的展会品牌。

在青少年游学事业上，搭建面向港澳青少年为主的文化交流融合平台，扩大港澳青少年赴横琴开展夏令营、研学游等活动的规模，加强横琴研学产品与港澳青少年校本课程对接，加深港澳青少年对国家经济、社会、文化建设的了解，以及对于祖国的信心和向往。在游学和青创活动中打造港澳青年来内地交流、发展的高地和“产学研”“三位一体”的创新体系。

四、科学化培育专业人才

横琴建设粤港澳大湾区文旅融合示范地和世界级旅游目的地枢纽节点，需要培养具有国际化思维和融汇中西方文化能力的文旅复合型人才，并加大对高层次、稀缺型人才的引进力度，营造良好的人才成长和发展环境。

在人才培养方面：一是建立完善“政企校”“产学研”国际化办学机制，建立现代化的文化、旅游、酒店、会展、管理、营销人才培养体系，根据社会需求建立与市场相接轨的精品课程体系。二是推进湾区跨校合作，在澳门旅游学院横琴“粤港澳大湾区旅游教育培训基地”的基础上，拓宽拓深在跨校选课、师资共享、学分互认、职业教育、标准对接等领域的合作。以澳门大学、澳门科技大学、澳门旅游学院和珠海各高校为载体，推动共建文化产业专业，支持社会资本围绕文旅、影视等产业的紧缺人才到横琴创办专业培训机构。三是重点培养文旅人才的跨文化交际能力、创新创业能力、科技创新能力、工匠精神和服务意识，满足湾区文旅发展对人才能力的多元化、复合型要求。

在人才引进方面，一是动态调整高层次人才、稀缺人才目录，完善专项人才引进扶持政策，打造专业型、多元化、复合型人才信息资源库，引导各类人才有序流动，实现高效配置。二是优化文旅融合人才专业技术和资质评定体系，根据不同专业、不同岗位、不同层次人才特点，突出成果质量和原创价值，分别制定指导性量化评审标准。三是加强内地与港澳医保、社保体系的衔接，营造国际化工作生活环境，让港澳籍人才、海外人才能安心在横琴工作。

五、国际化开展文旅营销

在对外宣传上，应以面向全球的眼界、能力、方法，跨越话语、习俗乃至观念障碍开展全球文旅盛事整合营销活动。

一是围绕文旅融合主题，找准营销传播定位，提炼文旅宣传主题口号，制作横琴形象宣传片、宣传品、动漫游戏、影视作品等向海外投放。二是充分利用网站、微信、脸书、推特、TikTok等平台集中推出丰富多彩的湾区文旅盛事活动项目，不断拓展传播和反馈渠道。三是构建立体化文旅宣传推广矩阵，开展粤澳联合宣传推广，充分利用国际友城交流机制和平台，多层次、多渠道与海外各方建立合作关系，相互开展高水平“走出去、请进来”文旅盛事活动和宣传[①]。四是引进一批国际知名服务机构参与盛事活动策划，提供国际化、现代化创意和视角。

① 阙志兴：《加快打造粤港澳大湾区国家全域旅游示范区》，《中国发展观察》2021年第21期。

第五章

Chapter 5

横琴推动现代金融产业新发展

金融是现代经济的核心，现代产业发展离不开现代金融的支撑。人类自从有了信贷活动，也就开始了金融创新，任何资源配置机制的改善，都与金融创新密切相关。真正的金融创新会提高已有资源的利用效率，从而创造出新的价值。对于地处国际经济前沿地区的横琴粤澳深度合作区而言，依托其良好的区位与资源优势，大力发展与现代产业匹配的产业金融、金融产业和金融服务系统，推进现代金融产业创新发展，具有极为重要且深远的意义。

第一节　横琴现代金融产业现状、挑战与方向

横琴金融产业发展时间较短、底子相对较薄，但发展速度快。从蕉林绿野、农庄寥落的渔岛，到如今金融投资集团、智慧金融研究院、创新金融研修院、金融产业基地和产业园广布的现代金融岛，粤澳在金融领域的协同创新，在横琴一一落地，彰显了两地合作发展的巨大潜力。

一、发展基础

据横琴粤澳深度合作区金融发展局统计，横琴金融产业增加值从2009年的3000万元增加到2020年的140亿元，2020年的增加值占地区生产总值的近30%。2021年金融产业增加值进一步上升至162.07亿元，同比增长15.8%，占地区生产总值的35.6%；金融产业税收收入达102亿元，占税收收入的32%，同比增长38.3%；本外币各项存款余额超1600亿元，各项贷款余额超1400亿元，公募私募基金初具规模。2022年上半年，合作区金融产业增加值达82.2亿元，同比增长11.0%，占合作区地区生产总值的36.7%。金融产业税收达74.7亿元，同比增长31.3%，占合作区税收比重的38.1%，呈稳健态势。合作区中外资金融机构本外币存款余额为1668.50亿元，同比增长3.0%；中外资金融机构本外币贷款余额为1644.56亿元，创历史新高，同比增长38.5%，增幅较3月末提高2.2个百分点。截至2022年6月末，银行业推出对银行账户服务、转账汇款、电子银行、银行卡刷卡等多项业务的减费让利举措，累计为合作区企业减免服务费用近800万元，惠及3.2万家合作区企业。总规模100亿元的广东粤澳半导体产业投资基金和总规模

50亿元的广东武岳峰集成电路股权投资基金落地。合作区内头部融资租赁公司聚焦装备制造、医疗大健康、能源电力等高新技术产业，提供融资服务累计超398亿元。

跨境金融业务也表现良好。截至2022年6月底，跨境人民币结算累计办理金额超12524.37亿元。2022年上半年合作区金融业税收近75亿元，同比增长31.3%，占合作区税收的38.1%，较上年同期占税收比重的30%增长8.1个百分点。横琴获批开展自由贸易账户（FT账户）试点，共有1141家企业设立FT账户，各类分账核算业务折合人民币超过330亿元，全国首家全澳资QFLP（合格境外有限合伙人）试点企业礼达联马（珠海）股权投资管理有限公司在横琴落户。2022年，在合作区获得QFLP试点资格的企业共32家，其中澳资企业共14家。数据显示，金融产业在合作区的重要地位日益凸显，在全区地区生产总值和税收贡献占比中均超过1/3[①]。粤澳合作发展基金完成24个项目投资，累计投放资金超185.64亿元，重点投向大湾区交通轨道、综合服务等项目。另外，横琴已开始全力推动金融促进澳门居民在内地生活、就业便利化。

截至2021年12月末，合作区已有金融和类金融企业5575家，注册资本达10837亿元；共有经国家金融监管部门批准或备案的持牌机构71家，“7+4”类地方金融组织57家，财富管理类金融企业1456家，其他类金融企业355家。其中，涵盖银行、证券、保险、资产管理、商业保理等多种细分金融企业，为支持琴澳一体化发展财富管理、债券市场、融资租赁等现代金融产业夯实了基础。截至2022年6月，合作区有金融企业711家（见图5-1）。累计注册港澳资金融企业148家，含澳资金融企业25家，注册资本18.78亿元。发展至2022年7月末，合作区持牌金融企业及其分支机构78家，地方金融组织55家，私募基金管理公司574家，私募基金产品1789只，本外币各项存、贷款余额均超1700亿元，经证监会批复的基金管理公司资产管理规模超4.7万亿元。此外，规模100亿元的广东粤澳半导体产业投资基金和规模50亿元的广东省集成电路及半导体产业投资基金设

① 翁榕涛：《续写春天的故事|打造现代金融产业生态圈 横琴构建大湾区金融互联互通支点》，21世纪经济报道，2022年9月16日，http://www.21jingji.com/article/20220916/073c204e2ced4461a5a35df1ea0aa9ab.html。

计子基金等产业基金已落地横琴，将引导更多集成电路相关产业的重大产业项目落户。除了基金公司以外，银行等传统金融机构也动作频频。例如，工商银行横琴粤澳深度合作区分行创新跨境资产管理模式，组建140亿元工银-铁建QFLP基金，首批募集16亿元已全部到位，在丰富澳门市场可投资渠道的同时，为横琴企业提供了股债一体的跨境融资服务。

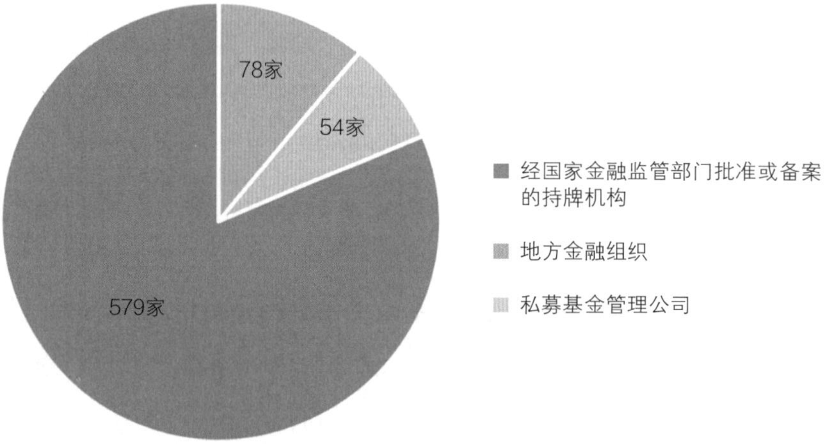

图5-1　合作区金融企业数量（截至2022年6月）

资料来源：横琴粤澳深度合作区统计局。

借助毗邻澳门的政策优势和辐射效应，横琴发展迅猛。2021年，横琴地区生产总值454.63亿元，是2009年的近160倍；固定资产投资完成367.66亿元，是2009年的21倍；登记商事主体数量超过5.5万家，注册资本超过3万亿元，其中，澳资企业超过4500家，注册资本超过1300亿元。

《横琴粤澳深度合作区建设总体方案》明确了横琴粤澳深度合作区的四大战略定位，并制定了2024年、2029年、2035年“三步走”目标。未来，兼具国家级新区、自贸试验区、粤港澳大湾区、横琴粤澳深度合作区“四区叠加”优势的横琴将进一步带动粤港澳大湾区高质量均衡发展。横琴粤澳深度合作区的政策、制度优势还可进行复制推广，为大湾区协同创新发展提供示范引领。

二、政策、区位与资源优势

横琴地处广东珠海南端，与澳门仅一水之隔，一座莲花大桥将两地连接起来。两地人员往来密切，交流融合的历史由来已久。横琴岛面积约106平方公里，是澳门全部陆地面积的3倍多。横琴已开发面积不多，与澳门本岛高强度的土地开发水平形成鲜明对比。近年来，横琴特色金融产业发展态势迅猛，市场组织体系不断丰富，跨境金融业务快速发展，金融互联互通不断推进。总体而言，横琴现代金融产业的优势主要包含政策、区位和资源三个方面。

（一）政策优势

自2009年横琴新区挂牌以来，国家一直给予很多政策方面的支持。2009年8月，国务院正式批准实施《横琴总体发展规划》，将横琴岛纳入珠海经济特区范围，要逐步把横琴建设成为“一国两制”下探索粤港澳合作新模式的示范区。合作的第一步是积极打通资金互通政策关。粤澳两地由于社会制度、法律体系、金融体系不同，资金融通和结算存在不少障碍。为了打破藩篱，2015年，粤澳高层提出设立粤澳基金设想，通过引入澳门财政资金参与粤澳合作项目破解粤澳资金融通难题，尤其是推动粤澳人民币资金互联互通。经过3年多的沟通、协调、洽谈，2018年5月4日粤澳基金项目正式签约。同时，为扎实推进资金进出基础设施建设，2018年12月，中国人民银行广州分行指导珠海落地合格境外有限合伙人（QFLP）试点管理暂行办法，吸引了一批具有特色优势和标杆效应的外商投资股权投资企业来粤投资。2019年，自由贸易账户在广东自贸区落地，从此澳门企业可通过在横琴自贸区的试点银行开立自由贸易账户，使用本外币一体化账户进行全球资金管理，享受资金融通、汇兑和划拨等方面的高度便利服务。2020年，中国人民银行广州分行推出资本项目收入支付便利化业务，简化了企业资本金、外债和境外上市等资本项目收入支付手续，大大提高了跨境投融资便利性。2021年，国家外汇管理局同意在广东省开展合格境内有限合伙人（QDLP）境外投资试点，试点额度为50亿美元，又一次为粤澳跨境资本流动注入了新活力。

2021年9月，中共中央、国务院印发《横琴粤澳深度合作区建设总体方案》（简称《总体方案》），其中明确了合作区金融改革、创新、开放的新方向，对促进国家金融改革创新、推动金融产业扩大对外开放、促进粤港澳大湾区金融市场互联互通具有重要意义。为进一步提升横琴现代金融产业实力，方案提出了很多针对性的措施，政策红利的释放将推动横琴现代金融产业快速发展。《总体方案》突破性地提出，横琴粤澳深度合作区要构建与澳门一体化高水平开放的新体系，重点是实施分线管理模式，以及要健全粤澳共商共建共管共享的新体制，包括建立合作区收益共享机制等。分线管理模式实际上等于将澳门的制度优势、开放优势引入横琴，同时又缓解了澳门土地、人才资源紧张的状况。《总体方案》提出，对合作区内企业生产的不含进口料件或者含进口料件在合作区加工增值达到或超过30%的货物，经“二线”进入内地免征进口关税。此举实际上拓展了澳门自由港的空间，让澳门自由港的优势得以延伸至横琴，利于横琴粤澳深度合作区与澳门乃至世界各地进行自由流通。中央提出分线管理模式，目的在于激活人流、财流、物流在横琴的自由流动，通过类似自由港的环境，不仅能为高附加值的产业发展提供一个低成本洼地，还能吸引足够多的人、财、物与信息在此高度聚合。这种体系设计是在“一国”框架下进行不同关税区空间调整的重大尝试。借此，横琴将形成更趋国际化的营商环境、采用更具竞争力的税制、吸引更多国际化人才，更加高效便利地集聚各种创新要素。极简审批、备案制度、负面清单等一系列创新制度，势必将极大地激发横琴粤澳深度合作区各类市场主体活力。除此之外，中央还赋予了横琴各类“最优”政策：对合作区符合条件的产业企业实行15%的所得税率，将有利于澳门经济适度多元发展的产业全部纳入政策范围。对在合作区设立的旅游业、现代服务业、高新技术产业企业新增境外直接投资所得免征企业所得税；对在合作区工作的境内外高端人才和紧缺人才，其个人所得税负超过15%的部分予以免征。2024年前投资收益全部留给合作区管委会支配，用于合作区开发建设。此外，中央财政补助与合作区吸引澳门企业入驻和扩大就业、增加实体经济产值、支持《总体方案》确定的重点产业等挂钩，补助数额不超过中央财政在合作区的分享税收。

2021年12月，横琴粤澳深度合作区执行委员会印发“低门槛、无限制、投向广”的《横琴粤澳深度合作区外商投资股权投资类企业试点办法（暂行）》，鼓励社会资本按照市场化原则设立多币种创业投资基金、私募股权投资基金，更好地引导外资服务横琴粤澳深度合作区建设。

2021年12月，横琴粤澳深度合作区执行委员会印发《横琴粤澳深度合作区支持企业赴澳门发行公司债券专项扶持办法（暂行）》，支持企业赴澳门发债，这有利于合作区企业充分利用境内外“两个市场、两种资源”优势，加速自身成长，推动澳门与横琴的产业联动发展；有助于推动区域金融市场率先高度开放，大湾区金融互联互通得到进一步发展。

2022年，横琴粤澳深度合作区金融发展局印发《横琴粤澳深度合作区促进金融产业发展扶持办法》，提出对迁入合作区的金融机构分别给予500万～5000万不等的一次性落户扶持，此外还提出了经营扶持、金融贡献扶持等办法，鼓励优质金融企业在合作区集聚创新发展，深化琴澳金融合作。

2022年9月，横琴粤澳深度合作区金融发展局印发《横琴粤澳深度合作区促进中小微企业融资发展扶持办法》，通过贴息、费用补贴、风险补偿等对合作区内广大中小微企业进行扶持，有效缓解中小企业融资难、融资贵问题，强化金融服务实体经济功能，充分发挥合作区作为促进澳门经济适度多元发展新平台的积极作用。同月印发的《横琴粤澳深度合作区企业上市挂牌专项扶持办法》，对在上交所、深交所、北交所、港交所主板上市的企业，给予一次性最高不超过5000万元的专项扶持，澳资企业或绿色企业，按相应扶持标准的1.2倍执行。通过培育和扶持合作区企业上市挂牌，提升合作区综合实力和竞争力。

特别要强调的是企业所得税优惠政策方面：一是对设在合作区符合条件的产业企业，减按15%的税率征收企业所得税；二是对在合作区设立的旅游业、现代服务业、高新技术产业企业新增境外直接投资所得，免征企业所得税；三是对在合作区设立的企业，新购置（含自建、自行开发）固定资产或无形资产，单位价值不超过500万元（含）的，允许一次性计入当期成本费用在计算应纳税所得额时扣除，不再分年度计算折旧和摊销；新购置（含自建、自行开发）固定资产或无形资产，单位价值超过500万元的，可以缩短折旧、摊销年限或采取加速折旧、摊销的方法。合作区这一企业所得税优惠，大大增强了市场主体尤其是澳资企业参与合作区建设的意愿和信心。

2023年2月，广东省人民代表大会常务委员会发布《横琴粤澳深度合作区发展促进条例》，其中，明确支持合作区发展银行、证券、保险、私募股权投资等金融业态，支持在合作区创新发展财富管理、债券市场、融资租赁等现代金融业。鼓励合作区营造与港澳、国际接轨的金融营商环境，探索构建适应合作区高水平开放的金融监管协调机制。

（二）区位优势

横琴坐落于珠江西岸，地处珠海南端，与澳门仅一水一桥之隔。横琴距离珠海其他区域也很近，与珠海西区一衣带水，一座大桥便可连接；相距珠海保税区不到1公里。珠海、中山、江门，都在横琴金融产业的覆盖范围之内。横琴是珠海最大的一个岛屿，并且毗邻港澳，面积是澳门的2倍，这也给横琴现在的发展奠定了基础。从整个大湾区的发展状况来看，珠江西岸与东岸仍然存在不小的差距，伴随大湾区建设的推进和广东重点打造西岸装备制造业，东西岸差距有望逐步缩小，这将为横琴发展金融产业提供很大的舞台，横琴未来金融产业的发展值得期待。

横琴独特的地理位置，为促进澳门多元化发展提供了经济和产业纵深拓展的空间。横琴的交通基础设施也在不断完善，可以通过横琴口岸速达澳门，通过港珠澳大桥抵达香港，通过横琴码头抵达深圳。伴随着城轨的建设以及金海大桥的建设，横琴与珠海西区的联系也日益紧密，一个丰富的交通网络系统逐步形成，促进了横琴和珠江东西岸的密切往来，为两岸经济的深度融合提供了极大便利。横琴不仅可以接收到来自澳门的经济辐射，还能通过港珠澳大桥享受到来自香港的辐射红利，战略价值极高。横琴的发展同时也能进一步促进澳门的产业发展，琴澳区域内互补式发展前景可期。

（三）资源优势

横琴自贸区从成立的那一刻开始，便带着“为澳门的产业转型升级服务”的使命。2020年是落实“珠澳合作开发横琴”要求的开局之年，一马当先的则是打造横琴金融岛。横琴金融岛是珠海发展金融产业和推进横琴金融创新的核心抓手，占地13万平方米的横琴金融产业基地有着明确的主导产业以及全牌照金融产业体系。自投入运营以来，吸引了包括中行、农行、工行、建行、交行等50多家金融、现代服务业企业入驻，是目前横琴金融配套最齐全、产业聚合度最高的园区，已成为横琴粤澳深度合作区的金融封面和产业引擎。横琴为了全面做好澳门金融发展的“服务商”，从金融服务体系到产业融合等方面，都给予了不少支持，积累了相当多的资源优势。

首先，横琴初步建立了对澳金融服务体系，搭建起集政、产、学、研于一体的对澳金融服务架构。比如，政界有横琴新区金融服务局、横琴新区金融服务中心，产业界有琴澳金融服务有限公司，学界、研界分别有横琴创新金融研修院以及横琴新区管委会和吉林大学合作成立的横琴智慧金融研究院。通过不同的主体积极发挥不同的作用，为两地金融深度合作奠定了良好的基础。

其次，配合惠澳利澳的金融政策已落实到位，为深化与澳门的金融合作，为其提供重要基础设施，横琴为澳门青年创业企业珠海横琴跨境说网络科技有限公司开设了首个FT账户并推进合格境外有限合伙人（QFLP）政策试点工作，大幅度降低澳门投资者的准入门槛。不仅如此，早在2011年，国务院便已批复分线管理政策，为横琴成为一个真正的离岸金融岛奠定了基础。

再次，通过产业基金助力澳门融入横琴金融发展。由澳门特区政府出资、总规模超过200亿元的粤澳合作发展基金已经在横琴设立，目前投资额已经接近140亿元，重点投向大湾区内的轨道交通、综合服务等基础设施。与此同时，横琴政府也设立了天使投资基金，助力澳门青年在横琴创新创业。

最后，全国第一个跨境办公试点楼宇横琴总部大厦已在横琴金融岛挂牌成立。澳企到横琴跨境办公，不再需要在横琴进行工商、税务登记，且可享受租金补贴。

经过10年发展，横琴金融岛发展已初见成效。澳门证券交易所的落地，将进一步加速琴澳一体化发展进程，横琴金融岛未来有望成为澳门金融的承载体。

三、横琴发展金融的瓶颈

虽然横琴发展现代金融产业有政策、区位、资源等多重优势，但是也面临着金融基础、特色发展、制度对接、人才资源、营商环境等方面的不足以及珠江东岸香港、深圳世界级金融中心区的挑战。

（一）金融产业尚未做实

珠澳两地金融产业总产值占粤港澳大湾区金融产业总产值的比重不到5%。合作区拥有持牌金融机构77家，约为深圳前海的1/3，虽然渐成规模，但由于一些历史原因，还有相当一部分金融企业注册登记地与实际经营地相分离。合作区拥有QFLP企业22家，仅为深圳前海的1/4。合作区金融产业增长点主要源自银行及私募基金，欠缺保险公司、证券公司和公募基金等总部机构。金融人才圈、业务链、生态圈形成规模尚需时日。

（二）跨境金融合作平台较为欠缺

横琴的金融产业受澳门金融特色的影响，总体呈现小而精的特点。尽管产业元素富有特色，在风险管控上也有独到优势，但澳门金融市场较为单一，珠海尚无国家级金融基础设施平台，一定程度上抑制了合作区跨境金融合作。如“基金通”“ETF通”等因澳门缺乏场内交易场所而未能互联互通，包括QFLP和QDLP在内的跨境双向投资通道有待拓展，FT账户试点机构数量也亟须提速扩容。从整个大湾区来看，横琴乃至整个珠江西岸的金融产业基础还是比较薄弱，体量不大、业务类型比较传统。此外，发展现代金融产业需要与之相匹配的人才，现阶段横琴在各层级的金融人才都比较缺乏。

（三）金融风险防控面临新的挑战

当前国内经济进入新常态，供给侧结构性改革持续深化，部分金融机构，尤其以互联网金融、要素交易平台、财富管理为主的金融机构和非金融企业非法集资风险逐步显现。虽然区内金融产业暂未出现较大的非法集资事件，但随着新兴金融业态的快速增长，加上横琴大部分企业的注册地和经营地分离，横琴防范和打击金融风险的工作压力日渐突出。

（四）金融对外辐射能力有待加强

当前，在横琴经营的金融机构多是分支机构，层级较低。横琴金融产业对周边地区的辐射带动能力不强，对接香港国际金融中心建设发展的功能有待提升。目前，中葡金融合作尚处于战略框架搭建阶段，中葡金融合作碎片化问题仍较为突出，与葡语系国家的金融服务深度及广度亟待挖潜拓展。横琴金融产业现状与横琴新区打造促进珠江口西岸地区产业升级发展的新平台，以及促进粤港澳深度融合示范区的定位不相适应。

（五）粤港澳三地法律法规的差异为横琴建设金融创新高地带来困难

粤港澳大湾区的核心城市中，香港和澳门在法律、制度和文化方面与横琴等内地城市存在较大差异。粤澳两种货币体系并行的背景下，跨境资金流动的监管约束客观存在，特别是个人项下货币汇兑仍受严格的额度限制，一定程度上降低了资本流通效率。此外，两地金融监管规则与金融架构存在实质性差异，如两地设立银行的注册资本要求、贷款期限用途、高管资格互认规则都不相同，阻碍了金融机构、产品及人才顺畅流动。要寻求与港澳合作新的突破点，关键是突破制度藩篱。因此，横琴建设金融创新高地尚需国家在制度设计、政策设计和机制设计等顶层设计方面予以进一步的支持。

（六）横琴金融服务珠海实体经济的能力有待提升

金融产业虽属高端服务，但必须着眼于服务实体经济。横琴开放建设前，产业基础近乎空白，目前仍处于开发建设关键期和产业培育期，实体经济的规模和实力不强，进入横琴金融机构可服务区域内的实体经济有限，因此，横琴金融机构可延伸服务覆盖珠海各类实体企业。

（七）营商环境亟待提升

与珠江东岸的香港、深圳比较，珠江西岸的营商环境还需进一步提升。有不少企业反馈，希望当地能够提升政务审批、数字化等方面的服务水平。就整个粤港澳大湾区的跨境投融资来看，可以概括为“渠道少、管制多、结算难”。以到境外发债融资为例，当前需要的监管程序较为严格，包括备案、资金监管、资质审批等环节，这些环节降低了很多企业的融资热情。

四、横琴与前海、南沙的比较分析

前海集深港合作区、自贸区、保税区于一身，汇聚多重政策红利，是我国金融创新最活跃的地区之一。前海的金融创新目标定位为“金融业对外开放试验示范窗口”“人民币跨境业务试验区”，推动实现了跨境人民币贷款、跨境双向发债、跨境双向资金池和跨境双向股权投资等“四个跨境”。2013—2016年，前海注册金融产业企业实现增加值从26亿元增至543亿元，增长近20倍，年均增长率达175%；金融企业税收收入从2.68亿元增至95.35亿元，增长近35倍，年均增长率达229%。除持牌金融机构外，前海还集聚了大量小额贷款、商业保理、融资租赁、股权投资、要素交易平台等创新型金融主体，其中商业保理企业占全国的3/4，融资租赁企业占全国的1/4。成立自贸区2年时间内，前海跨境贷款备案资金已达1376.5亿元，提款金额371亿元，区内已有21家企业办理外债登记10.6亿美元，企业融资成本降低1～2个百分点。

南沙在《广州市金融业发展第十三个五年规划（2016—2020年）》中成为最大亮点，先后被提及34次。作为广州最重要的金融功能区之一，该规划明确提出“加快建设南沙现代金融服务区”，主要目标是“利用广东自贸区和粤港澳大湾区建设契机，依托南沙现代金融服务区，重点发展跨境金融、航运金融、融资租赁等，打造广州金融新增长极，成为广州跨境金融中心的重要支撑”，具体做法包括：加快开展跨境人民币双向贷款、结算、资金集中运营、交易计价、资产转让、发债、直接投资等业务，打造全国乃至全球最大的离岸人民币在岸综合服务中心。2022年，南沙实现地区生产总值2252.58亿元人民币；世界500强企业已在南沙投资项目累计达223个，存续境外投资企业131家，投资总额74.52亿美元，涉及32个国家及地区；进出口总值2988.2亿元人民币。

通过对比可见，三地金融产业的发展目标不同。根据《中国（广东）自由贸易试验区总体方案》和《全面深化前海深港现代服务业合作区改革开放方案》，前海的主要目标是要在人民币资本项目下的自由兑换以及建设跨境人民币结算中心方面取得进展，重点培育以服务实体经济为导向的金融业态，推进金融机构、金融市场、金融产品和金融监管创新，为消费、投资、贸易、科技创新等提供全方位、多层次的金融服务。根据《中国（广东）自由贸易试验区总体方案》和《广州南沙深化面向世界的粤港澳全面合作总体方案》，广州南沙重点发展国际航运中心，南沙的金融创新也侧重于特色金融方面，围绕与航运相关的金融产品和服务的试验来展开，为在南沙的港澳科研机构和创新载体提供更多科技金融服务和资金支持，同时，通过国际金融论坛（IFF）全球年会等平台进一步融入区域和世界经济。相比之下，珠海横琴地处珠江三角洲的西岸，因粤西地区迫切需要一个区域性的金融中心和经济中心将来自香港国际金融中心的资源与网络吸纳过来，所以横琴可将这些资源和网络进行消化吸收再创新，然后辐射到粤西地区，并且，横琴所侧重的面向葡语系国家跨境电商贸易的扩大也需要金融的支持。从三个自贸区的金融发展来看，前海积极构建创新型的现代金融服务体系；南沙着重发展融资租赁与金融租赁类企业，为航运、物流等产业发展提供支撑；横琴则积极打造金融新业态和财富管理中心，区内财富管理机构占比已超过六成。

另外，则是获取金融政策的起点不同。无论是前海、南沙还是横琴，在金融改革方面都会面临一个改革权限的问题，很多改革都需要中央的批准许可。在过去，前海在金融方面的改革受中央授权并直管，而横琴和南沙必须通过广东省才能向中央申请相关权限。这意味着，横琴在金融改革的先行先试方面，步伐落后于前海。发展至今，前海的金融产业已呈现出强大的先发优势，成长为我国重要的跨境金融中心和新金融、类金融机构聚集区。随着《横琴粤澳深度合作区建设总体方案》《全面深化前海深港现代服务业合作区改革开放方案》《广州南沙深化面向世界的粤港澳全面合作总体方案》的相继印发，横琴在金融产业上获得了更多的政策助力，有望通过后发优势打造湾区和珠江西岸特色金融高地。

党的十九大报告提出以粤港澳大湾区建设、粤港澳合作、泛珠三角区域合作等为重点。加快建设粤港澳大湾区，释放出湾区经济开放性、创新性和国际化的活力，能够更好地发挥港澳自由港的优势，对于深化港澳与内地的紧密联系具有重要的示范和引领意义。建设粤港澳大湾区，就是要探索体制机制创新，促进人流、物流、资金流、信息流等各类要素在湾区便捷流通，加快区域市场一体化，从而解决制约港澳优势服务业进入内地市场和国际化高端要素进入内地的障碍，为深化港澳与内地的紧密合作发挥示范作用。香港和澳门都是自由港，建设粤港澳大湾区，对标香港一流的营商环境，积极对接国际营商规则，在广东自贸试验区探索建设自由贸易港，能够为我国加快构建开放型经济新体制积累经验。粤港澳大湾区作为我国开放程度最高的区域，能够担当服务“一带一路”建设的重要角色。发挥香港国际金融中心、离岸人民币中心、国际化人才和专业服务等优势，以及澳门作为中葡经贸合作平台的优势，深化粤港澳金融合作，建设广东自贸试验区离岸人民币在岸服务中心，有利于打造“走出去”与“引进来”的国际资金通道，从而推动人民币成为全球资源配置的重要工具，助推人民币国际化。基于此，横琴应继续加强与港澳的金融合作，探索合作的新模式，实现内地与港澳的融合发展，为促进珠江口西岸产业转型升级、区域合作、金融产业改革开放作出贡献。

五、横琴金融产业发展原则与方向

金融是实体经济的血脉。在《总体方案》中，将发展现代金融产业列为合作区四大重点产业方向之一，同时将创新跨境金融管理明确为横琴构建与澳门一体化高水平开放新体系的重要内容之一。粤澳金融“创新、融合、突破”，成为新形势下横琴开发开放的一组重要关键词。充分利用合作区建设带来的重大机遇支持和配合澳门发展现代金融，将对促进澳门经济适度多元发展起到重要的支撑作用。金融服务业是澳门的四大支柱产业之一，增加值约占澳门本地生产总值的7%。从现状来看，澳门发展现代金融产业还面临诸多掣肘——本身市场空间狭小，体量不大，无法消化大量沉淀的资金投资需求，众多社会财富也需寻找更好的投资渠道。粤港澳大湾区发展、合作区建设带给澳门新的机遇，可助力澳门重点拓展债券市场、财富管理和融资租赁等业务，加快推动现代金融产业发展。

（一）金融产业发展原则

全球各大主要湾区均以“金融+”的形式实现特色化发展，并伴随金融业态的日益多元化，由传统经济形态走向服务经济、创新经济阶段，而区域内的金融合作是这一过程的重要驱动力。粤澳金融合作应发挥各自优势，从三个方面加快融合发展：一是将广东的特色产业跟澳门的经济基础相结合；二是将内地的金融产品和澳门的商贸网络相结合；三是将内地的投融资需求跟澳门的资金相结合。

横琴智慧金融产业园有金融科技产业基地、新兴金融产业基地、学术科研教育平台三大板块，借此可以促进先进信息技术产业、高效金融资本、产融融合服务三者有机统一和互动发展，从而撬动更大的产业，服务粤港澳大湾区，并辐射国内各大经济区域乃至亚太经济圈。

（二）金融产业发展方向

横琴金融产业发展的总体方向是以更积极的行动融入大湾区与国家发展大局，加快数字化转型，不断提升自身专业能力，大力发展跨境金融、科技金融、财富金融、消费金融、普惠金融，率先构建高度开放的金融市场，实现资本跨境自由流动、资本项目可兑换、跨境资产转让范围扩大、企业外债管理体制创新。

在跨境直接投资交易环节，《总体方案》要求按照准入前国民待遇加负面清单模式简化管理，提高兑换环节登记和兑换便利性，探索适应市场需求新形态的跨境投资管理。在跨境融资领域，《总体方案》要求探索建立新的外债管理体制，试点合并交易环节外债管理框架，完善企业发行外债备案登记制管理，全面实施全口径跨境融资宏观审慎管理，稳步扩大跨境资产转让范围，提升外债资金汇兑便利化水平。在跨境证券投融资领域，《总体方案》要求重点服务实体经济投融资需求，扶持合作区具有特色和比较优势的产业发展，并在境外上市、发债等方面给予积极支持，简化汇兑管理。

第二节　横琴粤澳深度合作区金融市场体系建构

金融是现代经济的核心，金融对经济的服务能力是解决经济发展过程中“不平衡不充分”问题的关键因素之一[①]。横琴金融通过逐步壮大，解决了横琴经济在珠海市“不平衡不充分”的问题，通过创新引领经济社会的发展。同时，横琴金融管理体系逐步完善，对珠海市各区经济发展也产生了引领作用。在粤港澳大湾区建设背景下，横琴粤澳深度合作区进一步发挥金融的创新引领作用，通过现代金融市场体系的构建，不断推动粤澳深度合作朝更快、更好的方向发展，为湾区经济社会发展提供新引擎。

一、建设新型证券交易所

横琴毗邻澳门，区位优势明显，具有粤澳合作的先天优势。2019年2月，《粤港澳大湾区发展规划纲要》正式印发，其中明确提出，“研究在澳门建立以人民币计价结算的证券市场”“研究探索建设澳门-珠海跨境金融合作示范区”。当时，澳门金融管理局表示，为配合《粤港澳大湾区发展规划纲要》提出的“研究在澳门建立以人民币计价结算的证券市场”，澳门金融管理局正在计划对此展开可行性研究。结合澳门中葡金融服务平台的角色，全力推动包括融资租赁、中葡人民币清算和财富管理在内的特色金融产业发展，并逐步丰富特色金融的内涵。10月12日，在第八届岭南论坛上有政府金融官员透露澳门特区政府草拟了一个澳门证券交易所成为人民币离岸的纳斯达克的方案，澳门金融管理局官方表示在澳建立证券市场仍处于研究阶段，考虑到澳门邻近城市已有多个成熟的金融中心，澳门要在此领域有所突破，达致错位发展，必须充分了解自身的优势。因此，该可行性研究将以“发挥澳门所长、服务国家所需”为原则，并根据国家对大湾区的战略部署作整体性的谋划。为此澳门金融立法工作已开始推进，包括

① 中共珠海市委党校2017秋季处级班第三课题组、杨明、李惠、赵亮、陈燕君：《新时代下珠海横琴金融创新引领作用的思考》，《中共珠海市委党校珠海市行政学院学报》2018年第1期。

基金法、证券法、信托法等的金融体系法律正处于研究阶段，并已通过经财司委托内地有经验的机构协助建设金融法律框架。在框架完成后再交予澳门法律界人士研究，使相关制度与澳门法律相衔接。

2020年4月，澳门特区政府发表《2020年财政年度施政报告》，澳门特区政府行政长官贺一诚表示，澳门将设立跨境人民币结算中心，并重申正在研究和探索设立以人民币计价的证券交易所。澳门亦将允许资本在澳门和横琴之间自由流动，并降低银行和保险公司的准入门槛以支持金融产业成长。11月，国家发展改革委发布关于政协十三届全国委员会第三次会议第1409号（经济发展类099号）提案答复的函称："研究探索在横琴建设澳门证券交易所，有利于支持澳门发展符合自身实际的特色金融产业，推进澳门经济适度多元发展，助力粤港澳大湾区建设，对落实好《粤港澳大湾区发展规划纲要》相关任务具有积极意义，发改委将会同有关方面积极参与相关工作。"

2021年，澳门特区政府在施政报告中强调，澳门将检视和建立健全金融法律法规，加强金融软硬件基础设施建设。加快建设债券市场，积极发展财富管理业务，推进跨境人民币结算中心建设，推动金融业务多元发展。上述举措彰显了澳门进一步做大做强现代金融产业的决心。澳门证券交易所将错开湾区其他证券交易所的主要发展方向，重点服务债券市场和融资租赁市场。相较之下，香港证券交易所则继续扮演连接中国与环球资本的关键角色。

为此，珠海及横琴在支持澳门现代金融产业发展、依托澳门在合作区建设新型证券交易所方面也做了不少衔接准备工作，如在金融基础设施方面，横琴新区国际数据中心、横琴人工智能超算中心一期等已建设完成，电力、通信（如5G基站）等基础设施日趋完善，可为澳门金融基础设施的建设、运行和维护提供良好支持。基于这样的态势，可以借鉴海外经验建设新型证券交易所，打造粤港澳大湾区珠江西岸证券交易中心枢纽。

二、打造中国–葡语国家金融服务平台

葡语国家包括葡萄牙这样的发达国家，也包括巴西这样的新兴市场国家。葡语国家有超过2亿的人口规模，具有较大的市场发展潜力，是中国企业"走出去"的重要经济区域。"走出去"的过程需要有适应葡语国家金融体系的人才为

合作双方提供可信赖的金融中介服务。中国澳门在其中可以发挥重要的作用。中国澳门可以充分利用语言文化方面的优势，吸引葡语国家的银行等金融机构前来设立分支机构，将中国澳门建设为离岸金融中心，为葡语国家的金融机构进入中国内地市场提供跳板。

截至2016年底，葡语国家在中国设立近千家企业，中国企业在葡语国家承包工程合同额超过900亿美元。双方在农业、环保、运输、通信、金融等领域的合作也结出丰硕成果。在当前世界经济低迷的情况下，这些国家普遍面临一些问题。中国与葡语国家拥有全球17%的经济总量和22%的人口，在资金、技术、资源、市场等方面各有所长，又都处在国际航运大动脉上，中国“一带一路”倡议与许多葡语国家发展规划高度契合。目前来看，葡语国家除了葡萄牙外，大多数国家为亚非拉发展中国家。不过，葡萄牙虽是欧盟成员和欧元区国家，但是随着英国脱欧以及欧洲经济困局的出现，葡萄牙的银行系统也面临危机。石油、矿产等大宗商品价格大跌导致巴西、安哥拉等资源大国经济陷入了困境。商务部数据显示，中国和葡语国家经贸合作仍保持较高规模。2013—2015年，中国与葡语国家累计贸易额超过3600亿美元，2021年全年，中国与葡语国家贸易额创历史新高，突破了2000亿美元大关。在投资领域，中国是葡萄牙、佛得角等多个葡语国家在亚洲最大的贸易伙伴，并连续7年成为巴西的最大贸易伙伴。截至2021年底，中国对葡语国家各类投资存量超过860亿美元，是葡萄牙、莫桑比克等葡语国家最重要的外国投资来源地之一。

自中国在2015年成为资本输出大国以来，企业“走出去”和资本输出都在加速。中国和葡语国家双方都有极大的共同合作需求。横琴可以利用澳门这个葡语国家人民币清算平台推动粤资金融企业在葡语国家布局，推动粤资金融企业“走出去”，为葡语国家的中资企业提供专业的投融资服务以及人民币清算服务，更好地帮助中资企业在葡语国家发展壮大。

首先，中国支持在澳门建设葡语国家人民币清算中心和设立中葡合作发展基金总部，这对横琴成为中国企业“走出去”桥头堡有极大的促进作用。从世界范围看，中国经济发展良好，人民币具有良好的信誉，因此要提高人民币在这些国家的使用度和接受度。一方面，通过基金引导可以带动私人资本投资葡语国家；另一方面，葡语国家人民币清算中心的成立将有利于人民币的国际化，使其方便实用，提高中国的购买力，提高对资源等产品的需求，加速中国企业投资葡语国家。着力提升贸易投资便利化，推动人民币国际化，鼓励跨境人民币贸易融资和跨境人民币结算是横琴粤澳深度合作区未来主要的作为之一。2021年2月4日，中国人民银行等六部委联合发布的《关于进一步优化跨境人民币政策 支持稳外贸稳外资的通知》正式实施。横琴市场主体第一时间享受到了外商投资企业人民币再投资、境外人民币借款、股权转让、贸易新业态跨境人民币结算等多项便利化政策红利。2022年3月7日，中国人民银行宏观审慎管理局公布的2021年数据显示，粤港澳大湾区内跨境人民币结算规模达3.8万亿元。这其中，横琴粤澳深度合作区跃升为跨境结算增速最快、最活跃的片区之一。经过多年的布局，合作区内跨境金融业务创新的基础设施一应俱全，晋级人民币跨境结算发展中心已具备坚实基础。据统计，2021年合作区人民币跨境结算量达2321.18亿元，同比增长47.9%，表现出极强的增长趋势。横琴应大力支持在合作区开展跨境人民币结算业务，鼓励和支持境内外投资者在跨境创业投资及相关投资贸易中使用人民币。当前，人民币国际化水平不断提高，但在全球支付中的占比仍然较低。应构建资金电子围网系统，探索跨境资本自由流入流出和资本项目可兑换的新模式。在现有FT等账户体系分线管理的基础上，进一步对标国际标准制定账户规则、优化账户功能，扩展银行FT账户业务试点范围，提升覆盖率，逐步整体接入澳门实时全额支付系统（RTGS），实现金融领域的“‘一线’放开、‘二线’管住”。探索建立以人民币计价结算的金融交易平台，争取在合作区建立以人民币计价的证券市场，适时补齐其他证券品种的空白，通过葡语国家联通欧洲、美洲市场，为离岸人民币资金提供战略级的投资平台。借助合作区开展跨境人民币结算业务，可以扩大人民币的交易量，提升人民币的国际影响力。此外，借助澳门这个平台，还可以建设人民币清算中心，更好地满足葡语国家对人民币的需求。

其次，中国与葡语国家应充分发挥横琴和澳门在语言、地理、基础设施等方面的优势，建设中国与葡语国家商贸合作的服务平台以及经贸合作会展中心、中小企业商务服务中心、葡语国家商品集散中心，不断推动琴澳合作平台的进一步完善。可在合作区成立澳门与葡语国家商业银行合作联盟，并鼓励支持已在粤港澳大湾区设立分支机构的外资银行加入；瞄准“建设中葡国际贸易中心”这一目标，积极争取将葡语国家与中国的大宗贸易集中到合作区交易，探索打造集交易、融资、信息、仓储、物流、质检等服务于一体的大宗商品交易平台，切实拉紧合作区金融产业与葡语国家贸易市场之间的联系；横琴可承接中国与葡语国家在“一带一路”倡议下进行战略对接的功能，落实合作项目，支持澳门成为中国与葡语国家合作的支点。其中的关键是创新金融产品和融资模式，鼓励社会资本按照市场化原则设立多币种创业投资基金、私募股权投资基金，吸引外资加大对合作区高新技术产业和创新创业的支持力度。科技研发和高端制造产业作为合作区规划的首要产业，其产业发展应当接近或者处于世界前沿，因此具有研发投入大以及投资存在高度不确定性等特点。发挥合作区的特殊制度优势，可以积极探索私募股权投资与风投基金双向募集、双向投资、双向流动等多种模式，拓宽中国企业融资渠道，加快企业“走出去”步伐。

最后，横琴应依托中国-葡语国家金融服务平台，服务湾区实体经济，拉动珠海乃至粤港澳大湾区西翼实体经济的快速发展。要充分发挥横琴金融组织体系丰富的优势，积极引导金融更好对接服务企业创新和科技创新，提高金融服务实体经济的质量和水平，继续推动高新技术引进和培育工作，积极推动高新技术企业在境内外证券交易所或新三板挂牌上市；推动投融资对接活动常规化、多样化，继续优化投融资对接活动，促进投融资项目的高效对接，全力支持珠海和粤港澳大湾区城市群实体经济健康发展，形成以高端服务业、先进制造业、高新技术产业为主体，高端CBD总部云集、规模化承接港澳现代产业最集中的现代产业生态圈。

三、发展风险投资、融资租赁等现代金融产业

《国务院关于横琴开发有关政策的批复》《广东省建设珠江三角洲金融改革创新综合试验区总体方案》《横琴总体发展规划》及《国务院办公厅关于加快融资租赁业发展的指导意见》等有关规定和政策均鼓励横琴发展风险投资和融资租赁等现代金融产业。

一方面，横琴正大力发展风险投资。风险投资是把资本投向高风险的高新技术及其产品的研究开发领域，旨在促使高新技术成果尽快商品化、产业化，以取得高收益的一种投资过程。作为金融市场的重要组成部分，风险投资的发展历程从侧面反映了我国金融市场的发展情况与趋势。横琴是国内唯一与港澳路桥相连

的地区，拥有连通港澳的独特区位优势。横琴有国家级新区、自贸区、粤港澳大湾区叠加政策优势以及完善的产业配套措施，是探索粤港澳金融深度合作最理想的区域，也是粤澳金融合作的桥头堡。而作为境内金融机构跨境延伸的落脚点，金融企业在横琴落户可以更好地拥抱港澳金融市场。

另一方面，横琴正加快推动融资租赁业政策创新、制度创新和业务创新。《总体方案》第九条专门提到了财富管理、债券市场和融资租赁等现代金融产业。在此文件中专门提到支持融资租赁行业，体现了国家对于横琴融资租赁行业的充分重视，以及对服务实体经济的支持作用。

2022年8月22日，“横琴金投租赁三-X期资产支持专项计划”储架ABS首期产品成功发行，发行规模10.96亿元，为合作区首单储架式融资租赁ABS；9月15日，《横琴粤澳深度合作区促进中小微企业融资发展扶持办法》正式印发，对企业通过融资租赁、商业保理方式获得的融资予以贴息，将合作区中小微企业获得澳门融资租赁公司融资纳入贴息扶持范围，是合作区成立以来推出的首个聚焦中小微企业（含个体工商户）融资发展的扶持政策。合作区已经在生产设备、医院及医疗设备、风电设备、航空设备、新能源汽车及充电设施等多个领域开设融资租赁业务，租赁资产规模、创新能力方面有了一定基础，正加速建设租赁机构集聚、政策制度健全、服务功能完备的国家租赁创新示范区。2023年2月10日，珠光（珠海横琴）国际融资租赁有限公司分别与中国建设银行横琴分行、中信银行横琴分行合作，成功落地两笔融资租赁项下资产跨境转让业务。这是澳门融资租赁公司首次在该业务领域实现“零”的突破，也是琴澳融资租赁机构创新业务模式、拓宽资金渠道的一次成功尝试，助力琴澳金融创新合作迈上新台阶。

四、加强粤澳民生金融的交流合作

横琴可以充分利用澳门税率低、人员流动便利的特点，支持澳门在合作区创新发展财富管理等现代金融产业，加快澳门金融产业的服务外溢；也可以通过支持合作区对澳门扩大服务领域开放，降低澳资金融机构设立银行、保险机构的准入门槛，进一步打通人民币资金双向流动的渠道，加速境内和境外银行业务的协同联动；还可以通过支持在合作区开展跨境机动车保险、跨境商业医疗保险、信用证保险等业务，不断吸引澳门居民前来横琴居住，促进两地实现一体化发展。

广东省政府发布的“2021年度广东自贸试验区最佳制度创新案例”中，工商银行“工银琴澳通”上榜，是广东自贸试验区15个案例中唯一的“金融行业创新案例”，助力探索粤澳深度合作、琴澳融合发展的金融服务新模式。

第三节　粤澳共促横琴现代金融产业发展的着力点

粤澳共同推进横琴构建现代金融产业体系，应当遵循“以科技创新和科技金融为引领，以培养创新型人才队伍为动力，以完善监管体制机制为保障”的发展路径。

一、大力发展科技金融

科技创新是推进产业发展、加速产业升级的强劲动力。当前，科技创新已成为国际战略博弈的主战场，围绕科技制高点的竞争空前激烈。强大的基础研究是我国实现科技自立自强的根基，其水平和实力影响着科技创新的底蕴和后劲，也决定了经济社会能否高质量发展。加强基础研究、创造良好的科研生态至关重要。基础研究具有周期长、难度大、不确定性大等特点，不可能一蹴而就，关键核心技术难题也需要长期攻关。横琴在增加主渠道投入、多元化拓展、持续稳定加大投入的同时，亟待建立起符合基础研究规律和特点的科学评价机制，强化以学术贡献和创新价值为核心的评价导向，宽容失败、鼓励探索，让更多科研人员圆了创业梦。粤港澳大湾区具有发展科技金融得天独厚的区域优势，珠三角地区制造业基础雄厚，目前在大力发展高新技术产业和先进制造业，广东也正在携手港澳共同推动建设国际科技创新中心。从20世纪90年代轰动全国的“百万科技重奖”，再到新发展阶段、新发展格局中的创新发展先行区，创新是珠海经济特区最鲜明的特质。当前，横琴正从创新协同合作、创新主体培育、创新载体建设等方面重点发力，加速朝着建设创新发展先行区的定位迈进。

近年来，横琴坚持科技创新引领，聚焦自身产业特色，强主体、建平台、优环境，不断提升科技创新综合能力，大力推动金融科技、智能科技、生物医药等产业的发展，为横琴经济高质量发展打造新引擎。横琴粤澳深度合作区抓住机遇，贯彻国家创新驱动发展战略，发展风险投资，有利于引进国内高水平科研团队，全面塑造发展新优势，加快助力建设广珠澳科技创新走廊，加强各个创新平台建设，争取重大科技基础设施和基础科研平台落户，开展一批具有前瞻性、战略性的国家重大科技项目，打好关键核心技术攻坚战，力争攻克一批“卡脖子”的核心技术问题，推动产业发展和科技创新。这也对金融有效供给提出了更高的要求。

面向未来，横琴应走高端起步、协同发展之路，加快构建集成电路、生物医药等规模化产业集群，打造全球新兴产业重要策源地，充分发挥自身区位、环境、政策优势，吸引港澳、国际高端人才和创新资源，推动商务服务、休闲旅游、文化创意等高端服务业和高新技术做大做强。这就需要持续塑造创投基金、私募股权投资基金集聚优势，引导基金重点投向本地科技研发和高端制造项目，覆盖天使轮、风险投资（VC）、私募股权投资（PE）、Pre-IPO全流程，投资领域包括集成电路、信息安全、医疗健康、高端制造、智慧安防等方面。应利用横琴独特的税收、人才、金融等政策优势、开放优势，采取多项举措加强与高新区的合作，在建立全链条企业上市扶持体系上，依托广东省资本市场培育信息系统，为拟上市后备企业免费提供一站式综合金融服务平台；完善上市后备企业培育，加强与中介机构合作，为企业提供专业辅导；定期组织培育库企业项目路演活动，为培育库企业对接金融机构，提升企业融资能力；抓紧制定企业上市挂牌专项扶持办法，支持符合条件的企业上市，让企业在合作区这个国家平台上各尽所能，更好地发挥创新优势，力争成为落实创新驱动发展战略的主体。

横琴应进一步完善制度保障，运用财政杠杆助力科技金融发展。一方面，建立企业信贷风险补偿机制，尝试设立贷款风险补偿专项资金。设立创新型中小企业信贷风险补偿专项资金，对银行为创新型中小企业贷款所产生的损失进行有限补偿，为创新型中小企业承担有限代偿责任，推动银行加大对创新型中小企业的贷款支持，重点扶持对象为已经认定的高新技术企业、技术先进型服务企业和创新型企业。另一方面，以政府投资基金为导向支持金融产业发展，通过财政预算安排一定规模的政府投资基金引导社会资本投资于合作区发展的重点领域和薄弱环节，支持相关产业和领域的发展，从而推动金融产业的发展。

二、培养金融创新人才队伍

澳门人才发展委员会发布的《2020—2022年澳门金融业未来人才需求调研》显示，金融业就业人数占澳门总就业人数的比例仅为3%，其中经理和专业人员比例约为20%，完成高等教育学位课程的从业人员约为49.7%，这反映出澳门金融从业人员在数量和质量上尚存在较大的增长空间，且人才聚集度不高。

为此，横琴要加快推动金融人才培养，助力珠澳金融产业发展。2019年10月，在澳门金融管理局和珠海市金融工作局的见证下，澳门金融学会和珠海市珠光集团控股有限公司在2019澳珠企业家峰会上签订澳门金融人才培训基地合作协议，在横琴共建澳珠金融人才培训合作中心，旨在通过开展跨境金融人才培训合作，共建智库和人才交流平台，促进实现金融信息的互通、金融思维的拓展和执业能力的提升，助力澳门培养复合型金融人才，促进湾区金融人才的交流与合作。同时，横琴还搭建起区金融服务局、金融服务中心、琴澳金融服务有限公司、横琴创新金融研修院和横琴智慧金融研究院政、产、学、研四位一体的金融产业服务架构，服务澳门发展现代金融产业、培育现代金融人才。为加强珠澳金融人才培训与互动交流，自2020年3月起，依托粤澳跨境金融合作（珠海）示范区平台，横琴新区金融服务局联动澳珠两地各方资源，打造“琴澳金融云课堂”系列公益课程及“琴澳金融直播间”系列线上品牌活动，并由琴澳金融服务有限公司具体落实。课程涵盖了金融创新、融资租赁、供应链金融、私募基金、债券融资、金融科技等板块。截至2021年4月，累计举办了10场共25节线上活动和2场线下活动，持续受到国内外金融从业人员的关注和支持，有近7万人次参与培训和互动。同时，横琴新区还以横琴创新金融研修院和横琴智慧金融研究院为抓手，为金融从业人员提供职业培训，发展高等金融教育产业，促进金融产业的产、学、研结合，为澳门和横琴新区金融产业输送高端金融人才，推动琴澳金融改革与创新。2020年，横琴智慧金融研究院共完成55篇产业报告，为横琴跨境金融合作及澳门现代金融发展提供学术支撑；举办了“新形势下琴澳产业多元发展：课题与前景”“全球金融发展与跨境金融合作”两场线下论坛，为琴澳金融人才提供学习、交流、互动平台。横琴创新金融研修院也陆续为澳珠高校师生举行“金融科技与商业银行”“数字货币”“大湾区：大学生创业就业新天地”等公益讲座。

未来，横琴应继续积极联动各方资源，通过制定相关人才引进等配套政策，积极培养和吸收海内外优质金融人才，持续助力澳门现代金融人才培养，服务粤澳现代金融产业协同发展，支持澳门经济适度多元化。

三、完善监管体制机制

金融监管的完善与否以及效能高低直接关系到金融运行的质量。在国际金融危机中，美国暴露出来的一个重要问题是，监管机构对金融创新产品如金融衍生产品的监管过于松散，甚至缺位。我们国家金融立法对金融机构的创新审慎监管避免了我国金融市场和房地产市场重蹈美国次贷危机的覆辙，但也导致金融衍生产品市场发展缓慢。在鼓励横琴金融创新和市场竞争的同时，应该坚持加强覆盖所有类型金融机构的审慎监管体制，提高市场透明度，防范系统性金融风险。横琴既要防范金融创新过度导致的金融风险，也要大力推动金融创新，在法律规范以及风险可控的前提下进行金融创新活动。

无论是推进实体经济转型升级，还是防范系统性、区域性金融风险，都有赖于通过有效的金融监管体制改革形成健康、稳定的金融市场，实现金融与实体经济的良性互动。由于行政审批与市场监管合二为一的体制运行多年，金融监管的独立性、协调性、专业性严重不足，难以确保监管的有效性。现阶段粤港澳大湾区的金融产业应探索化解行政审批与监管不分的体制性矛盾，在强化金融监管协调性、专业性上取得重要突破，尽快建立现代金融监管框架，为全面提升金融治理能力提供重要的体制保障。应当积极争取进一步放宽《内地与澳门关于建立更紧密经贸关系的安排》负面清单中澳门金融机构在内地展业的限制。对符合特定要求的金融机构实行白名单制，并适度放宽白名单机构的境外投资要求。简化粤澳跨境直接投资交易的规则审批，不断丰富合作区与澳门居民双向投资渠道，推动跨境资金便捷流动和兑换。促进金融从业人员监管规则衔接。以负面清单制度创新推进粤澳两地金融从业人员管理规则衔接。编制高级管理人员黑名单系统，构建两地金融系统不良从业记录人员的信息登记制度，逐步实现资格互认。

对澳门而言，应以更加包容的态度对待一些私募基金，增加市场的容错率，增加资金多元化投入，简化入市手续，打造更好的营商环境。对横琴而言，监管方面的政策制度创新应贴合横琴粤澳深度合作区所需，让广大的投资人对横琴经济发展更加有信心。比如在基金经营上，可在金融局设立横琴粤澳深度合作区金融基金管理委员会，引导基金的运营，制定金融投资明细表和基金成立计划等明确的指引；由琴澳相关监管部门联合成立金融基金监管办公室，并赋予该办公室对金融机构的检查权，用于监管或者协助仲裁。通过多措并举，为粤澳金融合作注入活力，走出横琴特色的金融产业发展之路，实现弯道超车[①]。

① 蔡依莹：《横琴深合区出台首个金融专项政策 为国家跨境金融管理创新提供“横琴经验”》，21世纪经济报道，2022年1月10日，http://www.21jingji.com/article/20220110/herald/a42d1ae4002e2e731796fea5f5efccf4.html。

第六章

Chapter 6

横琴打造大湾区教育产业新高地

教育是人类传承文明和知识、培养年轻一代、创造美好生活的根本途径，同时也是经济社会发展的最强内生动力。国家全力推进粤港澳大湾区建设也为粤港澳大湾区教育提供了一体化发展的机遇。横琴粤澳深度合作区肩负着为粤港澳大湾区打造教育和人才高地作出示范、构建广珠澳科技创新走廊的重要任务，因此，必须加强粤澳教育深度合作，提升横琴教育现代化、国际化水平，促进教育链、人才链与产业链、创新链的有效衔接和深度融合，打造粤港澳大湾区教育产业新高地。

第一节　横琴教育融合发展的现状与瓶颈

国家将教育交流与合作提升到粤港澳三地融合发展的战略高度，提出通过建设粤港澳大湾区国际教育示范区来推进粤港澳大湾区科研教育事业，并在《粤港澳大湾区发展规划纲要》中给予了诸多政策支持。国家充分给予大湾区深化体制机制改革的政策权限，如要求大湾区“充分认识和利用‘一国两制’制度优势、港澳独特优势和广东改革开放先行先试优势，解放思想、大胆探索，不断深化粤港澳互利合作，进一步建立互利共赢的区域合作关系”，“全面深化改革，推动重点领域和关键环节改革取得新突破，释放改革红利”。进而，提出要把粤港澳大湾区建设成富有活力和国际竞争力的一流湾区和世界级城市群、具有全球影响力的国际科技创新中心、“一带一路”建设的重要支撑，为国际教育示范区建设提供了政策支持和基础。因此，国家对大湾区内香港、澳门、广州、深圳四大中心城市的功能作出了顶层的布局和明确的定位，将四大中心城市作为区域发展的核心引擎，发挥其对周边区域发展的辐射带动作用，其中也包括了教育产业。

“支持大湾区建设国际教育示范区”重大战略部署，是新时代推动形成教育全面开放新格局的新尝试，具备全局性、立体性和前瞻性特征。横琴经济、产业、人才发展等各方面优势日渐显现，在众多机遇与挑战面前，合作区教育事业正向现代化、国际化、高水平持续迈进。

一、横琴教育融合发展的基本现状

21世纪是开放合作的大世纪，也是人类飞速发展的新纪元。在横琴粤澳深度合作区加快转变发展方式、深化改革开放、努力建设创新型领先发展区的进程中，教育承担着重要使命。

（一）粤港澳教育合作具有良好的历史基础

历史上，粤港澳三地教育合作交流历史悠久。在抗日战争时期，广东培正、培道、培英、协和、真光5所学校分别在香港、澳门建立分校，形成了“奠基羊城，播迁港澳”的同宗同盟学校合作发展系列[①]。改革开放后，粤港澳三地教育合作与交流日益密切频繁，三地教育行政部门及学术团体开展了广泛的交流与合作及丰富多彩的交流项目。港澳教育行政部门与湾区内地9个城市陆续签订了若干教育合作或合作办学协议。

2005年，广东省教育厅与香港特别行政区教育局、澳门特别行政区政府教育暨青年发展局在全国率先启动粤港澳姊妹学校缔结计划，并一直持续至今。截至2019年12月，已有粤港姊妹学校957对，粤澳姊妹学校69对；2020学年全省中小学在读港澳学生近10万人，20所中小学开设港人子弟班，粤港澳缔结姊妹学校（园）1067对。

2014年12月，横琴首创“公办民管”办学模式，与珠海华发教育产业投资控股有限公司签署教育合作协议，将区内的横琴中心幼儿园、横琴第一小学、横琴第一中学3所公办学校委托珠海华发教育产业投资控股有限公司管理。

2016年11月，中山大学、香港中文大学、澳门大学发起成立粤港澳高校联盟，首批成员包括广东10所大学、香港9所大学和澳门7所大学，教育部港澳台办、港澳中联办以及三地教育行政部门作为联盟的支持单位。

2019年，横琴与国家双一流高校首都师范大学合作办学，委托其管理首都师范大学横琴伯牙小学、首都师范大学横琴子期实验小学和中学、首都师范大学横

① 陈发军：《粤港澳大湾区教育合作发展的战略挑战与机遇》，《天津市教科院学报》2021年第6期。

琴子期实验幼儿园。与此同时，一批高质量的国际性寄宿制学校也加入合作区教育方阵，满足琴澳居民对优质教育资源的需求。

2020年12月，中华人民共和国教育部、广东省人民政府联合印发了《推进粤港澳大湾区高等教育合作发展规划》，通过推动建立粤港澳大湾区终身学习资历框架及标准体系，实施港澳台居民在粤申请参加中小学教师资格考试制度，旨在打造国家深化高教体制改革试验区，稳步推进粤港澳大湾区教育合作项目，建设国际一流的教育先行区。

2021年9月，广东省人民政府发布的《广东省教育发展“十四五”规划》指出，要建设粤港澳大湾区国际教育示范区。推动大湾区基础教育协作发展，到2025年，新增100对粤港澳姊妹学校（园），打造10项以上粤港澳台师生交流品牌活动；推动大湾区职业教育和高等教育合作发展，到2025年，新建3～5所粤港澳合作办学机构，新设3～5所不具法人性质的合作办学机构和联合研究院，共建一批特色职业教育园区，广东高校招收港澳台侨学生规模比2020年增长20%。

在各方不断努力下，粤港澳三地以优势互补、互利共赢、协同发展为原则，坚持需求导向、问题导向，发挥各自的优势和特色，不断拓展和丰富教育对外开放的内涵和形式，在高等教育、职业教育和基础教育等领域的常态化交流、项目式合作、协同化发展上取得丰硕成果。为吸引更多澳门居民融入横琴生活，合作区在2022年秋季招生政策上有所调整。新政策显示，支持澳门学生在横琴就读，优化招生政策，对监护人在横琴工作和居住的澳门学生，视同横琴户籍学生进行招生。随着内地与澳门教育合作的深入，越来越多的澳门学生正进入内地学习。

（二）“一国两制”成功实践是粤澳教育融合发展的前提

在澳门回归祖国20周年之际，习近平总书记高度肯定和评价了澳门特区政府的施政工作，称赞澳门“向世界展示了具有澳门特色的‘一国两制’成功实践”。澳门“一国两制”的成功实践及其宝贵经验为党和国家坚持和完善“一国两制”制度体系作出重要贡献。澳门的回归，关键是人心的回归，尤其是澳门青少年对民族的热爱和国家的认同。澳门特区政府构筑的一整套旨在培养青少年“爱国爱澳”核心价值的教育体系，是“一国两制”在澳门实践成功的保障。这离不开澳门特区政府针对青少年开展的各种教育举措，包括编制教材、优化师资、开发教育活动和教育项目、拓展教育空间，在大湾区乃至“一带一路”沿线城市组织开展游学访学考察活动，与内地多个省市的中小学开展科技文化交流，实施澳门青少年领袖人才培养计划，资助高中毕业生到内地游学、实习等等。国家的大力支持和澳门特区政府坚持国家指向的教育政策相互配合、互为表里，成为“爱国爱澳”教育取得巨大成功的重要因素。

在有序推进CEPA系列协议、粤澳合作、“一带一路”倡议及粤港澳大湾区战略的进程中，澳门的“爱国爱澳”教育已经深入人心，成效逐步彰显，澳门广大青少年已经与国家发展紧密联系在一起。未来5～10年，预计将有3万～5万港澳居民在横琴工作、居住①，这为横琴的粤澳教育融合发展新实践奠定了更为深厚的基础。

（三）横琴不断推进教育现代化与教育国际化进程

多年来，横琴从教育现代化与教育国际化两方面着手，引入国际优质教育品牌，探索“名校+新校”“新校+特色”“高校+新校”的办学机制，促进区属学校建立国际化与本土化相结合的横琴课程体系，提升横琴师生国际化素养，打造具有多元化、特色化、开放性特点的珠港澳国际教育示范区和现代化国际化教育先行区，逐渐形成了横琴教育融合品牌。

2020年，横琴新区编制了《珠海横琴新区全面提升基础教育现代化五年行动计划》（2020—2024年），提出建设理念先进、结构优化、师资优秀、质量优良、环境优越、保障有力的高质量基础教育体系，推动横琴基础教育均衡、优质、跨越式发展，助力粤港澳大湾区建设国际教育示范区。随着教育配套升级，横琴粤澳深度合作区一体化区域教育水平不断提升，区域内拥有从幼儿园到大学的全龄段优质教育资源。截至2022年6月，横琴粤澳深度合作区共有11所基础教育机构，其中公办学校7所（幼儿园2所、小学3所、初中2所），民办教育机构4所（幼儿园1所、九年一贯制学校2所、培训机构1所）。合作区在读学生共5255人，其中幼儿1214人，占比23%；小学生2558人，占比49%；初中生1204人，占比23%；培训机构279人，占比5%。公办学校学生人数共4093人，民办学校/机构学生人数共1162人（见表6-1）。

① 沈梦怡、吴志远、梁涵：《做强引擎加快发展 青春之城活力迸发——沿着总书记的足迹之珠海篇》，《南方日报》2022年6月17日第A02版。

表6-1　合作区学生就读情况（截至2022年6月）

单位：人

教育阶段	幼儿	小学生	初中生	培训机构	小计
公办学校学生人数	1117	2025	951	—	4093
民办学校/机构学生人数	97	533	253	279	1162
合计	1214	2558	1204	279	5255

资料来源：横琴粤澳深度合作区统计局发布的《2022横琴粤澳深度合作区发展与展望》。

合作区中的学校主要包括首都师范大学横琴子期实验幼儿园、首都师范大学横琴伯牙小学、首都师范大学横琴子期实验小学、哈罗礼德学校、横琴华发容闳学校、十字门小学、横琴第一中学、横琴第一小学、湾仔小学。高等学府只有澳门大学1所，但在距横琴半小时车程外，有北京师范大学珠海校区、中山大学珠海校区、暨南大学珠海校区、北京师范大学-香港浸会大学联合国际学院等高水平大学。

2009年，全国人大常委会批准澳门大学在横琴建设新校园，并授权由澳门特别行政区依照澳门特别行政区法律实施管辖。澳门大学横琴校区占地约1.09平方公里，可容纳约15000名学生；2014年，澳门大学整体迁入横琴校区。2019年，横琴新区管委会社会事务局与首都师范大学签署合作办学协议书，在横琴合作建设首都师范大学横琴伯牙小学、子期实验学校（九年一贯制）、子期实验幼儿园共3所公办学校（园），这是横琴首次与国家“双一流”大学“联姻”办学。2021年，位于横琴新区创新方的哈罗礼德学校开学，该校是亚洲K-12高端英式教育先行者哈罗亚洲国际教育集团的新成员，提供G1—G12国际化双语的英式高端教育。该校占地面积约4.8万平方米，设有1300个学位，能够为310个四年级以上的学生提供寄宿服务。2021年下半年，横琴多措并举加快推进各学校建设进度，十字门小学、保税区第一小学、保税区幼儿园、子期小学、横琴华发容闳学校、横琴华发容闳高级中学等6所新学校建成投入使用，使横琴新增800多个公办幼儿园学位、5400多个公办小学学位和2800多个优质民办学位。这些教育资源，基本能够满足高端人才的子女教育需求，留住高端人才，为横琴粤澳区域合作注入更多动力。

不仅如此，横琴还积极联动澳门教育资源，促成横琴一中、横琴一小等学校与澳门坊众学校、澳门妇联学校、澳门培正中学等学校缔结友好姊妹学校，开展“同课异构”“科技节”“青少年机器人大赛”等交流活动，为两地师生搭建了学习交流、资源共享的平台。

2021年9月17日，横琴粤澳深度合作区管理机构正式揭牌，进入全面实施《横琴粤澳深度合作区建设总体方案》（简称《总体方案》）、加快推进粤港澳大湾区建设的新阶段。合作区的揭牌和《总体方案》的实施，进一步加强了粤澳两地教育和人才的联动，为横琴建设现代化国际化教育先行区倾注全新动力。横琴粤澳深度合作区越来越重视教育配套的优化，全面向现代化国际化的目标迈进。

随着“澳门新街坊”项目建设不断向前推进，包括一系列住房及配套设施和产业、教育、医疗、社会化服务在内的工程，将为澳门居民在横琴和大湾区工作、学习及生活创造宜居、宜业、便利、优质的生活环境。横琴粤澳深度合作区正进一步探索完善与澳门在教育制度方面的衔接渠道与机制，重点建设横琴-澳门教育融合项目，深化横琴新区与澳门教育领域的良性交流互动，推进民生领域的政策创新，打造更优质的“全人教育”体验，满足琴澳居民多元化的教育需求。澳门学生已与内地学生享受同等待遇、同等医疗保障政策；澳门特区政府也致力于为在“澳门新街坊”学校就读的澳门学生创设更优惠的政策环境，提供优于现有在粤就读澳门学生的津贴，横琴粤澳深度合作区逐渐成为澳门学生的优先选择。截至2022年底，全区在读澳门学生199人，同比增长47%。

当前，合作区坚持以多元化素质教育促学生全面发展。一方面，积极引导中小学各年级德智体美劳全面发展，在横琴就读的学生都能掌握1～2门特色课程内容，促进学生全面发展；另一方面，依托横琴产业优势打造“教育+”模式，如“教育+中医药”“教育+旅游”“教育+体育”等。各学校素质教育开设课程有舞蹈、武术、戏曲表演、中国鼓、古筝、种植等，以促进学生全面发展，打造素质教育的特色品牌。琴澳初具教育同频共振、协同发展的新格局雏形。

二、横琴教育融合发展的主要瓶颈

“教育兴则国家兴，教育强则国家强。”教育是国之大计。粤港澳大湾区是国家发展的核心动力引擎，推进横琴粤澳深度合作区建设离不开科研教育的重要支撑。粤港澳大湾区建设为广东、香港、澳门三地教育合作发展提供了历史性机遇。粤港澳三地教育发展各有特色、各有所长，但由于发展进程、经济水平、制度差异等种种因素影响，横琴粤澳深度合作区科研教育建设面临着合作与交流的主体意识和创新动力不足、合作与交流体制机制未能完善、合作办学受到政策限制的挑战[①]，尚难以凸显科研教育体系的完整和服务经济社会发展的强劲能力。

（一）合作与交流的主体意识和创新动力不足

粤港澳大湾区建设是国家重大发展战略，但大湾区内有些地区在教育教学改革、学校建设管理和教育质量提升方面的发展尚不尽如人意。由于自身的底蕴和实力薄弱，横琴在与其他城市进行教育合作与交流时底气不足、士气不高，还缺乏主动作为和改革创新的胆识和魄力。同时，粤港澳大湾区内地城市只着眼于与港澳之间的合作交流，相互之间的合作交流未能归整到顶层设计层面，更多是点到点的局部合作。当教育合作在遇到问题时，往往缺乏寻求解决办法和突破点的勇气，不敢在体制机制上探索尝试，习惯等待国家、省和市出台相关政策，存在被动而为的思想。粤港澳大湾区建设与世界三大著名湾区不同[②]，粤港澳大湾区内实行的是“一国两制”，教育领域如何在该政策下进行合作，世界范围内没有可资借鉴的经验。湾区内地城市尤其是横琴粤澳深度合作区应该从大湾区建设中发现机遇，从教育合作发展和互惠共赢的战略高度思考和探索教育改革发展中的学位设置、师资来源、经费投入等问题。

（二）合作与交流体制机制未能完善

首先，合作与交流缺乏顶层规划设计。在基础教育发展领域，目前粤港澳教育合作交流项目主要有粤港澳姊妹学校的交流，还有部分青少年体育、艺术、综合实践等方面的活动交流以及同根同源学校的交流。姊妹学校的交流主要形式为师生互访、组织学生共同开展活动和竞赛等。由于“三公”经费管理限制，交流时间短，难以连贯和深入，大多数教育合作和交流活动基本上属于民间自发形式，处于自发和零散状态，覆盖领域不宽，计划性不强，项目容易受到临时政策和环境变化的影响和冲击，缺乏系统思考和整体设计。

① 陈发军：《粤港澳大湾区教育合作发展的战略挑战与机遇》，《天津市教科院学报》2021年第6期。

② 世界三大著名湾区为纽约湾区、旧金山湾区、东京湾区。

其次，合作与交流联络协调机制还未建立。近几年，虽然大湾区内各城市之间的高层官员加强了联系与沟通，但是在操作层面没有建立对应的联络和运行体制，各地教育行政部门之间缺乏直接沟通与对接。粤港澳大湾区内地城市与港澳之间的合作与交流基本上都是通过广东省教育厅进行联络和统筹，属于教育行政主体与港澳高校之间的教育合作。例如，广州市教育局与澳门特别行政区旅游学院签订了《广州市教育局与澳门特别行政区旅游学院战略合作协议》。粤港澳三地教育合作较为顶层的制度设计是在2019年6月，由广东省教育厅、香港特别行政区政府教育局、澳门特别行政区政府教育暨青年发展局、澳门高等教育局在珠海分别签订《粤港资历框架合作意向书》《粤澳教育培训及人才交流合作意向书》，这意味着粤港澳三方教育合作进入新的阶段。但是，这两份意向书仍然局限在资历框架建设、教育与培训学分互认机制、人才交流等方面的互动，尚未深入教育产业领域的合作与交流。

最后，合作与交流的广度和深度不够。大多数交流主题集中在文化、艺术、体育、科技等学生活动方面，虽然部分姊妹学校在教育教学方面进行了较为深入的研讨，但是由于粤港澳之间教育工作者不能自由往来，教育合作难以深入学校管理、课程开发、教学研究、教育科研等领域。从大湾区内教育合作与交流的对象来看，广州、深圳和珠海主要面向香港和澳门开展合作与交流活动，很少将大湾区的其他6个城市纳入项目当中。虽然国家实施粤港澳大湾区重大发展战略，但在实践方面，各城市教育行政部门、学校和教科研机构还未能从整个大湾区联动层面进行思考、设计和布局。

（三）合作办学受到政策限制

《中华人民共和国中外合作办学条例》第五十九条规定：“香港特别行政区、澳门特别行政区和台湾地区的教育机构与内地教育机构合作办学的，参照本条例的规定执行。”[①]《中华人民共和国中外合作办学条例实施办法》第六十一条规定：“香港特别行政区、澳门特别行政区和台湾地区的教育机构与内地教育

① 中华人民共和国国务院：《中华人民共和国中外合作办学条例》，2003年3月1日，http://www.gov.cn/gongbao/content/2003/content_62030.htm。

机构举办合作办学项目的，参照本办法的规定执行，国家另有规定的除外。”[①] 根据法律规定，粤港澳合作办学的审批程序与中外合作办学相同，这一规定在一定程度上影响了三地教育机构在内地合作办学的积极性。整体而言，粤港澳大湾区合作办学起步晚、数量少、规模小。大湾区合作办学模式单一，缺少非法人设置的机构以及本科、研究生层次的项目。同时，内地教育体系准入门槛过高，在教育部注册备案的国际学校、中外办学项目中，大湾区内只有6家，其中广州3家、深圳1家[②]。内地的国际学校、国际课程班等国际化教育资源相对不足，审批门槛较高，影响了社会资本进入教育系统的积极性。

当下，粤港澳三地教育体系之间开放包容程度仍显不足，教育人员、教育资本等教育资源流动不畅，三地师资任职资格认定均有限制。同时，体制机制僵化制约着交流的深化，特别是大湾区内教育合作与交流项目经费使用限制较多，人员互访交流受到约束，大湾区内地城市“易进难出”单向交流现象突出。“一国两制、三个独立关税区、三个不同法律体系”独特的制度框架，客观地形成了不少壁垒和障碍，导致教育交流与合作低效率、非常态、无系统，这在基础教育和教育智库合作领域尤为突出。粤澳两地教育交流与合作有深厚的历史基础，国家重大战略支持又为其提供了资源优化、优势互补、错位发展的战略机遇，两地应通力协作，克服诸多挑战，推进粤澳教育合作在横琴开花结果。

第二节　打造粤澳国际化现代化教育先行区

2019年2月23日，中共中央、国务院发布《中国教育现代化2035》，其中明确指出，要全面提升国际交流合作水平，提升中外合作办学质量，推进与国际

① 中华人民共和国教育部：《中华人民共和国中外合作办学条例实施办法》，2004年6月2日，http://www.moe.gov.cn/jyb_xxgk/xxgk/zhengce/guizhang/202112/t20211206_585024.html。

② “建设国际一统湾区，打造‘一带一路’建设重要支点研究”课题组、王福强、李丹：《把教育合作作为建设粤港澳大湾区的优先领域》，载中国国际交流中心编《中国智库经济观察（2017）》，社会科学文献出版社，2018，第314—317页。

组织及专业机构的教育交流合作，开创教育对外开放新格局。经济社会发展的“十四五”时期，是实现《中国教育现代化2035》发展目标的重要起步阶段，是“两个一百年”奋斗目标实现的重要历史交汇期。教育国际化是教育现代化的重要内容，而基础教育国际化又是教育国际化的一个重要组成部分，基础教育国际化已成为我国深入推进基础教育发展与改革的一种必然选择。横琴粤澳深度合作区作为国家发展的重大部署，应秉承“教育现代化+教育国际化”理念，推进粤港澳大湾区科研教育广泛合作，建设大湾区国际教育示范区，加强与“一带一路”国家的教育合作与人文交流，实现教育高质量发展，拓展教育对外开放合作新空间。

一、合作区教育高质量发展的价值探寻

推动合作区教育高质量发展是建设粤港澳国际一流湾区的重要战略目标，也是促进科技创新、培养创新人才的重要举措。通过教育合作创新人才培养模式，为粤澳深度合作区打造人才高地和科技中心提供人才支撑。而且，通过教育合作促进教育资源、人才、科技等高效流动，还能发挥澳门作用，实现优势互补，助力两岸教育协同发展①。

（一）满足澳门同胞对新时期更优质教育的美好期待

把澳门建设好，关键在人才，基础在教育。澳门回归以来，特区政府制定了一系列教育法律和规划，推动澳门教育持续健康发展。不过，澳门高等教育存在整体发展水平不高、资源整合不足、课程研发不够等问题，加之新一轮产业革命蓬勃发展，人们对优质教育需求不断提升。

粤港澳大湾区战略、横琴粤澳深度合作区的提出为澳门教育注入了新的血液。广州、深圳、珠海等地创新能力强、科技人才多、工业体系完整，可与澳门高校开展产学研合作，提升高校创新能力；内地高水平学校众多，部分学科排名处于国际前列，通过加强与内地高校的深度合作，将有助于提升澳门在新型科技

① 朱龙、孙硕、李婉怡、胡小勇：《粤澳深度合作区教育高质量发展的价值和实现路径》，《中国高等教育》2021年第24期。

领域的实力；还可通过借鉴香港高校国际化经验，助力提升澳门高等教育整体国际化水平。

（二）打造大湾区高等教育发展和创新人才集聚的新高地

依托粤澳乃至粤港澳深度合作，建立全面协同办学、联合科研、联动服务的大湾区教育和人才高地，吸引国际一流高校、机构落地横琴，创新中外合作办学的类型、形式和机制，可以推动湾区高等教育与科技产业良性互动，实现科教与产教深度融合，建立良性循环的产学研用合作生态系统。在这一过程中，澳门扮演“精准对外联络者”，利用其地缘位置、多元文化的优势，为合作区吸引来自全球的高精尖人才、高校和机构，为合作区汇聚全球科技创新动力。横琴将成为促进科技发展的新平台，发挥其背靠经济特区和毗邻澳门的区位优势、开放包容的政策、兼容港澳与内地特点的体制机制、宜居的生态环境，为大湾区高等教育合作和吸引创新人才创造良好的条件。

（三）助推合作区的知识创新与产业多元升级

促进澳门经济多元发展是合作区建设的出发点，也是评价合作区建设成效的根本标准。以粤澳教育合作为切入点，必将拓展粤澳在多方面合作的深度和广度，推动粤澳双方产业多元升级。相对应地，产业多元升级对人才、技术提出更高的要求，也必将促进教育深度合作。对于澳门而言，以高端制造、中医药、现代金融、文旅会展商贸等重点产业为方向，加快与内地高校在专业设置、课程开发、人才培养等方面的深度合作，提升人才储备数量和质量，能够为破解澳门单一的经济结构困境、促进产业多元升级提供内在动力。对于广东来说，通过教育深度合作，可以打通粤澳跨境产学研合作链条，在集成电路、新材料、新能源等领域引入设计研发中心，带动横琴高端制造业发展；依托粤港澳中医药科技创新合作平台，促进横琴中医药行业转型升级；结合横琴与澳门毗邻的地缘优势，全力打造国际休闲旅游岛。通过在上述三个领域持续发力，横琴就打开了引进和培养高端技术人才的局面。

（四）构建跨境高等教育公共服务体系合作的新路径

随着经济全球化和智能时代的来临，跨境高等教育正成为横琴粤澳深度合作区的重要趋势，将助力中国高等教育“引进来”“走出去”，并服务粤港澳大湾区。一方面，吸引高校、机构在合作区设立分支、建立产学研合作机构，将有助于破解澳门高等教育可持续发展动力不足的问题，提升人才培养质量。另一方面，《推进共建“一带一路”教育行动》提出“探索开展多种形式的境外合作办学”，可发挥澳门国际窗口优势，依托内地高校优势学科扩大国际竞争力，借助横琴粤澳深度合作区等开放前沿推动中国教育“走出去”，将海外建设项目同产教融合紧密衔接，探索出一条具有中国特色的境外办学道路。

二、支持教育示范区的现代化国际化建设

推进教育现代化是经济社会发展的重要内容。坚持扎根横琴办好教育，要立足国情、遵循教育规律、坚持改革创新、吸收世界各国有益的办学经验，要以遵循教育规律为基本原则，以立足国情民情为基本出发点，以坚定的文化自信作为力量和源泉，深深扎根于中国历史、中国文化与中国教育实践中，办中国特色世界水平的现代教育。

（一）粤港澳大湾区国际教育示范区的意义

“国际教育”这一术语最早由美国国际教育协会于1919年提出。一般而言，对国际教育的界定各有侧重，主要有三重释义：一是教育学分支学科，研究跨国和跨文化教育问题及教育、社会、经济和政治等因素对国际关系的影响和作用；二是教育内容的一种，使受教育者获得理解国际问题所必需的语言、能力、观念和态度；三是教育计划，促进各国教师、学生和资料等的交流。尽管“国际教育”一词的出现早于“教育国际化”，但国际教育与教育国际化的内涵基本一致。从外延来看，教育国际化通常指代的是高等教育，而国际教育则涉及初等、中等、高等教育三个层次①。

粤港澳大湾区国际教育示范区是教育国际化与国际教育交融意义上的国际教育示范区，是在大湾区内构建的一个具有示范引领作用的国际化教育集群，主要以国际课程、跨文化议题、国际理解等为内容，以机构流动、项目流动、人员流动等跨境交流与合作为形式，以培养国际化人才和打造国际水准教育群落为目

① 焦磊：《粤港澳大湾区国际高等教育示范区：意涵、态势与建设方略》，《高校教育管理》2020年第4期。

标。它的主要功能是推动粤港澳三地教育全面协同办学、联合科研、联动服务、创新合作模式；引进世界知名大学和特色研究中心，创新中外合作办学类型、形式与机制；先行先试，推动内地高校与港澳高校深度合作。通过强强联合，横琴有望建成世界级区域教育中心的引领区。

从示范对象来看，学校及区域教育共同体是示范区所面向的对象。从示范内容来看，主要包括三个方面：一是如何破解体制机制障碍，在教育国际化进程中实现区域教育资源的整合与优化，构建国际教育共同体；二是如何创新跨境合作办学形式，引入扎根我国的世界知名大学和特色学院；三是如何形成并发挥示范区的支撑与辐射作用。作为粤港澳大湾区的重大合作平台，横琴将在国际教育示范区中发挥重要的教育枢纽功能。

（二）着眼澳门所需推进国际教育示范区建设

国家"十四五"规划支持澳门巩固提升竞争优势，更好融入国家发展大局。澳门要围绕着"一中心、一平台、一基地"的定位，对接国家发展战略，充分发挥"一国两制"制度优势和科技创新的战略支撑作用，用好用足自身的优势，不断增强澳门畅通国内大循环和联通国内国际双循环的交汇点和平台功能，加快促进经济适度多元发展，助力国家全面开放和现代化经济体系建设。澳门人口规模不大，截至2021年底，约有68.32万人。由于地域狭小、人口少，西方学者马克·贝磊等人认为，澳门不太需要建设大学，资助本地人口外出就读大学的效益更高，这种观点并未被广泛认可，因为没有考虑到澳门有横琴作为发展腹地。

2000年以来，以澳门大学扩张横琴校区等为杠杆，澳门积极发展高等教育，在高等教育阶段形成了较大比例的外来生源及毕业生就业"两头在外"的特殊图景。同时，澳门全面借鉴香港在职业教育领域的经验。香港以工业中学、职业先修学校等为基础，以科技学院、大学中的职业教育为较高层级，建构起"预备级—初级—中级—高级"职业技术教育体系。香港职业训练局有7种校企合作类型：工商业实习、学徒训练计划、为企业开办在职培训课程、与企业合作开办中学的应用学习课程、课程引入业界技术教材、训练设备捐赠或免费借用、工商业访问或技术研讨会。这些类型为澳门教育的现代化国际化发展提供了样本。

合作发展是粤澳教育合作起步阶段的基础性区域发展策略。粤澳教育各自独立、彼此分离，合作主要是为了解决特定问题、实现某些特定的目标，在制度安排、体系结构、标准研制等方面缺乏共建、共享机制的情况下，各自按照自己的思路和制度、沿袭原有的经验和做法，临时共商对策，以完成自己在特定项目中的任务。

协同发展是粤澳教育合作中较高阶的区域发展策略。尽管原有的教育制度、学校体系及实践方式并未发生根本性改变，但双方愿意围绕特定的问题共拟合作事项，进行专项的制度设计、结构调整，并能达到局部的制度整合和功能优化。

整合发展是粤澳教育合作中最高层次的区域发展策略，也是粤港澳大湾区教育发展的最终目标。以充分、深入的合作发展、协同发展为基础，两地教育不但在具体项目上能够无障碍地合作和协同，而且在教育制度、学校体系及实践方式等各个领域有望全面、系统地实现无壁垒、一体化发展。

（三）全面提升横琴现代化国际化教育示范水平

建设粤港澳大湾区国际教育示范区需要清晰地把握大湾区高等教育集群的内部优势和劣势以及外部机遇和挑战，这亦是制定示范区实施方略的“路基”。当前，粤港澳大湾区教育合作发展已有一定的基础，整合发展尚待长期、持续的努力，协同发展则是需要倾注心血、深入探索并有效推进的重点和难点、焦点。横琴粤澳深度合作区引领粤港澳大湾区教育合作，就需要兼顾系统建构与局部突破。从根本上看，需要系统建构、全面推进，同时也需要紧扣关键环节、重点领域和新型增长极，谋求局部突破。

教育合作需要打破地域和体制机制局限，粤澳教育部门既可跨越原有的行政区域限制，共享跨界服务，又能无障碍地为整个大湾区提供服务。最直接的教育合作手段是师生交流；最关键的教育合作举措在于共建制度，包括学分互认、专业认证、资历框架等各类制度；最具挑战且最有发展潜力的教育合作是共同研制教育标准、专业标准、教学标准等；最深刻、最富影响力的教育合作则是共建课程，以面向“一带一路”沿线国家和地区特别是葡语国家为特色。为加快打造高水平、开放型、国际化高等教育资源聚集高地，应做好以下几方面工作。

首先，应引进港澳优势教育资源助力内地教育现代化进程。大力推进澳门科技大学、澳门城市大学等澳门高校来横琴办学；深化粤澳联合实验室建设，支持更多的澳门高校在横琴设立高水平研发机构和转移转化创新成果，例如珠海科技学院、澳门科技大学探讨搭建深化两校合作交流平台，在学科共建、学分互认、人员互访等方面开展积极合作；支持粤港澳高校联盟等教育交流合作平台在横琴设立分支机构；持续扩大粤澳姊妹学校（园）平台，推动大湾区基础教育协作发展。充分运用港澳国际化教育资源推动内地教育衔接国际教育体系。国际化的教育体系和高水平的教育质量是港澳的亮丽名片，珠三角九市可通过港澳对接教育资源，了解国际教育体系，推动内地教育快速融入国际教育体系。充分发挥各级教育研究机构的优势，利用港澳教育国际化的资源优势，与国际教育体系积极对接，提升内地教育国际化水平。积极向国家申请放宽大湾区民办教育中外合作办学政策，降低国际学校设立和审批的门槛。

其次，利用港澳资本和人才集聚优势吸引社会资本和高层次人才进入内地教育体系。探索引进一批国内外一流学科带头人，特别是海外著名高校世界一流学科带头人，加速推进高水平大学建设。充分运用《中华人民共和国中外合作办学条例实施办法》第六十一条中“国家另有规定的除外”的法律空间，利用粤港澳大湾区战略实施的机遇，积极向国家申请，争取在粤港澳合作办学现行政策方面有关键性突破。

再次，借鉴吸收港澳教育治理经验推进内地教育治理现代化建设。对港澳在平衡政府与学校之间关系、注重强调素质教育、教育国际化、社会团体办学、世界一流大学建设等方面的经验做法进行消化吸收，为横琴所用。学习借鉴港澳多元化办学经验，支持办学主体多渠道筹集办学资金，推动办学经费来源多元化，鼓励和支持港澳社会资本和金融资本进入内地教育领域办学，探索多种所有制形式和多种经营模式的合作办学或独立办学，充分发挥市场对优质教育资源配置的作用。

最后，营造良好的现代化国际化教育发展环境。包括健全港澳居民或其随迁子女在横琴入学、考试等政策；推动粤澳师生交流，实施粤澳教师协作计划；打造语言、音乐、美术、体育、中华优秀传统文化、科技教育等交流活动品牌。

三、支持合作区全力推动中外办学精准化

横琴粤澳教育合作应围绕粤港澳大湾区建设创新、发展、融合等不同功能，基于现代科技，共建专业课程，以课程之前瞻求创新与发展；基于传统文化，共建通识课程，以课程之通识求民心之相通；基于共同的历史，共建地方课程，以共同的历史记忆彰显全球化背景下粤港澳三地的文化同根同源性，求人心之凝聚；基于共同的使命，共建发展课程，面向未来共筑区域命运共同体、共建人类

命运共同体；基于信息技术，跨越空间限制和时间束缚，在大湾区构建文化知识和科学技术的一体化课程“建构-共享”场域。

澳门特区政府在2020年发布了《非高等教育中长期规划（2021—2030）》及《澳门高等教育中长期发展纲要（2021—2030）》，旨在发挥澳门高等教育体制的优势，拓展更全面的跨院校合作模式，实现协同发展。强调致力提高教学质量。向高等院校及其教研人员提供适切支持，支持教研人员专业发展和学术科研工作。积极参与国际性评估，完善澳门教育政策，协助学校优化教学。推行学校综合评鉴新模式，发展系统的学校自评制度。透过精英教师培训等具有针对性的教师培训，提升教师教学效能。着力培养非高等教育学生的软实力、跨学科应用能力和艺术素养，促进学生的全面发展。加强学生辅导员队伍建设，关注学生的心理健康，为学生提供升学辅导和生涯规划。加强学校爱国主义教育，丰富爱国主义教育内容，完善符合澳门实际的爱国主义教材体系，推进中小学课程改革。同时，着力支持高校创新，提升教研人员研究创新的积极性。推动产学研结合，建立高校供给与企业需求的技术配对平台，鼓励企业与高校携手推动产学研合作发展，逐步形成产学研有机融合的发展模式。通过资助高校在配合企业应用发展方向的高水平研发，提高高校学生实践能力，为产业发展培养更多研发人才。探索高等教育产业化发展，巩固公立及私立院校的旅游、博彩、葡语及翻译等特色优势学科，适度扩大学生规模，增加外地生源，与各地著名院校合作开办研究生课程及打造澳门高教品牌，设立国际级专业领域资格考试中心，推动高等教育产业化发展。

随着横琴粤澳深度合作区建设的推进，横琴可从两个方面推进中外办学精准化。

一方面是推动与“一带一路”沿线国家和地区的教育合作和人文交流。适应世界格局变化发展，充分发挥大湾区“一带一路”重要门户枢纽作用，深化与“一带一路”沿线国家和地区的教育合作，推动大湾区教育“引进来”“走出去”。积极参与双边、多边教育交流，带动各类“一带一路”教育、科技、人文联盟特色发展。聚焦世界科技前沿和国内薄弱、空白、紧缺学科专业，吸引世界知名高校和特色学院来横琴合作办学。推动省内高校提升国际化水平。配合本土企业“走出去”的人才需求，探索优势院校境外办学，推动有条件的本科高校、职业院校在境外开设学校，支持与“一带一路”沿线国家和地区在急需的专业领域开展人才联合培养。支持国际中文教育发展，加强海外华文教育工作，扩大与“一带一路”沿线国家和地区学生和教师交流规模。积极参与中外人文交流机制建设，开展中国传统文化传播项目，打造一批具有国际影响力、彰显中国特色的人文交流品牌。

另一方面是加快培养高素质国际化人才。全面开展大中小学国际理解教育，引导学生提升国际化素养，树立人类命运共同体意识，增强跨文化交往能力。促进高中阶段中外合作办学规范发展。坚持质量优先，推动横琴留学生教育提质增效，优化留学生生源国别和专业布局，提高学历生比例。支持中小学校长、教师赴境外学习交流。鼓励开展国际科研合作和学术交流，遴选更多师生到境外知名高校、科研机构访学进修，同时吸引境外优秀人才来横琴访学进修。支持引进境外高端人才或团队，加强高校高层次人才队伍建设。加大力度引进高层次人才，支持高校依托国家和省重大人才项目，重点围绕广东“双十”产业集群相关支撑学科，面向全球招聘高素质人才和创新团队。造就一大批具有国际视野和国际交流合作能力的战略科技人才、科技领军人才、青年科技人才和创新团队，逐步形成结构合理、活力充沛、持续创新的高层次人才集聚体系。积极探索“高校+专业猎头”等引进模式和引才渠道，探索建立高校国际人才和团队清单制度，定期发布紧缺需求，分领域引进境外高层次人才。加快培育国际人才中介服务机构，拓展境外人才联系渠道，逐步形成全球性人才引进工作网络。加大以侨、以校友引智引才工作力度。推进高校实施重点人才项目特殊支持和培育计划，持续开展高校教学名师遴选和高水平教学团队建设。畅通高校人才对外交流合作渠道，推进粤港澳高校教师互相访学进修，共建共享教学和科研团队，探索教师、科研人员双聘或互聘制度，参与打造粤港澳大湾区“1小时学术圈”。建立粤澳高校青年教师交流展示平台，支持高校参与“一带一路”教育行动计划。

第三节　横琴粤澳教育融合发展前景

党的二十大报告明确指出，教育、科技、人才是全面建设社会主义现代化国家的基础性、战略性支撑。必须深入实施科教兴国战略、人才强国战略、创新驱动发展战略，开辟发展新领域新赛道，不断塑造发展新动能新优势。我国发展仍然处于大有可为的重要战略机遇期，中华民族伟大复兴战略全局呼唤教育充分发挥国之大计作用。“一国两制”是中国特色社会主义的一个伟大创举，也是新时代坚持和发展中国特色社会主义的一项基本方略。粤澳互促教育融合发展是横琴打造大湾区教育产业高地的必由之路。横琴要立足新发展阶段、贯彻新发展理念、构建新发展格局，积极谋求发展新动力、开拓发展新空间、丰富发展新方式，形成遵循规律、充满活力、富有效率、更加开放的科研教育体制机制，加快构建科研教育融合高质量发展新格局。

一、横琴高等教育扩容提质

科研教育是引领社会发展的关键性力量。横琴未来的可持续发展有赖于粤澳携手深化对科研教育的认识，在扩容提质、合作办学、科研协同创新、政产学研用大平台建设中谋求突破。

（一）教育国际化是粤港澳大湾区发展新趋势

在粤港澳大湾区与世界其他地区的人文交往中，普遍存在教育输入和输出的流向问题。与欧美发达国家相比，我国的教育事业发展迅速但仍处于相对落后的阶段。从教育传统上看，以儒家思想为核心的优秀传统文化决定了中国在崛起的进程中不会追求霸权，不会扮演文化霸权主义者、思想殖民主义者角色，不会扮演文化教育模式的强制输出者角色。随着粤港澳三地教育协同发展走向深入，粤港澳大湾区的整体教育水平正逐渐成为“一带一路”沿线国家和地区的领跑者和重要贡献者。

平等交流、互补共赢是横琴科研教育建设的必由之路，也是粤港澳大湾区科研教育发展的本色、底色和特色。以区域的协同发展促进国家的和谐统一、以区域的深度融合实现国家的凝聚融合，是粤港澳大湾区建设的核心使命。在此使命实现的过程中，经济的共生合作、共赢共享是动力，社会整合是保障，心理融合是关键，文化教育融合是中介和支撑。粤港澳大湾区融合发展的重心，应与时俱进地从完成政治回归向促进经济建设和社会发展转变，进而向文化融合、社会整合及心理回归转变。

教育体系主要有基础教育、高等教育、职业教育三大板块。高等教育是承载创新与发展使命、实现创新驱动型发展的关键；基础教育的协同是促进心理回归、社会整合的关键；职业教育则是链接创新发展功能和融合发展功能的桥梁和枢纽，是整合发展理念、物化创新成果的支点。粤港澳大湾区建设尤其需要承担起区域融合的使命，发挥教育在凝聚人心、完善人格、开发人力、培育人才、造福人民等方面的巨大作用。

首先，要承担创新的使命。粤港澳三地人才、科技、市场的交叉互补是大湾区合作与创新的前提，创新要素集聚已成为粤港澳大湾区的重要优势。“创新驱动，改革引领”是粤港澳大湾区建设的首要原则。

其次，要承担发展的使命。粤港澳大湾区建设是中国持续深化改革、促进综合发展的战略选择，也是追求发展、促进发展，为全国打造高质量发展典范的必由之路。“共享发展，改善民生”是粤港澳大湾区建设的目标和要旨。

最后，要承担融合的使命。粤港澳大湾区建设要以交流合作为前提，以创新和发展为基础，以三地全面融合发展、国家深度整合为目标。必须防止“唯经济论”对区域融合功能的干扰和弱化。“唯经济论”狭隘地认为，港澳回归祖国之后，发展经济已成为粤港澳大湾区建设的核心使命。

（二）澳门在粤澳教育合作中优势显著

澳门教育机构可分为官立学校、资助学校和私立学校三种，且大部分是资助学校和私立学校。澳门拥有12所高等院校，其中，公立高校4所、私立高校6所、私立研究机构2所，包括澳门大学、澳门科技大学、澳门理工学院、澳门旅游学院、澳门城市大学、澳门保安部队高等学校（只招收澳门永久居民）、澳门镜湖护理学院、圣若瑟大学、澳门管理学院、中西创新学院、欧洲研究学会、联合国大学国际软件技术研究所，既有综合性教学和研究双结合的大学，也有以应用教学为主的多专业理工学院，还有主力培养旅游会展人才、博彩业专才、专业护理人员及高级管理人才的专科学院，以及培养保安中高层管理人员的专门学校，各所院校均有其不同的发展定位和培育人才的目标。根据《澳门高等教育中长期发展纲要（2021—2030）》，2019—2020学年，各高等院校共有300个高教课程在运作，当中包括博士学位、硕士学位、学士学位、高等专科学位、学位后文凭及高等教育文凭课程，注册学生36107人，教学人员2598人。事实上，澳门高等教育发展具有显著的优势。

第一，区位优势。中国澳门作为中西文化交流与传播的交汇点，促进了世界多元文化的相互了解和融合。除因地缘和文化的关系与中国内地、香港、台湾及新加坡等地联系紧密外，亦因历史原因与欧盟，特别是葡萄牙关系密切，两地每年都会开展合作项目。目前，澳门与教育部、国家民族事务委员会、广东省教育厅、广东省教育考试院及葡萄牙教育部门签订了高等教育领域的合作文件，并利用泛珠三角和粤澳等区域合作机制与相关地区开展包括高等教育范畴的各项合作。此外，自回归以来，澳门不断拓展对外交流与合作，亦与世界其他地区和国际组织保持联系，并于2012年成功加入国际高等教育质量保障机构网络组织（INQAAHE）及亚太地区教育质量保障组织（APQN），还于2015年加入美国高等教育认证委员会（CHEA）辖下的国际高等教育素质保证组织（CIQG）。澳门在国际区域发展中的定位，为高等教育的国际化发展奠定了良好的基础。

第二，制度优势。澳门高等院校以院校章程为自治依据，在不违反法律法规的前提下行使学术、教学、行政和财政的自主权，不受统一化的行政制约，为各类高等院校的持续发展提供了空间。同时，特区政府一贯重视教育和人才的培养，确保对教育资源的投入并支持教育发展。此外，中央政府从政策上支持澳门高等教育的发展，并得到内地庞大的生源支持，教育部目前允许澳门大学、澳门理工学院、澳门旅游学院、澳门科技大学、澳门城市大学及澳门镜湖护理学院6所院校招收内地学生，更在2011年起把招生范围扩展至全国31个省、区、市。同时，亦为有意到内地升学或深造的澳门居民提供学习机会，持续优化报考程序，提升便捷度。

第三，学科优势。因为澳门的历史和产业特色，以及社会对培养特定人才的需求，在澳门高等院校课程中，与旅游、葡语及翻译等类别相关的课程较多，并在长期的教育实践当中逐渐形成了自身的体系和特色。其中，部分院校开办的多个旅游范畴高教课程，获得联合国世界旅游组织颁发的TedQual优质旅游教育认证，体现了澳门高等院校在旅游管理相关培训上的专业水平已获得国际上的肯定。随着澳门发展定位的确立与发展，相关领域有望得到进一步的发展。

第四，文化优势。几百年中西交融的历史，使澳门形成了别具一格的独特文化，兼有中华文化特别是岭南文化以及欧陆文化的特征，具有国际少见的中西文化融汇、新老文化交流的特色。澳门文化具有继承性、包容性、地域性及开放性，并有着“打造以中华文化为主流、多元文化共存的交流合作基地”的发展定位。澳门高等院校可充分利用澳门的中西文化交流纽带作用，不断拓展深化国际人文交往，开展文化学术交流及开办社会所需要的学科课程，为国家与世界深入交流发挥桥梁作用。

第五，国家级科研平台优势。科技部先后批准澳门高等院校成立了4个国家重点实验室，包括2010年成立的模拟与混合信号超大规模集成电路国家重点实验室（澳门大学）及中药质量研究国家重点实验室（澳门大学及澳门科技大学），2018年成立的智慧城市物联网国家重点实验室（澳门大学）及月球与行星科学国家重点实验室（澳门科技大学）。澳门理工学院亦获得教育部批准于2019年底成立港澳地区首个教育部工程研究中心——机器翻译暨人工智能应用技术教育部工程研究中心。国家重点实验室的设立，使澳门在相关领域拥有更好的研究条件，有利于吸引更多外地优秀的科研人员，培养本地科技人才，从而提高科研能力和研究水平，促进院校在相关专业范畴的创新和创造。同时，成立教育部工程研究中心有助于打造澳门特色的科研应用平台，促进院校研发更多科技成果。

澳门基于自身优势，积极构建更为完善及市场化的高等院校运作机制，为高等教育长远、健全发展奠定了坚实根基。各院校积极完成生源及课程结构的优化，组建优秀及高效的专业教研人员队伍，建立广泛的合作模式，提升办学质量，为澳门及粤港澳大湾区培育具备国家认同感及社会责任感、身心全面发展的高素质人才。

与此同时，澳门从推进产业适度多元出发，加快树立更多高等教育特色品牌学科，打造中葡双语人才培训基地及粤港澳大湾区旅游教育培训基地，形成更具区域竞争力的高等教育体系，为社会不断进步提供有力的支撑。充分发挥身处粤港澳大湾区世界级城市群的优势，依托大湾区中心城市的核心引擎作用，透过澳门高等院校的协调发展，增强对周边区域发展的辐射带动，建设成为区内高等教育枢纽，以及具有国际竞争力的区域高等教育中心。根据澳门优势，可以在横琴打造区域乃至国际性的旅游教育培训基地、中葡双语人才培训基地。拓展院校的社会功能，除了人才培养、科学研究、社会服务和文化传承外，更要肩负起人才储备、科技创新、知识转化等责任，引领社会进步。

粤港澳大湾区建设必须借助教育合作的力量，以综合承担起区域创新、发展、融合的使命。粤港澳三地生源多寡悬殊；产业支撑的水平和结构各有优劣，就业容量有差别；国际学术声誉各有强弱。横琴发展高等教育可以整体性的或不同层面的、长期的或短期的、直接的或间接的方式为澳门增添动力、活力和竞争力。《粤港澳大湾区发展规划纲要》专门提出：“支持澳门加大创新型人才和专业服务人才引进力度，进一步优化提升人才结构。”高水平大学对高层次人才具有极强的吸附力，是吸引人才和让人才发挥才智的理想平台。

习近平总书记在2021年9月召开的中央人才工作会议上指出：“加快建设世界重要人才中心和创新高地，需要进行战略布局。综合考虑，可以在北京、上海、粤港澳大湾区建设高水平人才高地。”党的二十大报告明确指出，加快建设世界重要人才中心和创新高地，促进人才区域合理布局和协调发展，着力形成人才国际竞争的比较优势。横琴粤澳深度合作区作为粤港澳大湾区建设的新高地，是建设粤港澳大湾区高水平人才高地的重要力量。要不断加强人才国际交流，用好用活各类人才。通过聚集和吸引国际高端人才，引进“高精尖缺”人才及团队，引进和培育若干战略科学家群体，为澳门大学和新引进的大学构筑具有世界先进水平的国际化师资队伍，使大学成为横琴粤澳深度合作区最重要的人才高地和蓄水池。

《澳门特别行政区经济和社会发展第二个五年规划（2021—2025年）》提出，推动建设澳门大学、澳门科技大学等高校的产学研示范基地，搭建技术创新与转化中心。在关键领域创新方面，遵循“面向世界科技前沿、面向经济主战场、面向国家重大需求、面向人民生命健康”的基本方略，根据“国家所需、澳门所长”方针强化基础研究，深化产学研融合，促进科研成果外溢推动产业发展，进而促进科技强澳。

（三）横琴高等教育发展的着力点

从历史发展脉络来看，粤澳高等教育合作主要呈现以下特征：一是合作大多由政府穿针引线，主要通过发布宏观指导性文件来推动教育合作；二是办学模式主要包括建立分校区模式、民办二级学院模式和合作办学模式等；三是建立高校联盟，初步探索学分互认、交换生安排、科研合作等制度。面对横琴粤澳深度合作区建设的新需求，高等教育自身需要积极变革与发展，以回应横琴建设定位的期待。

横琴和澳门高等教育应在合作区建设和粤港澳大湾区高等教育集群发展背景下做好定位与规划。就办学层次而言，应建设一至两所世界一流的研究型大学。在研究型大学这个意义上，并不存在与香港、广州、深圳另外3个大湾区核心城市之间重复建设的问题。没有世界一流的研究型大学，就很难谈及对建设国际科技创新中心的贡献。在支持澳门大学、澳门科技大学，或是引进世界知名大学的基础上，为横琴、澳门乃至澳珠建设一至两所世界一流大学，对于当地战略发展来说是具有决定性意义的。既要考虑到澳门、澳珠特色产业的需求，也要考虑到与大湾区其他核心城市的高水平研究型大学的错位发展，区域内的尖端科研资源应当尽可能地在集群式框架下进行合理布局，避免因同质化竞争而浪费资源。在大力发展高水平研究型大学的同时，也要注重发展培养高质量专门人才的应用型大学。

澳门回归20多年来，注重加强对高等教育的管理和投入，高等教育质量获得了很大提升。但整体而言，澳门高等教育质量仍有待提高。人才引进和国际化是提升澳门高等教育办学质量的重要路径，应构建与国际充分接轨的人才政策体系。这需要在政府和高校层面同时进行。澳门特区政府可借鉴深圳的高层次人才引进经验，制定具有极强吸引力的人才政策。具体而言，深圳出台了包括引进海外人才和内地人才两个系列的，分为四个层面的，包括高层次奖励补贴、人才房等主要措施的人才引进政策，这些政策发挥了非常重要的支撑性作用。事实上，横琴粤澳深度合作区可借鉴香港科技大学的成功经验。香港科技大学延揽了一大批具有国际水准的师资，其中的关键因素除了营造优美的校园环境和优渥的薪资条件外，还有与国际充分接轨的办学理念、治校模式与人才政策。

要解决粤港澳大湾区教育合作的全部问题，仍需因地制宜地谋求本土创新，横琴教育亦是如此。教育的研究与实践既要遵循教育与社会之间的外部关系规律，也要遵循教育的内部关系规律；不能仅“就教育谈教育”，也不能“不就教育而侈谈教育”①。当然，粤港澳大湾区的教育合作发展，是一个实践尚未定

① 潘懋元：《教育基本规律及其在高等教育研究与实践中的运用》，《上海高教研究》1997年第2期。

型、规律尚待探索的开放性话题。其中既有教育本身的内部关系问题，也有教育与政治、经济、社会等的外部关系问题；既有粤港澳三地各自内部的教育问题，也有跨越三地的教育交流合作问题。总体上看，实现横琴高等教育扩容提质，应聚焦以下几个方面。

第一，坚持高等教育集群式发展，建立大湾区教育集群示范区。高等教育集群发展是建设粤港澳大湾区的重要内容，也是世界一流湾区建设的重要支撑。横琴粤澳深度合作区最大的特色是管理体制创新，这为横琴率先打造大湾区教育集群示范区提供了体制机制上的优势和便利。着眼未来，横琴可先行探索打造科产教融合的高等教育集群发展模式，构建管理一体化的高等教育管理机制、合作机制和群体决策机制，形成“具有规模效益、竞争优势明显、产教融合、文化融合”的先行示范，率先建立起吸引全球人才的高等教育“大磁场”。

第二，进一步提升高等教育国际化程度及国际化水平。制定高等教育国际化发展战略，在推进横琴粤澳高等教育深度融合的基础上，注重积极引入世界优质高等教育资源，打造具有多元化、特色化、开放性特点的现代化国际教育示范区。国际化与人才引进是相辅相成的。澳门社会具有高度国际化的特点，这为高等教育国际化提供了有利的环境。可与国际一流大学共建实验室，搭建具有世界领先水平的科研平台，由战略科学家牵头联合开展研究攻关前沿科技，开展合作办学，培养具有国际视野和领导力的卓越人才等。

第三，构建内在融通的高等教育制度体系。横琴粤澳深度合作区应完善支持港澳高校融入国家发展大局的制度体系，推进高校合作办学、高校学科专业互动、高校课程衔接、高校学分互认、高校科研合作与成果分享转化、高等教育管理一体化等方面的制度创新，使横琴粤澳深度合作区成为探索制度创新的实验区。

第四，澳门高等教育要主动加强与珠海等内地城市产业的融合并加强国际交流。充分借鉴斯坦福大学和麻省理工学院等培养创新创业人才的经验，加强创新创业课程体系建设，实践项目开发，变革教学方式，注重培养批判性思维等。粤港澳大湾区的教育合作必然是协同的产物，不能仅仅依赖单一动力，而是需要整合政府、产业、社会等各种力量以形成历史合力。澳门高等教育发展要融入国家发展大局。一方面，应立足“中央—地方”之间的管理架构，在纵向管理体系中形成教育合作的历史合力。港澳回归祖国之后，以2008年12月国家发改委发布

《珠江三角洲地区改革发展规划纲要（2008—2020年）》为起点，到2019年的《粤港澳大湾区发展规划纲要》《中国教育现代化2035》等，都旨在整合、协调“中央—地方”的力量，为粤港澳大湾区的建设凝心聚力。另一方面，需要整合粤港澳三地之间的协作架构，在横向合作主体之间形成以“政府—学校—行业企业—社会”为载体的教育合作的历史合力，尤其是要挖掘社会力量。在教育领域，促进粤港澳三地高等教育合作的动力得到了较好整合，但促进职业教育、基础教育合作的各种力量及其有效合力尚待培育和挖掘。

二、中外合作办学与科研协同创新

横琴教育必须瞄准世界科学技术前沿，推进基础教育改革发展，统筹发展职业教育，深化高校综合改革，加强学科专业建设和课程教材教学改革，大力开发人力资源，加快培养创新人才，实现前瞻性基础研究、引领性原创成果方面的重大突破。

（一）推动高校在横琴多产出科学和技术成果

科技创新带动澳门产业实现适度多元化离不开平台建设和关键领域科研创新。澳门大学正在加强已有的中药质量研究国家重点实验室、模拟与混合信号超大规模集成电路国家重点实验室和智慧城市物联网国家重点实验室建设。科技跨领域多学科交叉融合、协同创新不断深化，对学习者的能力素养要求发生深刻变化，澳门大学也在重塑教育形态模式，并将提升教育国际竞争力。澳门现有产业劳动密集程度相对偏高，资本技术密集程度偏低。“科技”“人才”“创新”是《总体方案》中出现频次较高的关键词，要求把横琴打造成为粤港澳大湾区国际科技创新中心的重要支点。截至2022年6月底，合作区规模以上科研企业超40家，营业收入合计21.78亿元，同比增长10.4%，高于全区规模以上服务业增速11.5个百分点。从行业分布看，以上企业主要集中在信息传输、软件和信息技术服务业，该行业企业1～6月营业收入合计20.97亿元，同比增长10.2%。

（二）深化开展课程开发和教育教学改革研究

首先，在粤港澳姊妹学校缔结计划的基础上，探索实施粤港澳大湾区学校合作发展联盟缔结计划，力争在横琴组建若干个由粤港澳三地多所学校组成的学校合作发展联盟，联盟内学校共同开展学校管理、文化培育、课程开发、教育教学研究、STEM教育、体艺竞赛等活动，加强大湾区内教师和青少年之间的深度合作与交流，由珠海给予配套经费支持。教育系统和学校可以利用自身资源和优势，积极申报大湾区教育合作与交流项目，并将项目固定、拓展和深化，建设一批卓越高中、特色高中、新品高中和综合高中，着重培养学生人文素养、科技素养和信息素养，切实提高学生认知能力、合作能力、创新能力和职业能力。整合横琴高等院校、科研院所的优质资源，开展中学创新人才培养的探索，有效应对高等院校自主招生和“三位一体”综合评价招生制度。充分利用内地职业教育实训场地和校企合作资源优势，扩大与澳门的职业教育学校联合招生，为大湾区培养技能型人才。

其次，组织力量与港澳联合开发爱国主义教育、国民教育、历史教育、STEM教育等课程体系。推动合作区内教师与澳门、香港联合开展教育教学研究活动，共同开展课题研究、“同课异构”等活动，增进粤港澳教师之间的理解和感情。建设粤港澳教育教学信息资源共享平台，创新运用现代信息技术和网络，开展三地远程课堂教学观摩和学科教研活动，加快制定统一的数据采集标准和使用规范，加快推动教师学习新教学方式、使用新教学工具，综合提升教师信息素质。

（三）鼓励高校为合作区与澳门发展提供社会服务

高水平综合性大学具有成为高水准智库的潜力。横琴粤澳深度合作区的建设是一个探索性的复杂过程，既承担着探索澳珠一体化高水平开放新体系建构的责任和探索粤澳协作共管新机制的任务，又承担着丰富“一国两制”实践的重大使命。高校可以发挥在地化便利，为横琴建设及时问诊把脉、破解难题、总结经验。合作区高校卓越发展本身就是新体系和新机制建设成效的典型案例，是丰富“一国两制”实践的生动案例。

（四）以高质量教育促进国际科技创新中心建设

粤港澳合作办学无疑是大湾区教育结构优化升级的重要一步，是大湾区打造国际教育示范区的重要举措。《广东省教育发展“十四五”规划》提出，到2025年，新建3～5所粤港澳合作办学机构，新设3～5所不具法人性质的合作办学机构和联合研究院。当前，香港中文大学（深圳）、北京师范大学-香港浸会大学联合国际学院已扎根内地并快速发展，香港城市大学（东莞）、香港理工大学（佛山）、香港都会大学（肇庆）、香港大学（深圳）合作办学项目正在建设或筹备当中。“国际教育示范区”首次在国家正式的文件中出现，体现了国家对粤港澳大湾区教育未来发展的高度重视和期许。从外延上来说，粤港澳大湾区国际教育示范区应该包括各级各类教育的全面示范：基础教育作为基石培养青少年创新意识和素养，职业教育通过产教融合培养高层次技能型人才，高等教育通过科研培育高端创新人才，打造大湾区人才高地。横琴在示范区建设中可以充分彰显出教育发展对建设国际一流大湾区、打造世界级城市群的战略支撑作用，同时也为大湾区教育一体化发展提供了难得的实践平台。

三、多方合作共建政产学研用大平台

“高标准建设澳门大学、澳门科技大学等院校的产学研示范基地”是《总体方案》提出的重点目标。

2019年1月，国务院发布《国家职业教育改革实施方案》，提出促进产教融合校企“双元”育人。2019年2月，中共中央、国务院印发的《中国教育现代化2035》和中共中央办公厅、国务院办公厅印发的《加快推进教育现代化实施方案（2018—2022年）》指出，坚定不移实施科教兴国战略、人才强国战略，深化职业教育产教融合，推动职业教育与产业发展有机衔接、深度融合。科研教育亟待高起点调整优化资源布局结构，不断丰富和发展优质教育资源，促进各级各类教育形成全面深化改革、全面扩大开放新格局，为区域经济社会发展战略部署提供充足的人才、智力、科技和文化支撑。

全球新一轮科技革命和产业变革浪潮日益显现，战略性新兴产业、智能制造产业正在兴起，全球科技创新空前密集活跃，新技术、新产业、新业态、新模式不断涌现。粤港澳大湾区正在从工业经济向服务经济和创新经济转型，新知识、新学科、新技术、新产业次第更迭，这为大湾区高等教育带来了转型发展的机遇。作为基本理论和先进科学技术的创新摇篮，粤港澳大湾区高等院校肩负着国际科技创新中心建设和创新人才培养的重大使命，粤港澳大湾区高等教育合作能够破解港澳高校科技成果转化和应用低效的困境，带动内地产业转型升级，为高校学科发展注入新动能，为“一国两制”下高等院校合作开创新模式，为高等院校变革发展提供新动力，不断促进科技创新要素流动和资源优化。横琴粤澳深度合作区搭建政产学研用大平台，有利于将粤港澳大湾区打造成为面向全球输出优质教育资源和先进科学技术的供应区、面向世界提供创新知识和文化价值的生产区、培养世界一流高端人才的集聚地。

（一）促进横琴科教产教双融合

科教融合意指科学研究与人才培养的结合与互融。科学研究是手段，人才培养是目的。科学研究是人才培养的前提条件和实现高质量教学服务的基础。产教融合意指产业企业与人才培养的结合与互融，并以此促进和实现教育和产业联动发展。产业是人才需求方，教育是人才供给方。科教产教双融合意指科学研究、产业企业与人才培养的相互融合和螺旋式互促共进。科教融合侧重培养师生开展应用研究的能力，产教融合侧重培养师生开展应用实践的能力。应通过科教产教双融合的人才培养方式，培养学以致知、学以致用、学用统一、学用融合、学用相长的高素质应用型创新创业人才。通过政府主导、市场需要并坚持教育性原则的政产学研用合作教育模式，实施科教产教双融合及协同发展。为此，亟待构建政产学研用一体化平台。

其一，政府要发挥引导力。这既包括人力、物力、财力的投入，为促进科教融合撬动社会资本，也包括规划的设计、政策的制定，把握好科教融合发展重点。

其二，粤港澳大湾区是我国改革开放的最前沿，横琴更是改革创新的急先锋。应在市场经济条件下，最大限度激活社会活力，充分利用社会资源，尤其是要利用好高新技术企业创新驱动发展的能量。以人工智能、大数据、5G为代表的新一轮科技革命和全球产业变革方兴未艾，加快科研成果的转移、转化成为科研机构直接服务经济社会发展的关键所在。亟待完善科研资金筹措、市场对接和技术保障，构筑科技成果市场化运营生态体系。

其三，人才是引领发展的第一动力，高校是人才培养的主阵地。基于新时代的现实需要，高校人才培养既要强调“如何培养人才”的素质能力提升，更要注重“培养什么样的人才”的价值引领，服务地方发展需要。

其四，科教融合发展，归根到底就是如何更好地发挥教育、科技、人才合力效能的过程。政府、企业、高校科研机构既是横琴发展的重要组成部分，也是政产学研用一体化（见图6-1）提升经济效能、社会效能的获益部门。例如，2021年9月，国家食品安全创新中心（横琴）、珠海（横琴）食品安全研究院、澳门爱国教育总会、北京大学深圳研究院金融创新中心共同发起、合作共建食品产业链孵化器，进一步推动澳门初创企业和创新团队在横琴粤澳深度合作区落地孵化，为促进澳门产业多元发展提供新动力。

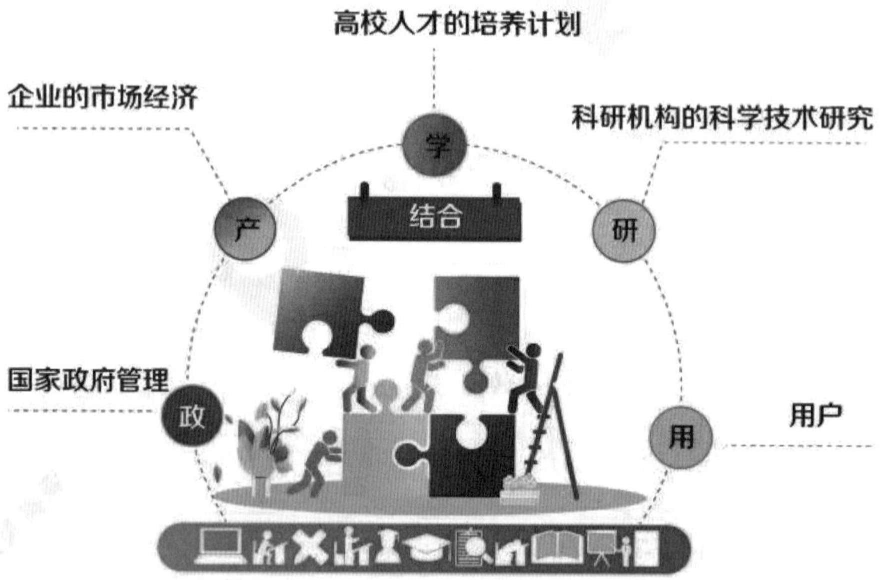

图6-1 政产学研用一体化

此外，澳门特区政府在《澳门高等教育中长期发展纲要（2021—2030）》中也对相关平台建设进行了明确。一方面，澳门积极把握区域合作机会开拓发展空间，推动高等院校积极参与粤港澳大湾区建设，增强与外地高等院校的交流与合作；协调院校善用各自特长，发挥澳门优势学科领域的影响力；推动院校和大湾区内地院校或科研机构合作，联合组建高科技发展合作园区。另一方面，澳门推动高等院校科研创新、产学研发展，并配合《粤港澳大湾区发展规划纲要》中推进“广州-深圳-香港-澳门”科技创新走廊建设的发展策略，积极为将横琴打造为产学研枢纽平台而提高科研成果转化能力，发展重点科研领域。

（二）探索横琴科教产教双融合发展路径

党的二十大报告明确要求，统筹职业教育、高等教育、继续教育协同创新，推进职普融通、产教融合、科教融汇，优化职业教育类型定位。横琴粤澳深度合作区应积极探索科教产教双融合的创新发展路径。

第一，坚持以粤港澳大湾区中长期战略规划推动和深化大湾区教育全面合作。2019年7月，广东省委、省政府印发《关于贯彻落实〈粤港澳大湾区发展规划纲要〉的实施意见》，广东省推进粤港澳大湾区建设领导小组印发《广东省推进粤港澳大湾区建设三年行动计划（2018—2020年）》，后者提出要推动大湾区高等教育合作。支持香港科技大学、香港城市大学、香港大学（医学院）、香港中文大学（医学院）、澳门科技大学落户广东。鼓励粤港澳高校开展相互承认特定课程学分、实施更灵活的交换生安排、科研成果分享转化等方面的合作交流。建设国际教育示范区。建设高水平民办应用型本科高校，推动高起点创建大湾区大学，创新办学机制。扩大广东高校对港澳招生规模。鼓励港澳青少年到内地学校就读。推进大湾区学校互动交流。2020年12月，教育部、广东省政府印发《推进粤港澳大湾区高等教育合作发展规划》，着力打造国家深化高等教育体制改革试验区，为粤港澳大湾区教育合作专项规划出台奠定了基础。因教育规划发布主体仍然限于教育部和广东省，规划的实施和执行存在着局限。粤港澳三地政府当务之急是组织相关部门研究和编制粤港澳大湾区教育合作中长期远景规划纲要（2021—2035年），以保证横琴科教产教融合发展计划顺利实施。

第二，努力构建大湾区城市群教育联络协调工作机制。在大湾区内城市群主管部门常态互访的基础上，可成立推进大湾区教育合作工作协同小组。协同小组由各市主管教育的副市长组成，各市、区教育局设立推进大湾区教育合作办公室，专门负责统筹大湾区教育合作各项工作。目前，大湾区内地部分城市与港澳签订了双边教育合作框架协议，迫切需要推动大湾区内地九市之间签署多边教育合作框架协议，将粤港澳大湾区教育合作与交流纳入框架协议当中进行统筹运作。一是确立应用型办学定位。高校要能动地寻求传统发展思维的转变，与所在城市相互促进、共同发展，紧密对接所服务区域的经济社会发展需求、产业技术创新进步需求和学生成长成才需求，承担培养高素质应用型创新创业人才的职责使命，构建区域产业链、创新链和教育链、人才链。二是创新体制机制。通过建立科教产教双融合“授权-赋能-激活”机制，探寻、开发、整合和应用社会各界资源，拓宽高校发展路径，夯实高校发展潜力；通过建立科教产教双融合价值创造与共享机制，实现工学结合、产教融合、校企合作和协同育人的可持续发展。三是完善平台建设。深化科教产教双融合需要完善学术生产平台、科研管理平台、科技园区平台和成果转化平台等平台建设，通过特色办园、形成产业链条、打造人才基地等手段，激活科技园区平台和成果转化平台。可在横琴推动高等学校和科研院所共建创新研究平台（包括联合实验室），推进国家及地方重点实验室、工程研究中心等创新平台的联合申报，使其成为学校培育交叉学科和新兴技术的孵化器。

第三，坚持协同互促，率先打通与澳门教育合作交流的绿色通道。简化横琴教师赴澳门交流访学的审批手续，消除合作区内人员流动壁垒，促进粤澳教育人流、信息流、资金流的互联互通。鼓励教师赴境外研修访学，参照江浙沪教师海外培训和访学的管理制度，不再将教师海（境）外研修访学纳入“三公”经费管理。建立开放包容的教育体系，推动招生考试、学籍学分、教师资格等方面的互认互通。鼓励粤澳中小学校长和教师的任职交流和流动，支持建设各级各类学校联盟，实现粤澳教师和学生的交流互换、教育资源共建共享。鼓励和支持澳门毕业生和青年到横琴就业和创业，对来横琴就业和创业的澳门青年，在税收、贷款、社保、子女入学等方面给予更多优惠政策，为大湾区人才自由流动作出示范性举措。

第四，坚持凝心聚力，参与打造粤港澳大湾区城市群教育智库协作共同体平台。以粤港澳大湾区城市群教育智库协作共同体为基础搭建面向整个大湾区教育全面合作的各级各类教育合作与交流平台，在教育战略规划和教育政策研究、课程开发、教育教学研究、教师专业培训、校长和教师交流交换等领域，在学前教育、义务教育、职业教育、高等教育等方面组建若干个学术研究团队，组织和开展各种教育合作和交流活动。

第五，发挥社会力量，打造横琴科教产教双融合现代化、国际化高地。科教产教双融合发展离不开社会资源的利用，可以让粤港澳三地有实力的企业参与学校发展，多种举措吸引民间资本、金融资本、国有资本和政府资本联合办学，引进若干所世界一流大学，在大学内办世界一流的学科。将港澳高校优势资源与区域产业优势对接，在横琴大型国有企业、民营企业设立产学研创新中心。加强引进港澳及国际研究机构的先进技术成果在合作区转移转化，打造横琴教育产学研一体化的世界级先行区、示范区。

第七章

Chapter 7

横琴培育数字经济新亮点

在信息化时代，数据已经成为重要的新生产要素，横琴的高质量发展离不开数字经济的赋能。《横琴粤澳深度合作区建设总体方案》（简称《总体方案》）中明确提出，要“发展文旅会展商贸产业”，“建设中葡国际贸易中心和数字贸易国际枢纽港，推动传统贸易数字化转型”。《横琴粤澳深度合作区发展促进条例》则明确支持合作区建设高品质进口消费品交易中心。《区域全面经济伙伴关系协定》（RCEP）的实施，有助于横琴克服跨区域经济发展障碍，提升跨境商品贸易及服务贸易水平，拓宽数字贸易发展的市场和空间，创造一系列创新改革、产业发展机遇，全力打造具有横琴特色的国际化数字经济枢纽港。

第一节　横琴数字经济发展现状与机遇

数字经济是指以数据作为关键生产要素、以现代信息网络作为重要载体、以信息通信技术的有效使用作为效率提升和经济资源优化配置的重要推动力、以数据充分流动降低复杂经济系统不确定性的一系列生产、分配、流通和消费的经济活动的总和。这一经济形态正深刻影响着人们的行为方式，不断催生出新组织、新业态、新模式。横琴数字经济发展主要围绕中葡国际贸易和数字贸易展开，旨在依托琴澳合作和澳门联结葡语国家的禀赋优势，推动传统贸易的数字化转型进程。澳门的数字经济产业基础较为薄弱，随着合作区的发展，澳门与内地的融合进一步加深，电商人才储备增加，澳门发挥其与葡语国家联系紧密的优势，利用横琴的服务贸易模式创新，发展跨境电商产业，协助葡语国家产品经澳门更便捷地进入内地市场；横琴则依托国家级跨境电商综合试验区，积极打造服务澳门中小企业、面向国际的跨境电商平台。

一、横琴培育数字经济的现状与优势

近年来，随着国家跨境电商政策的逐步丰富完善，横琴跨境电商产业加速发展。2018年8月，国务院发布关于同意在北京等22个城市设立跨境电子商务综合试验区的批复，同意设立中国（珠海）跨境电子商务综合试验区，横琴在其中发挥着主平台功能。国家跨境电子商务综合试验区是跨境电子商务先行先试地区，

旨在通过制度创新、管理创新、服务创新和协同发展，破解跨境电子商务发展中的深层次矛盾和体制性难题，打造跨境电子商务完整的产业链和生态链，逐步形成一套适应和引领全球跨境电子商务发展的管理制度和规则，为推动中国跨境电子商务健康发展提供可复制、可推广的经验。2018年11月，《横琴新区扶持跨境电子商务发展暂行办法》正式印发，从落户、仓储、物流、通关、融资等方面对横琴新区的跨境电子商务企业、跨境电子商务综合服务平台和物流服务企业给予补贴，每家企业每年最高扶持金额为1000万元，由香港经港珠澳大桥往来珠海的物流服务企业给予单程全额补贴，鼓励金融机构创新推出适合跨境电子商务发展需要的金融产品和服务。这一系列举措有力地促进了横琴培育以跨境电子商务为主的数字经济业态，打造承接港澳产业西拓的大桥经济区。2022年4月12日，经国家税务总局批准，在广东省税务局的指导下，葡语国家及地区税收合作办公室在国家税务总局横琴粤澳深度合作区税务局正式成立运作，这是全国首个面向葡语国家及地区的税收合作办公室，也是广东税务部门“普惠+定向”“走出去”分类服务模式的重大创新举措，其目的是进一步加强与“一带一路”税收征管合作机制成员的税收合作，尤其是与葡语国家及地区的税收合作。

2020年，横琴电子商务销售总额达176.87亿元；2021年，横琴跨境电商业务累计出口超过72亿元，外贸进出口额完成314.66亿元，同比增长53.3%。随着跨境说、琴澳维度、海仓科技、易享科技、洋葱集团、港珠澳国际贸易、和恒等跨境电商龙头企业的陆续落户，横琴已拥有40多家电商企业。其中，跨境说是横琴粤澳深度合作区的“明星”澳资企业之一，拥有“澳门资本+横琴政策+湾区资源+中葡市场”等多重优势，目前为国内10多个跨境电子商务综合试验区建设搭建“两平台六体系”，并针对当地特色产业，助力当地实体经济数字化升级，借助“跨境融”“出海易”等数字化工具，帮助内地城市链接澳门及海外资源。横琴大昌行物流中心于2019年投入运行，为粤澳两地提供包括常温仓、冷链仓储、保税物流、流通性增值服务等一站式物流仓储解决方案。

除此之外，横琴还建成了国际互联网专用通道，拥有粤澳信息港、横琴先进智能计算中心，为发展数字经济、开展数字贸易提供了必要的基础设施；集聚了一批集成电路、人工智能、大数据、区块链、互联网等数字产业领域的企业，为开辟数字国际贸易奠定了产业基础。2020年8月，在工信部的支持下，由中国信息通信研究院牵头的国家级区块链与工业互联网新型融合基础设施“星火·链网”正式启动。2021年11月，“星火·链网”骨干节点（珠海横琴）——横琴粤澳链——正式落地，这是粤港澳大湾区的第一个骨干节点，也是华南地区首个面向海外的骨干节点，通过可信数据，服务于中药材、茶叶、金融、民生等数字贸易场景，为澳门产业多元发展创造条件，为国家打造自主可控的标识解析体系、标准体系、安全管理体系提供多场景的落地实践。

二、横琴培育数字经济的问题与挑战

当前横琴推进中葡国际贸易中心和数字贸易国际枢纽港建设，主要受到中葡经贸特点、贸易形式等因素的制约，还存在一些瓶颈。

第一，中葡经贸的市场体量比较小且涉及法律众多。中葡跨境电商贸易中，主要以进口葡语国家商品为主，中葡经贸合作中涉及众多法律条款，如合同法、知识产权法、检验检疫标准、买卖运输法、海商法、信用证国际惯例、相关国际公约等，企业要熟练掌握这些法律条款存在一定难度。

第二，中葡跨境电商的贸易形式及业态还比较简单。在中葡经贸合作中，常见商品以红酒、食品、文创产品、家具家电为主，销售、购买模式极为单一。若考虑到各类市场因素，如运输距离、卫生品质等，则产品竞争力相对较低，缺少比较优势。关键性的高新技术、新兴产业产品的电商合作资源稀缺，甚至较为低端。这导致与葡语国家的经贸合作还难以形成全业态、全供应链的完整模式，发展空间因此受限。

第三，澳门在中葡贸易当中发挥的作用和价值不充分。澳门多以会展方式推动国际贸易市场的开拓，因此机会相对较少且抗风险能力有限。由于我国实施自贸区的战略部署，各地因历史、地缘和城市外交的原因，均有机会同葡语国家直接进行经贸合作，享受相应的税收补贴和优惠，所以企业并不一定要通过澳门平台开展外贸活动，故而澳门作为中葡经贸合作平台的优势并没有得到有效发挥，澳门在中葡跨境电商贸易中的作用仍然有待挖掘。

此外，横琴自身还面临跨境物流碎片化带来的监管困难、跨境进口通关管理制度改革亟待全面推进以及电商统计制度统一化三个方面的具体问题。

三、横琴培育数字经济的重点与方向

随着中葡国际贸易中心和数字贸易国际枢纽港的建设，横琴可以把握三个重点及方向，更好地利用澳门与葡语国家联系的窗口优势和澳门国际贸易自由港、单独关税区等政策优势，将中葡贸易往来推上新台阶。

一是探索建立新型离岸贸易服务平台。离岸贸易是目前国际上自由贸易港的重要业态，离岸业务成熟与否代表了区域的国际市场竞争力和配置全球市场资源的能力。以新加坡为例，作为当今全球范围内离岸贸易最为发达的国家和地区代表之一，离岸贸易是其第一大贸易方式，新加坡通过这种贸易方式吸引总部机构集聚，掌握全球的贸易网络，对全球贸易进行主导和控制，大大提升了其在亚太地区国际贸易中的影响力。从伦敦、新加坡、中国香港等地的发展历程来看，只有当离岸贸易服务量占全球跨国交易总量的10%及以上，才能称之为国际贸易中心，才能够获得全球市场的话语权、定价权和规则制定权。横琴作为珠江西岸的重要合作平台，可以创新各类外汇管制等涉及国际贸易环节的管理制度，创新国际贸易模式，汇聚资金流和信息流，进而增加国际订单量，扩大贸易结算规模，推动贸易决策中心集聚，以此发挥国际贸易中心的功能。

二是加快数字贸易港及数字中枢建设。借助横琴粤澳深度合作区的发展机遇，搭建数字贸易港及数字中枢，构建安全便利的国际跨境贸易数据专用通道，建立健全国际数字贸易服务体系，探索开展国际数字贸易统计监测；从数据在线处理与交易、数据网络安全、支付处理的角度建立完整的数字中枢体系，促进跨境贸易数字化转型，推动跨境新贸易形态的出现，为中葡跨境商贸合作提供更多创新思路。同时，推动环境、社会和公司治理（ESG）指数应用，在中葡跨境电商贸易中建构ESG指数，确保贸易产品符合国际和国内的绿色标准，为可持续发展、碳达峰、碳中和作出贡献。同时，利用ESG指数推动跨境电商履行社会责任，助力乡村振兴和共同富裕。

三是实施中葡经贸与跨境电商人才工程。针对当前国际贸易形势及合作区发展趋势，构建符合中国国情的中葡经贸与跨境电商人才工程体系，完善跨境电商人才生态资源，为国际贸易产业链发展和跨境电商产业数字化变革提供充足的内生动力。当前，以跨境说为代表的电商企业正依托自身深耕跨境电商领域的经验优势，斥资打造澳门未来中心产业园，承载跨境电商产教融合基地的建设；通过与珠海当地院校合作，从跨境电商、商业分析、中葡国际贸易等交叉性学科领域切入，开展区别于授课类的实训课程，关注中葡经贸及跨境电商领域实际的人才市场需求，培养应用型人才；发挥企业资源整合优势，联合多方资源构建跨境电商共享型资源库，构建完善的教育生态体系，推动中葡经贸与跨境电商人才工程的落地，产生了一定的示范效应。

第二节　着力提升横琴跨境电商发展能级

2022年1月，国务院印发了《“十四五”数字经济发展规划》，提出了促进数字经济发展迈向全面扩展期的总体部署规划。其中，有效拓展数字经济国际合作是发展规划中的八大重点任务之一。跨境电商蓬勃发展使得其在提升贸易数字化水平、推动“数据丝绸之路”建设、打造我国引领全球的数字技术优势等方面发挥了越来越重要的作用。充分凸显横琴的跨境电商优势，拓展横琴粤澳数字经济的国际合作，既是推动粤港澳大湾区数字经济健康发展的内在需要，也是稳步提升粤港澳大湾区数字经济国际竞争力的必然选择。

一、横琴粤澳跨境电商发展优势显著

2009年8月14日，国务院正式批准实施《横琴总体发展规划》，首次提出：“大力支持电子商务企业进入横琴，建立多币种商务交易应用服务平台，提供面向珠澳各类企业的第三方电子商务服务，以及面向珠江口西岸地区专业市场、产业园区、产业集群的电子商务平台服务，建设以横琴为中心的珠江口西岸地区物流信息交换中枢和国际电子商务中心。”自此，跨境电商在横琴新区茁壮成长。随着国家跨境电商政策的逐步丰富完善以及地方政府的大力扶持，横琴跨境电商产业加速发展。2013年海关总署令第209号《中华人民共和国海关对横琴新区监管办法（试行）》（2023年进行了修订）中明确了海关按照“一线放宽、二线管住、人货分离、分类管理”的原则实行分线管理。2021年，《横琴粤澳深度合作区建设总体方案》对分线管理作了进一步明确：“一线”放开方面，研究调整横

琴不予免（保）税货物清单政策，除国家法律、行政法规明确规定不予免（保）税的货物及物品外，其他货物及物品免（保）税进入。“二线”管住方面，对合作区内企业生产的不含进口料件或者含进口料件在合作区加工增值达到或超过30%的货物，经“二线”进入内地免征进口关税。这意味着，“一线”消费品与“二线”消费品形成的价格差有利于在横琴聚集，同时也为合作区内跨境电商新模式的创建拓展了更广阔的空间。2022年9月15日，合作区“二线”通道横琴大桥、横琴隧道、深井通道、横琴码头海关监管作业场所顺利完成主体工程。2022年12月底，合作区封关工作完成。封关后，货物进出合作区更加便捷，高端游艇、医疗器械、高精尖试验仪器设备等高附加值商品可以免税从澳门进入横琴，为横琴发展高品质消费带来独特优势，横琴有望变成一个与澳门高度同频的免税岛。与此同时，首届中国（澳门）国际高品质消费博览会暨横琴世界湾区论坛于2022年11月30日至12月4日在横琴和澳门举行，进一步为两地高品质消费品搭建了高端展销平台。澳门具备制度、品牌及服务国际化等优势，可发挥精准联系葡语国家的对接作用，而横琴在办展成本、物流安排及场地配套等方面优势明显，双方在合作构建高品质消费品交易产业生态方面有极大潜力。

二、探索横琴跨境电商发展新模式

珠海是唯一与港澳陆路连接的城市，横琴应充分发挥这个独特的、最大的优势，以跨境物流带动跨境电商发展，以跨境电商支持澳门经济适度多元发展。第一，应借助珠海加快培育本地跨境电商产业，鼓励格力电器、罗西尼表业、中国电子进出口珠海有限公司、港达供应链等行业标杆企业和外贸企业、小微企业、创业团队落户横琴投身跨境电商，促进珠海外贸转型升级。第二，争取与阿里巴巴、亚马逊、京东等知名电商平台携手合作，积极引进资源、引进经验，带动横琴乃至珠海跨境电商提速发展。第三，依托珠海跨境电子商务公共服务平台、珠海国际贸易“单一窗口”平台，做大做强横琴跨境电商线下产业园区，联动珠澳跨境工业区、斗门广丰物流园，构建跨境电商信息共享、智能物流服务、金融服务、电子商务信用、统计监测和风险防控、政策扶持六大体系，逐步与周边形成线上线下相互支撑的发展新格局。为了抢抓跨境电商发展机遇，横琴应重点关注四类模式①。

（一）推广“保税进口+零售加工”模式

“保税进口+零售加工”模式是将进口商品的海外末段加工转移到具有保税加工机制的境内综保区，并根据商品加工性质和市场需求，通过跨境电商零售进口、一般贸易进口或者跨境电商零售出口、一般贸易出口方式实现面向消费者的零售、定制化销售。《总体方案》提出，“对合作区内企业生产的不含进口料件或者含进口料件在合作区加工增值达到或超过30%的货物，经‘二线’进入内地免征进口关税”，实际上为“保税进口+零售加工”模式提供了政策支持。对于澳门跨境电商企业而言，在横琴粤澳深度合作区开展“保税进口+零售加工”模式将充分利用横琴的高效生产能力，在最大限度保证进口品质的前提下，实现供应链改造，降低经营成本。不过，在推广该模式过程中，合作区内的加工企业应当积极与海关沟通，就进口保税料件、初级制成品以及加工成品的电子账册管理以及存放要求进行事前明确，建立符合监管要求的采购、物流、生产、销售监管机制，账簿单证管理机制，保税仓储机制，核查配合机制及内控提升机制，避免海关行政处罚或刑事责任风险。

（二）推动生产企业成为跨境电商企业

《总体方案》中提到：“对在澳门审批和注册、在合作区生产的中医药产品、食品及保健品，允许使用‘澳门监造’、‘澳门监制’或‘澳门设计’标志。”这在一定程度上为合作区内的境内注册企业生产符合澳门技术标准的澳门产品提供了支持依据，将吸引众多澳门本地企业或个人出资入驻合作区。《关于完善跨境电子商务零售进口监管有关工作的通知》（商财发〔2018〕486号）（简称“486号文”）规定，跨境电商企业是自境外向境内消费者销售跨境电商零售进口商品的境外注册企业，为商品的货权所有人。由《总体方案》可以适当展望，未来在合作区内出资注册的生产企业或许能被扩展认定为跨境电商企业，生产的标有“澳门”标识的商品，或许能作为跨境电商商品直接通过1210（即海

① 冯晓鹏、王溢美：《〈横琴粤澳深度合作区建设总体方案〉为跨境电商带来新机遇》，云南省外经贸投资贸易服务平台，2021年9月29日，https://www.ynitisc.com/home/article/detail/id/20028.html。

关监管方式代码）网购保税“二线出区”的方式进行销售。这将涉及合作区新政策的出台与486号文兼容适用的问题，有待在《总体方案》落实过程中予以进一步明确。

为了逐步提升横琴服务澳门的能力、加快推动横琴与澳门一体化发展，横琴粤澳深度合作区内企业的属性可能会逐渐“澳门化”，即便这些企业在工商注册中仍属于境内注册企业，实际上也已经体现出了486号文中跨境电商企业的主体特点，即承担商品质量安全的主体责任、消费者权益保障责任等。合作区内的生产企业因其实质上仍属于境内注册企业，因此无须像486号文中规定的跨境电商企业一样，即须委托一家在境内办理工商登记的企业，由其在海关办理注册登记，承担如实申报责任，依法接受相关部门监管，并承担民事连带责任。合作区内的生产企业自行在海关注册登记后，不必委托境内代理人，给监管带来更多便利。从这一角度来看，合作区内企业成为486号文中跨境电商企业的延伸适用主体也更加合理，更能凸显横琴特色优势。

（三）开展澳门中医药产品跨境电商零售进口试点

《总体方案》重点强调了发展中医药等澳门品牌工业，并提出研究简化澳门外用中成药在粤港澳大湾区内地城市上市审批流程。除此之外，为澳门中医药产品打开跨境电商的快捷渠道也值得横琴开发管理机构进行考量。目前跨境电商零售进口至内地的商品仍然须在《跨境电子商务零售进口商品清单（2019年版）》范围内，涉及医药的主要商品类别有中药酒、清凉油、橡皮膏等，并不能完全满足澳门中医药发展的需求。近年来，北京、河南等地陆续开展跨境电子商务零售进口药品试点，在多部门制定的试点目录范围内的药品，可以通过跨境电商零售进口。横琴可以在北京、河南的试点经验上，基于现有澳门产品区内生产优势，考虑拓宽澳门中医药产品跨境电商零售进口的试点目录，进一步扩大澳门中医药产业在内地的消费市场。在开展试点工作的过程中，合作区主管部门应强化对合作区内澳门中医药产品生产企业的资质及体系审核，包括但不限于产品风险防控体系、售前售中售后服务体系和质量追溯保障体系。此外，合作区还应当考虑如何平衡澳门与内地之间中医药产品技术标准的差异，以及药品质量管理、药品标签说明、医药广告宣传等内地相关法律法规与澳门相关法律法规之间的融合适用问题，尽快明确合作区内企业的特殊监管要求，避免老规定制约新发展。

（四）强化“网购保税+线下自提”模式

486号文规定，原则上不允许网购保税进口商品在海关特殊监管区域外开展“网购保税+线下自提”模式，因此在实践中大部分的跨境电商体验店设置在距离消费中心远、顾客体验率低的监管区域范围，有部分跨境电商为了解决监管区域内体验店的经营困境，将体验店设置在远离监管区域的中心城区，但是这种模式只能起到展示的作用，设在中心城区的体验店并不能按照跨境电商模式交易并发货。这一制度限制了“网购保税+线下自提”模式的扩大。而《总体方案》则为这一模式的壮大提供了沃土，横琴粤澳深度合作区天然具备海关监管区域的条件优势，在相关物品税收政策尚未研究制定的阶段里，以跨境电商商品模式进入内地，享受跨境电商税收优惠无疑是另一种消费鼓励。随着横琴不断深化建设，未来内地的消费者将在横琴以跨境电商方式线下购买澳门乃至其他国家的跨境商品，横琴跨境电商的消费体验及消费收益将获得新的提升。

三、加快培育完整跨境电商产业生态链

当前，琴澳跨境电商合作的重要性已逐步显现，并迎来众多发展新机遇。首先，双循环新发展格局的形成强化了跨境电商在联结国际国内市场中的纽带作用；其次，RCEP协定的生效使得全球最大自贸区形成，跨境电商长期发展获得重大利好，促进横琴企业布局国际生产链、供应链；最后，新冠疫情加速推动了全球消费者线上消费习惯的形成，扩大了国际市场的消费需求。针对横琴跨境电商产业所面临的行业规范、跨境支付、物流、监管体系、人才培养等瓶颈，可聚焦零售商、供应商、物流商、消费者、支付商、技术、平台、营销、综合服务等环节，着力培育完整的跨境电子商务产业生态链条[①]，通过跨境电子商务能级的提升加快形成湾区数字贸易枢纽节点。

物流方面，以智慧物流提升效率，以海外仓增强跨境出口竞争优势。横琴着力建设横琴智能岛，并逐步将技术应用于澳门，全面发展智慧物流，推进云计算

① 许佳、徐千然、徐舒婷：《横琴与澳门跨境电商产业合作的路径分析》，《经济视角》2021年第4期。

等技术应用，优化跨境电商物流业务流程，形成完善的跨境物流供应链。澳门着重建立跨境电商物流网，推进陆海空联运物流通道和设施建设，实现国际和国内物流无缝对接[①]。横琴可自建或与澳门海外仓达成合作，利用澳门物流路线实现货物运输，批量采购降低采购成本，批量运输缩短物流时间，突破物流限制助力企业开拓新品类，提高企业售后水平进而提升购物体验[②]。同时，横琴可借鉴杭州等地区块链技术融入物流应用的经验，用区块链技术去优化国际物流的每个环节[③]。交易成本是销售成本的重要组成部分，改善物流模式、降低信息不对称程度、实现跨域合作，是降低成本的有效途径，有助于促成消费者最终购买决策。

跨境支付方面，创新跨境人民币业务，推动区块链落地跨境支付场景。目前澳门受限于已有交易习惯，交易以澳门币为主，横琴可鼓励跨境电商平台多用人民币标价，扩大人民币影响力，支持银行业金融机构与支付机构开展业务合作。此外，基于区块链技术去中心化的特点，将其应用到跨境支付上能够优化中间环节，降低金融机构层级代理带来的信用风险，最大限度提升跨境交易频率和效率[④]。

金融方面，横琴与澳门应互助互动，创新数字金融，同时积极探索供应链金融。横琴应学习借鉴澳门金融开放经验，通过低税制与自由货币兑换吸引外资银行，并将新的制度理念融入横琴，吸引金融科技企业在两地入驻。鼓励金融机构将支持电子商务发展纳入战略发展规划，完善跨境电子商务金融服务体系，以此推动业务转型升级发展。金融机构应加强与供应链核心企业的合作，同时借助区块链、物联网等新技术实现线上化风控监测。跨境电商贸易模式灵活，能够吸引大量中小型企业加入，金融机构可以通过有效监管降低信息不对称程度，从而解决融资授信门槛高问题，通过金融科技降低业务成本，使中小型企业成为跨境电

① 张滨、刘小军、陶章：《我国跨境电子商务物流现状及运作模式》，《中国流通经济》2015年第1期。

② 许迅安：《新时期中国跨境物流海外仓建设发展现状及策略研究》，《对外经贸实务》2019年第9期。

③ 韦大宇、张建民：《中国跨境电商综合试验区建设成果与展望》，《国际贸易》2019年第7期。

④ 郭军峰：《我国跨境电商问题与对策探讨——基于区块链技术》，《商业经济研究》2018年第18期。

商的重要推动力。

人才培育方面，紧扣“一带一路”沿线国家和地区、RCEP成员国和葡语国家市场，加强合作区内的企业和人才培训，建立跨境电商产学研合作机制，举办跨境电子商务大讲堂、论坛和沙龙等活动，进一步深化跨境电商人才的引进、扶持政策，加快推进国际化人才标准认定，支持澳门青年在横琴创业，为从业者提供相应的待遇与发展机遇。

四、推动跨境电商向数字贸易升级

琴澳要抢抓数字贸易发展机遇，加快推进跨境电商和新一代信息技术深度融合发展，建设数字贸易交易平台，培育数字贸易的核心竞争力。

（一）抢占数字贸易规则制定话语权

在跨境电商领域，我国缺乏足够的规则制定话语权[①]。琴澳跨境电商产业具有较为坚实的合作基础，横琴应聚焦一致性规则，在合作区内营造与澳门趋同的数字贸易环境，与澳门事务局密切联系，提高沟通效率，利用好横琴口岸优势，促进澳门外贸转移，依托“澳门新街坊”项目创新跨境消费的优惠举措，鼓励琴澳居民往来互访。粤澳双方应共同努力提升横琴跨境电商品牌在“一带一路”沿线国家和地区的影响力，在已有阶段性成果的基础上，充分发挥示范区效应，依托RCEP和中葡经贸平台打造数字贸易利益共同体，展开洽谈与规则制定。

（二）推动跨境电商和大数据、区块链的深度融合

2020年，横琴数链数字金融研究院联合工作小组发布“数链计划”，力求构建亚太地区数字经济中心，打造经济示范区[②]。一方面，合作区应加快两地数据协同，制定数据管理办法，以科技、人才、金融资源的集聚带动数据互联互通，提高数字贸易安全性；另一方面，应以横琴、澳门两地本土数据为基础，利用区块链技术无法随意篡改的特点，降低跨境电商中的风险，加快发展区块链和数字签名等数

① 熊鸿儒、马源、陈红娜、田杰棠：《数字贸易规则：关键议题、现实挑战与构建策略》，《改革》2021年第1期。

② 《朱嘉明：“数链计划”将推动琴澳两地实现一体化》，2020年11月17日，https://www.163.com/dy/article/FRLMTBBB05198086.html。

字技术在制造业、物流、金融等领域的应用，为跨境电商和消费者提供个性化、定制化服务。

（三）完善知识产权保护，优化营商环境

数字产品的版权、监管与服务过程中的数据代码、对消费者的数据信息积累，都需要制定明确规则以实现权责分明，明确归属权与使用权[①]。首先，横琴应利用大数据，构建信用管理体系，营造互信互惠的商业环境，实现合理数据的有效流通，促进深度发展[②]。其次，可加快制定跨境电商知识产权保护指南，明确各方主体责任，健全跨境电商知识产权保护机制，这对于跨境电商健康发展至关重要。改善客户体验，跨境电商才能行稳致远。最后，应鼓励区内企业建设海外仓，提升海外仓数字化、智能化水平，完善海外仓布局，这不仅能够带动更多企业拓展国际市场，而且可以提高物流效率，缩短跨境购物时间，改善消费者利用跨境电商购物的体验。此外，还应防范假冒伪劣商品利用跨境电商进出口流入市场，完善跨境电商进出口退换货管理制度，便利退换货，这有助于降低消费者交易成本，提升消费者满意度。

第三节　加快建设横琴数字贸易国际枢纽港

基于横琴粤澳深度合作区的制度创新态势、信息基础设施以及数字经济产业集聚能力，未来可以通过数字贸易规则体系的构建、数字基建能力的纵深与外延发展以及金融等关键性支持领域的改革创新，逐步推动形成以面向“一带一路”沿线国家和地区与葡语国家为主的粤港澳大湾区数字贸易国际枢纽港。

---

① 王建丰、王玉林：《数字经济下我国跨境电商规则升级新路径》，《宏观经济管理》2020年第7期。

② 张夏恒、李豆豆：《数字经济、跨境电商与数字贸易耦合发展研究——兼论区块链技术在三者中的应用》，《理论探讨》2020年第1期。

一、推进数字产业化和产业数字化

党的二十大报告提出："加快发展数字经济，促进数字经济和实体经济深度融合，打造具有国际竞争力的数字产业集群。"数字经济为实体经济提供新的科学技术知识和生产组织形式，实体经济为数字经济提供应用市场和大数据来源。以大数据、云计算、人工智能等新一代信息技术为基础的数字经济，体现了经济发展的方向。推动数字经济和实体经济深度融合，需要加强数字基础设施建设，促进互联互通，通过智能化、协同化的新生产方式对实体经济进行改造升级，全面提高实体经济的质量、效益和竞争力，打造数字经济形态下的实体经济，进而推动经济体系优化升级。智能终端、虚拟现实技术（VR）、物联网、大数据、5G、人工智能等产业发展新方向，正让横琴不断释放出数字经济澎湃动能。区内各个企业正在加速推动数字产业化与产业数字化齐头并进，撬动重大产业平台和特色产业集群，已成为促进经济发展、能级提升的强劲引擎，推动数字经济创新活动向生产领域渗透。党的二十大报告还提出："推动战略性新兴产业融合集群发展，构建新一代信息技术、人工智能、生物技术、新能源、新材料、高端装备、绿色环保等一批新的增长引擎。""创新服务贸易发展机制，发展数字贸易，加快建设贸易强国。"这为合作区促进数字经济和实体经济深度融合理清了思路、明确了路径。

合作区应积极运用新一代数字技术推进传统实体经济的数字化改造，推进数字产业化和产业数字化，推动产业链向中高端延伸，增强实体经济的核心竞争力；完善内部创新体系，健全创新激励机制，将数字经济创新活动广泛引向生产领域，为实体经济转型升级赋能助力。

二、促进数字经济与实体经济深度融合

随着新一轮科技革命和产业革命的浪潮席卷而来，特别是大数据、人工智能、移动互联网、云计算、5G等新一代信息技术的应用，人类进入数字经济时代。习近平总书记指出，"当今世界，科技革命和产业变革日新月异，数字经济蓬勃发展，深刻改变着人类生产生活方式，对各国经济社会发展、全球治理体系、人类文明进程影响深远"，并提出要"不断做强做优做大我国数字经济"。

当下，我国数字经济迅速发展壮大，数字经济规模已占经济总量的1/3左右，数字经济与实体经济在各领域的深度融合所带来的生产效率的提升以及生产模式的改变，成为产业转型升级的重要驱动力。但与此同时，数字经济发展不平衡、不充分等问题仍然存在。如何通过完善数字基础设施建设、发展工业互联网、用好人工智能，促进数字经济与实体经济深度融合，释放大规模数字红利，合作区要重点考虑以下抓手。

（一）持续完善数字基础设施建设，为数字经济发展奠定基础

在传统观点中，基础设施主要指为社会生产和居民生活提供公共服务的工程设施，是用于保证国家或地区社会经济活动正常进行的公共服务系统，是社会赖以生存发展的物质基础条件。在农业经济、工业经济时代，基础设施一般指“铁公基”等以钢筋、水泥、砖石以及其他工业材料为主体构建的物理基础设施。而新型基础设施是指以新发展理念为引领，以技术创新为驱动，以信息网络为基础，面向高质量发展需要，提供数字转型、智能升级、融合创新等服务的基础设施体系。数字基础设施建设是新型基础设施建设的核心内容，是服务于数字经济发展所进行的基础设施建设。数字基础设施建设通过对技术、人才、资本、数据等各类产业资源的泛在连接、弹性互补和高效配置，打通全要素、全产业链、全价值链，促进各行业深度融合、上下游联动，赋能传统产业数字化转型，是数字经济发展的底座和基础所在。

横琴加快完善数字基础设施建设，重点要加快数字城市、智慧城市关键核心技术创新，强化应用牵引，以建设新型数字城市和国家级网络安全大脑节点为抓手，提升数字基础设施建设服务数字经济的能力。在这一过程中，既要完善政府顶层设计和规划引领，扩大对数字基础设施建设和数字经济的有效投资，构建“政府引导、市场主导、多方参与”的共商共建共管共享的体制机制，还要大力推广数字基础设施建设，扩大数字基础设施建设在城市治理、智慧政务、民生服务、对澳服务、运维安全等领域的应用，围绕数字经济发展需求，构建数字基础设施“建”“用”互促的生态体系。

（二）系统推进工业互联网应用，为数字经济发展提供支撑

作为直接服务工业的数字经济新赛道，工业互联网具有多学科交叉、多应用驱动、多技术融合的内涵，通过结合新一代信息技术，推动数字经济进一步向实体经济更多行业、更多场景延伸，成为数字经济创新发展的关键支撑。眼下，通过发展工业互联网推动制造业转型升级，已成为政府、企业、研究机构等各方的共识。当前和今后一个时期，横琴应深入实施工业互联网创新发展战略，继续强化政策引导，加大对产业的支持力度，系统推进工业互联网基础设施和数据资源管理体系建设，发挥数据的基础资源作用和创新引擎作用，加速培育产业数字化过程中的重点产业，做强做优工业互联网企业，从而更好支撑数字经济持续健康发展。

（三）加快突破人工智能前沿技术，为数字经济发展注入动力

经济的数字化转型发展是全球新一轮科技革命和产业变革的典型标志，其中最关键的动力来自人工智能前沿技术的创新突破。作为第四次工业革命的核心引擎，人工智能正在全球范围内蓬勃兴起，已成为国际竞争的新焦点。它既是引领产业变革的战略性技术，也是实现产业转型升级的重要资源和动力。根据《新一代人工智能发展规划》设定的战略目标，到2025年，人工智能基础理论实现重大突破，部分技术与应用达到世界领先水平，人工智能成为我国产业升级和经济转型的主要动力，智能社会建设取得积极进展；到2030年，人工智能理论、技术与应用总体达到世界领先水平，成为世界主要人工智能创新中心。可以预见，未来我国数字经济将进入以人工智能为核心驱动力的新阶段。

横琴应采用世界眼光、全局思维，不断深化对人工智能内涵、外延、功能和发展前景的认识，深入思考和系统解决未来可能出现的突出问题，扎实推进人工智能与传统产业的深度融合，大力培育基于人工智能的新业态、新模式，不断推动传统产业转型升级，从而优化供给体系、扩大内需市场，以人工智能技术的应用和创新突破为数字经济发展注入源源不断的强大动力，助力实体经济高质量发展。

三、打造具有国际竞争力的数字产业集群

发展数字经济，打造具有国际竞争力的数字产业集群，对于促进我国经济发展和民生改善意义重大。新时代发展数字经济需要新的布局，不断提高数字产业和数字企业的国际竞争力，以核心技术原始创新支撑数字产业集群，协同打造产业集群的物理和数字“双空间”，重点打造智能制造产业集群，共筑数字生态共同体，从而推动经济体系优化升级。

从全国层面来说，要打造具有国际竞争力的数字产业集群，应突出由智能手机、智慧城市、智能家居、智能汽车等智能产品和智能化生活环境所带来的信息引领、数据驱动、软件嵌置、平台支撑、数字主导、价值共创和智能化操控的产业变革，全方位塑造数字经济时代的决策方式、思维方式、生产方式和生活方式，从改变决策层、资本方和劳动者的日常行为方式入手，颠覆性地创造具有前瞻性的数字化经营场景，营造浓郁的数字经济氛围，从而激发数字经济企业入驻数字经济园区的动力，形成互为链条一环、互为集群一体、可以相互协力共进的新型产业链和供应链。

综上，横琴粤澳深度合作区培育数字产业集群应重点考虑以下五个方面。

一是加强顶层设计，科学谋划数字贸易发展战略。深入研究当前国内外数字贸易发展态势，摸清数字贸易各领域发展模式和路径，并结合自身发展特点，有针对性地制定推进数字贸易发展的政策，明确数字贸易的发展方向和重点，构建数字经济发展的“雁阵模式”。

二是加大力度支持核心技术原始创新，支撑数字产业集群。依托横琴高科技产业基础和粤澳科研院所、高校研发力量，围绕跨境电商平台、区块链、资产数字化、智能营销、智慧城市、虚拟现实、元宇宙等数字贸易核心技术，建立“政策-资金-人才”支持体系，加快构建集技术创新、融合应用、用户体验、规则制定于一体的数字产业创新平台。

三是提升网络化协同能力，共筑数字生态共同体。把握新一轮科技革命和产业变革新机遇，重点聚焦电子政务、行业综合解决方案、跨境金融及数据服务、智慧城市合作等领域联动两地行业创新力量，强化澳门企业与内地市场、数字经济与实体经济之间深度融合发展，逐步完善数字经济生态，建设数字化转型促进中心，打造跨越物理边界的数字产业园和产业集群，以此提升两地数字经济产业合作高度，打造全国数字经济创新发展新高地。

四是积极推动大型优质企业“走出去”，在全球范围内打造数字产业集群。紧盯全球产业链、技术链、价值链高端，积极推动大湾区特别是珠江西岸大型优质企业借助数字经济“出海”，在促进标准认证衔接、推进同线同标同质（即出口企业在同一条生产线上，按照相同的标准生产出口和内销产品，从而使供应国内市场和供应国际市场的产品达到相同的质量水准）的基础上，鼓励企业以自建平台或开设海外电商平台账号的方式建立海外市场销售网络，组织企业组团参加各类国际知名线上会展活动，加强资源整合配置，优化国际营销体系，完善全球服务网络。

五是围绕数字内容拓展数字经济业态，丰富数字贸易内涵。在跨境货物贸易的基础上，支持发展数字游戏、数字出版、数字影视、数字动漫、数字广告、数字音乐等内容业态，支持发展公共服务平台、金融数字中介平台、生活性数字平台等基础设施项目，支持发展软件、通信、大数据、人工智能、云计算、区块链、工业互联网等数字技术服务，丰富横琴数字贸易国际枢纽港业态，不断探索新的数字经济增长点。

第八章

Chapter 8

横琴粤澳深度合作区协同发展前景展望

党的二十大提出，实行更加积极主动的开放战略，构建面向全球的高标准自由贸易区网络，加快推进自由贸易试验区、海南自由贸易港建设。稳步扩大规则、规制、管理、标准等制度型开放。2023年4月，习近平总书记考察广东时强调，要锚定强国建设、民族复兴目标，围绕高质量发展这个首要任务和构建新发展格局这个战略任务，在全面深化改革、扩大高水平对外开放、提升科技自立自强能力、建设现代化产业体系、促进城乡区域协调发展等方面继续走在全国前列，在推进中国式现代化建设中走在前列。当前，横琴还面临一些瓶颈亟待重点突破，如实体经济发展还不充分、服务澳门特征还不够明显、与澳门一体化发展还有待加强、促进澳门产业多元发展任重道远等。展望未来，横琴应当有更强的政治担当和使命担当，高举中国特色社会主义伟大旗帜，向第二个百年奋斗目标进军，进一步探索粤澳深度合作的有效模式，筑强文旅会展商贸业根基，打造珠江西岸文旅产业核心枢纽，做大做强中医药产业品牌并向中医药文化和国际化销售平台延伸，构筑内地与澳门科研教育产业融合高地，以中国特色的“横琴路径”和规则创新优化营商环境，汇聚世界产业资源要素，在协同粤澳创建人文湾区、产业引擎和开放新高地中闯出新出路、树立新标杆，更好地促进澳门经济适度多元发展。

第一节　建设人文湾区新标杆

共建人文湾区，需要粤港澳三地通力协作，以推动高质量发展为主题，以深化供给侧结构性改革为主线，以融合创新为根本动力，以满足人民日益增长的美好生活需要为根本目的，形成大湾区强劲的发展带动力。横琴粤澳深度合作区承担着推进粤港澳大湾区文旅融合和世界级旅游目的地建设、展现“一国两制”制度创新和新一轮开放成就、彰显粤港澳大湾区人文新风貌的重要任务，有望成为建设人文湾区、促进内外联动、激发下一轮开放发展的新标杆。

一、奋进新征程中的横琴使命

在“两个一百年”历史交汇点，我国开启全面建设社会主义现代化国家新征程的重要时刻，2021年9月中共中央、国务院印发了《横琴粤澳深度合作区建设总体方案》，这是以习近平同志为核心的党中央从战略和全局高度作出的重大决策，是深入实施《粤港澳大湾区发展规划纲要》的重点举措，是丰富“一国两制”实践的重大部署，是国家赋予广东新的重大机遇和重大使命。这必将为澳门长远发展注入新的强大动力，进一步推动澳门长期繁荣稳定和融入国家发展大局。

（一）更加明确“一国两制”的横琴使命

党的二十大提出了新时代新征程推进中国式现代化的使命任务，把高质量发展列为全面建设社会主义现代化国家的首要任务。报告中指出，“一国两制”是中国特色社会主义的伟大创举，必须全面准确、坚定不移贯彻“一国两制”、“港人治港”、“澳人治澳”、高度自治的方针，坚持依法治港治澳，维护宪法和基本法确定的特别行政区宪制秩序，强调要推进粤港澳大湾区建设，支持香港、澳门更好融入国家发展大局，为实现中华民族伟大复兴更好发挥作用。新时代新征程，新使命新动力，以党的二十大精神为指引，横琴粤澳深度合作区必须紧扣支持澳门发展经济、改善民生、破解经济社会发展中的深层次矛盾和问题，促进澳门长期繁荣稳定，坚持以横琴粤澳深度合作区产业合作推动琴澳一体化高水平开放，为澳门更好融入国家发展大局、丰富“一国两制”实践注入新动力，以粤澳合作及合作区繁荣昌盛全面展示“一国两制”科学内涵，奋力打造社会主义现代化新样板。

（二）更加明确高质量发展的横琴使命

党的二十大明确了新时代新征程推进中国式现代化的使命任务，横琴将在国家战略布局下大胆担负改革开放和高质量发展新使命，高质量发展必将成为横琴践行国家战略的主线。因此，做好粤澳合作开发横琴这篇大文章，关键是做好高质量发展这篇大文章，核心是完整、准确、全面贯彻新发展理念，加快服务构建以国内大循环为主体、国内国际双循环相互促进的新发展格局。统计数据显示，合作区成立首年，澳企澳资数量明显增长，其中新注册澳资企业705户，实有澳资企业超过5000户，注册资本总额突破1400亿元。

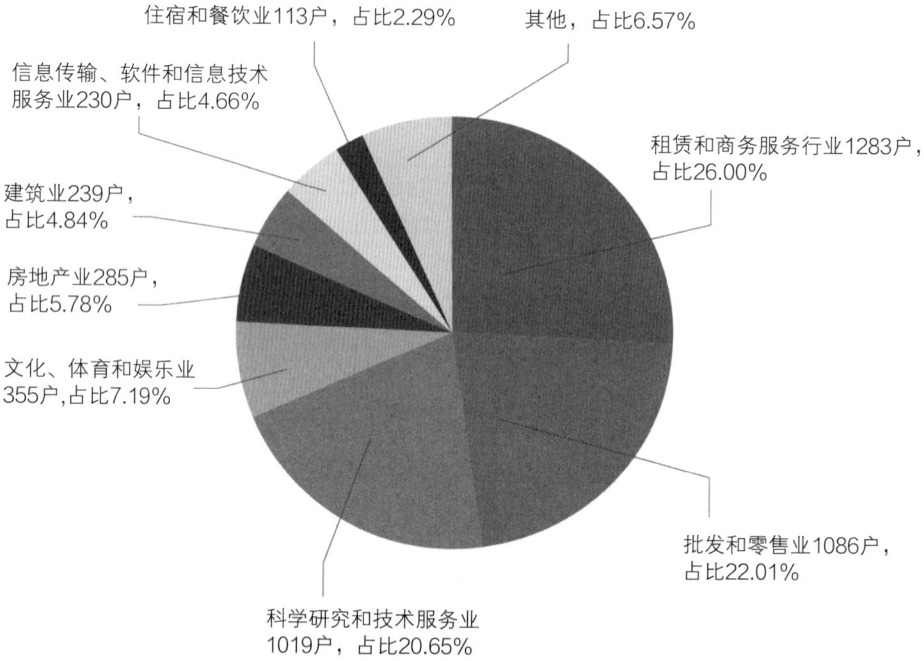

图8-1　截至2022年6月底合作区实有澳资企业行业分布情况

资料来源：横琴粤澳深度合作区统计局。

在横琴居住的澳门居民同比增长11.2%，经横琴口岸出入境的澳门单牌车达69万辆次，横琴医院为澳门居民提供诊疗服务超8000人次，在横琴就读的澳门学生同比增长66%。尽管如此，合作区的高质量发展仍需进一步提升。未来，合作区将更加积极发挥港澳的优势和特点，不断增强发展动能，把握国家发展方向，发挥港澳所长，服务国家所需；将更加积极发挥广东的产业优势，深化粤澳在各个领域的合作，加快实施创新驱动发展战略，围绕建设国际科技创新中心战略定位，努力建设全球科技创新高地，推动新兴产业发展，用创新赋能经济高质量发展。合作区重点发展“四新产业”，突出国产芯片、纳米银材料、人工智能超算中心、区块链、元宇宙超级试验场等项目，聚焦高端企业、资本和人才，创建湾区高质量发展的横琴样本。

（三）更加明确改革创新的横琴使命

过去10年，横琴新区、横琴自贸区、横琴粤澳深度合作区遵循习近平总书记“着力创新体制机制”的嘱托，大胆试、大胆闯、大胆改，许多“人无我有、人有我新”的改革措施频频落地，重点领域和关键环节不断实现新突破，创新主体加速聚集、创新人才不断加盟、创新环境持续优化、创新型产业不断成长壮大，快速营造了一个良好的国际化、市场化、法治化、便利化营商环境，书写了改革开放、创新发展的奇迹。横琴是特区中的特区，改革创新精神与生俱来，改革创新势必成为未来抓手，在开放型协同发展中创造出新的辉煌。横琴未来发展当以更高的政治站位，全力支持配合澳门“一中心、一平台、一基地”建设，推动国际化科技产业协同发展，深化民生领域合作，加强基础设施互联互通，共建大湾区优质生活圈，推动粤澳合作取得丰硕成果。横琴“比特区还要特”，既是优势更是责任，要更加发扬开拓者的精神，继续成为改革开放的试验平台和发展尖兵。目前，很多领域的改革突入“无人区”，横琴必须扛起探路尖兵的历史责任，在体制机制改革等各方面先行先试、大胆探索，不断形成新经验、深化新认识、贡献新方案，始终站在改革开放最前沿。进入新时代新征程，横琴必将更加精准地探寻高质量发展的深刻内涵，以生态优先和绿色发展为引领，在重视“量”的同时，加大力度解决“质”的问题，在“质”的大幅提升中实现“量”的有效增长，更加聚焦科技创新、特色金融、医疗健康、文旅会展、跨境商贸、专业服务等横琴特色产业体系，展现改革创新的横琴典范。

二、丰富人文湾区的实践内涵

立足新时代新征程，人文湾区建设是强化湾区人文精神，在湾区构建传统文化与现代文化、中华文化与地域文化、中国文化与西方文化等碰撞交融再创造的一种新的综合性文化与精神状态，既体现了人文精神的普遍性气质，又体现了中国的、现代的以及湾区独特的、具有传承功能的气质。粤港澳大湾区有望打造成为代表中国特色社会文明新形态、中华文明新形态和人类文明新形态的典型代表性区域，因此，未来合作区应弘扬特区精神，开展社会主义核心价值观宣传教育，着力培养担当民族复兴大任的时代新人，不断丰富代表粤港澳特色的人文湾区实践。

一方面是展示中国传统文化。面向新时代，充分发挥粤港澳三地优秀丰富的文化资源，推动岭南优秀传统文化的传承发展与再创造，兴人文、强文化，不断致力于将合作区建设成为一个在人文精神及文化软实力方面独树一帜并且成果丰硕的人文湾区横琴样本，通过不断提升文化自信、增强中华优秀文化影响力来推动粤港澳大湾区的中华优秀传统文化创造性转化、创新性发展，大力倡导岭南文化、中国文化，塑造具有极大包容性与感召力的中国国家新形象。

另一方面是展示湾区创新文化。开放包容的创新文化是适应新时代新征程、顺应全球发展潮流的主流文化。作为国家深化改革、对外开放、建设粤港澳大湾区的重点区域，合作区鼓励创新精神，主动承载起建设社会主义文化强国和增强民族文化自信的使命，通过推动湾区对外文化交流、促进湾区文化认同、引领科技伦理发展方向增强湾区人民的制度自信，成为建设人文湾区的新标杆，为横琴高质量发展凝聚强大文化动力。

三、打造人文湾区新标杆

合作区应立足本地特色，全面而有效地整合各方面优势资源，用好粤澳特色资源禀赋和发展基础条件，从多个方面打造一系列人文发展的新标杆。

（一）立足广东人文底色，打造岭南文化新标杆

2020年，文化和旅游部、粤港澳大湾区建设领导小组办公室、广东省人民政府联合印发《粤港澳大湾区文化和旅游发展规划》，提出积极促进中外文化交流互鉴，繁荣发展粤港澳大湾区文化事业和文化产业，建设具有国际影响力的人文湾区和休闲湾区。这为合作区人文建设指明了发展方向，而“一个国家，两种制度，三个关税区，四个核心城市”的湾区建设格局，也有利于合作区发展形成中西文化相互融通的重要特征。

目前，粤港澳大湾区内各城市正着力打造各具特色的对外文化交流品牌，提升国际影响力。培育横琴特色文化品牌，凸显湾区人文精神，传播湾区文化形象，关键要挖掘地方特色，特别是要立足湾区人文底色，深挖开放包容、兼收并蓄的岭南文化。作为中华文化的有机组成，岭南文化基于独特的地理环境和历史条件，以农耕文化和海洋文化发展为源头，不断汲取海外文化，成为中西文化交流的重要组成部分。早在2006年，粤港澳三地就成功联手推动“粤剧”“凉茶”入选国家级非物质文化遗产名录。2009年，联合国教科文组织将“粤剧”列入人类非物质文化遗产代表作名录，进一步提升了岭南文化的全球影响力，扩大了岭南文化与世界文化的交流。近年来，数字化为岭南文化传播提供了更多元广泛的

途径。《2021巨量引擎岭南篇非遗数据报告》显示，2021年岭南非遗创作者在抖音直播场次较2020年同期增长55%，岭南地区最热门的非遗项目依次为潮剧、壮族三月三、粤剧、凉茶、琼剧、儋州调声、粤曲、雷剧、彩调。岭南特色的商品也因此得到消费者的追捧，如陈皮、六堡茶等[①]。横琴可以携手澳门，整合珠江西岸非物质文化遗产“最大公约数”，加快传统文化现代化、品牌产品文化化和文化产品品牌化步伐，集中提炼和形象表达横琴传统文化的“地标品牌”。

（二）立足澳门文旅底色，打造交融文化新标杆

广东文化强省建设大会召开以来，粤港澳大湾区城市群在带动城市旅游、激活文旅经济方面的发展势头迅猛，珠江西岸粤澳文化旅游产业深度融合的特征愈发凸显。近年来，香港和澳门的文化艺术事业显现出极强的韧性。香港立足中外文化艺术交流中心的新定位，依托多个会展活动目的地建立全球影响力，并且跃升为世界最大的艺术交易品中心，全球艺术市场的占有率从2019年的17.5%上升到2020年的23.2%，首次超越伦敦；佳士得和苏富比的拍卖销售额在2020年全球艺术交易品市场占据55%，其中香港区销售额作出了重要贡献。澳门于2021年举办了为期4个月的国际大型艺术盛会——艺文荟澳：澳门国际艺术双年展2021，旨在张扬人文精神，借助世界艺术资源丰富市民生活，激发城市智慧和想象，优化澳门文化生态。这一大型国际文化艺术盛会包括30项、在25个地点展出的展览，打造出覆盖全城的艺术网络，极大地丰富了澳门作为世界旅游休闲中心的内涵，同时也展示了澳门作为“以中华文化为主流、多元文化并存的交流合作基地”的人文魅力。

合作区的文旅发展应以此为基础谋划新一轮发展机遇，牢牢紧扣珠海、澳门的地方特色，瞄准世界级旅游目的地建设目标，拓展新时代文旅发展路径，创新新时代文旅模式。坚持以文旅会展旅游商贸业作为促进澳门就业结构适度多元化发展的主攻方向，深耕厚植湾区人文精神，建设成为粤港澳大湾区世界级旅游目的地重要枢纽节点和人文湾区新标杆。横琴还可以深度挖掘澳门文旅国际化资源

① 刘雪菲：《数说“人文湾区”——粤港澳大湾区建设三周年》，2022年2月22日，http://www.cdi.com.cn/Article/Detail?Id=17730。

优势，在合作区延伸澳门久负盛名的文旅、会展、酒店品牌，做大做强做优琴澳文化产业生态圈。同时，利用合作区天然的先行先试优势，促进粤澳文旅产业深度融合，进一步塑造横琴营商环境，加速推动区域商贸业发展。

（三）立足粤澳合作底色，打造文化产业新标杆

近年来，港澳与内地青少年交流互动日益频繁。截至2021年底，广东汇聚港澳青年创业团队近600个，从业人员超4000人。粤港澳三地政府鼓励支持青年融入粤港澳大湾区发展，颁布系列港澳青年创新创业扶持政策，建立一站式咨询、宣传及交流平台；开展系列文化惠民活动，如香港中学生民族民间研习考察计划、香港校园艺术大使文化之旅、内地与港澳青年文创交流营；推动缔结姊妹学校，提供实习实践，促进三地青年文化交流、心灵交融。粤澳姊妹学校增至109对，粤港澳三地共同缔结姊妹学校增至9对；深澳姊妹学校增至27对，粤澳合作成效显著。根据《2020年中国城市文化创意指数研究及排序》的城市创意生态、赋能能力、审美驱动力、创新驱动力等关键指标进行评比，城市文化创意指数十强分别为北京、深圳、上海、广州、杭州、苏州、南京、西安、东莞和重庆（见表8-1）。北京位居榜首，深圳赶超上海跃居第2位，珠海位居榜单第19位，大湾区内地九市共有四城跻身前20位，香港和澳门进跻前30位。

表8-1 2020年中国城市文化创意指数十强城市指标分值及排名情况

排序	城市	创意生态	赋能能力	审美驱动力	创新驱动力	指数	名次变动
1	北京	13.354	18.893	11.268	13.352	56.868	→
2	深圳	7.260	22.935	11.499	14.021	55.714	↑
3	上海	9.814	20.372	9.297	11.344	50.827	↓
4	广州	8.257	19.793	8.537	9.304	45.891	→
5	杭州	6.995	18.198	8.755	7.205	41.153	→
6	苏州	6.103	14.468	7.112	9.009	36.693	↑
7	南京	6.710	16.650	7.728	5.329	36.416	↑
8	西安	7.582	10.742	9.680	7.413	35.418	→
9	东莞	5.148	12.330	10.965	6.930	35.372	→
10	重庆	9.063	10.274	10.158	4.243	33.738	↓

资料来源：《2020年中国城市文化创意指数研究及排序》。

未来，合作区应当以此为基础，积极推动大湾区城市文化产业创新发展，全面提升粤澳文化产品供给能力，提高文化的产业化水平。一方面要借助技术优势，以数字技术加速文化创意资源集聚，推动文化产业数字化快速发展，打造一批以音乐、影视、动漫、游戏为代表，具有全球影响力的数字文化企业；另一方面要发挥文化品牌效应，积极开拓文化发展新领域，加速向国际国内市场整合输出。此外，要充分发挥产业优势与区域实力，创建创意设计之都，坚持以设计名片为文化创新产业赋能添彩，为合作区文化发展和经济发展注入新的增长动力，打造粤港澳大湾区对外文化艺术交流重要枢纽。

展望未来发展，横琴将依托澳门这个“以中华文化为主流、多元文化共存的交流合作基地”的高层次平台，拓展国际文化交流合作网络；挖掘利用中华文化资源、岭南文化元素为传播点，借助重要传统节会和华人华侨交流盛会等，举办各类文化艺术巡演和文化遗产展演，加速打造底蕴深厚、魅力十足、影响广泛的人文湾区新标杆。

第二节　打造珠江西岸产业发展增长极

琴澳一体化发展正加速推进。面向未来，横琴应立足“四新产业”谱写粤澳深度合作新篇章，加快形成共商共建共管共享新体制，促进澳门经济适度多元发展，辐射带动珠江西岸加快发展，构建粤港澳大湾区高质量发展新引擎和广东经济新的重要增长极。

一、立足“四新产业”谱写粤澳深度合作新篇章

党的二十大报告指出，推动战略性新兴产业融合集群发展，构建新一代信息技术、人工智能、生物技术、新能源、新材料、高端装备、绿色环保等一批新的增长引擎。构建优质高效的服务业新体系，推动现代服务业同先进制造业、现代农业深度融合。这为合作区产业发展指明了方向。随着《总体方案》的实施，横琴应聚力攻坚科技研发和高端制造产业、中医药等澳门品牌工业、文旅会展商贸产业、现代金融产业（合称“四新产业”），协同创新孕育多元新动能，促进澳

门经济适度多元发展的支撑作用愈发显现。

（一）产业谋划要突出地方优势

产业发展的前提是谋划好产业空间布局与产业园区化、集群化发展。根据合作区的制度优势与政策特色，横琴可采用“创新驱动型+市场驱动型”相结合的发展模式，以有效市场和有为政府不断创造横琴产业发展的地方特色与核心竞争力，积极争取国家和省级重大战略性项目，重点布局和培育前瞻创新型项目和企业，加快搭建科创平台，深入建设横琴国际科技创新中心，引入更多知名医药企业做强粤澳合作中医药科技产业园，整合培育“知名会展-主题乐园-酒店民宿-商务服务”现代产业链体系，依托中外金融机构做大做强面向世界的金融服务平台。

这其中，航空产业有望成为横琴较具潜力的细分产业方向之一。珠海的航空产业对于横琴破解大湾区产业同构竞争、实现错位发展具有举足轻重的意义，也是横琴建设成为大湾区澳珠极点核心的重要举措。作为技术、人才、资本集聚化程度较高的产业，航空产业是先进制造业、高端服务业的代表，体量规模较大，能够有效促进社会经济的快速发展。经过多年深耕发展，中国航展已跻身世界五大航展之列。未来，横琴在国家级新区、自贸区、粤港澳大湾区、粤澳深度合作区“四区叠加”优势下，可通过加强产业基金的引导作用，推动龙头企业或者高端项目落地，建设临空经济区，发挥投资便利化、贸易便利化优势，设立广东省航空产业基金，推动航空租赁等产业做大做强，在航展科普宣传、文旅会展商贸、文创等领域扩大和深化粤澳合作交流，营造良好的航空产业生态，带动粤港澳大湾区航空产业的发展。此外，还可以针对性学习借鉴“香港-深圳”国际电子元器件及物料贸易中心的成功经验，建立“澳门（香港）-横琴-珠海”国际电子元器件及物料贸易中心。

（二）产业形态要突出地方特色

产业发展的关键是突出地方特色，实施产业差异化发展策略，深度挖掘澳门、珠海两地的资源禀赋与传统优势，实现产业提质增效。合作区应根据澳门、珠海的经济特色，大力发展高端制造、生物医药、特色文旅等实体经济。充分考虑“四新产业”间的协作关系、有机融合、发展重点路径与策略，打造粤港澳大湾区文旅业、会展业、酒店业、商贸业交汇点和集聚化、特色化发展的新高地。

总体来看，高水平建设横琴国际休闲旅游岛、加强对周边海岛旅游资源的开发利用、推动粤港澳游艇自由行等举措有助于进一步凸显横琴产业特色，激发珠澳两地文旅会展商贸产业潜能。文旅会展商贸产业生态体系的建立，有助于进一步凸显横琴国际休闲旅游岛的特色定位，支持澳门世界旅游休闲中心建设。目前，“一会展两地办”的创新合作模式以及文旅会展商贸产业的有机融合已经为横琴产业国际化发展带来新路径和新动力。其中，会展业是集中展示大湾区工业经济、服务经济、创新经济的窗口，促进经贸合作、技术交流、招商引资，促进大湾区产业的营销、宣传和交流，加速推动本土品牌进入国际品牌通道；旅游业集中展示大湾区历史文化风貌和自然人文景观魅力，传播大湾区文化，吸引国际客群，改善投资环境，直接或间接地带动旅游住宿、餐饮、客运及文化艺术、娱乐、零售等行业；商贸业是拉动大湾区经济增长的动力性产业，通过不断吸纳国际优质资源要素，引导生产、创造需求、促进消费。2021年，澳门国际文化美食节（横琴站）共引进了上百家来自大湾区各地的展商，吸引10余万人流进场。澳门品牌与横琴平台在文旅会展商贸领域的深度融合，可以最大限度地发挥澳门作为联通葡语国家和地区桥头堡的作用，应当在合作区创建中医药销售、代理、文化“走出去”的国际化平台，加速推动形成产业、贸易和服务一体化经贸新格局，为粤澳合作、大湾区乃至中国塑造横琴地方产业的特色品牌。

（三）产业提升要优化地方生态

产业发展需要构建良好的产业生态和国际一流的营商环境。随着政策陆续落地以及体制机制创新的实践，合作区应进一步加快形成制度型开放的营商环境，大力吸引高端人才、先进企业加快向横琴聚集。

一是做好落实落细退税减税降费政策等相关工作，完善所得税优惠目录精准匹配“四新产业”，确保政策红利直达市场主体，扩大政策红利覆盖面，为减轻市场主体负担、应对经济下行压力提供支持。二是以“一线放开、二线管住”为基础加快构建横琴与澳门一体化高水平开放的新体系，更加有力赋能产业发展。三是促进各类要素特别是金融要素跨境便捷流动，目前已实现的突破包括粤港澳大湾区首个跨境数据验证平台以金融作为试点应用场景率先在琴澳两地上线运行。率先开展本外币兑换特许机构刷卡兑换业务；赴港发行国内首只非上市城投类企业离岸人民币债券；促成国内首笔交易所市场发行且主体与资产均属海外的熊猫债；国内首家全澳资合格境外有限合伙人试点企业、首家法资私募企业落户横琴；完成我国迄今为止公开披露的最大的一笔S基金交易，同时也是亚洲最大的人民币/美元双币种转换的基金交易。四是优化产业发展的要素集聚与培育的环境，加快打造高校合作办学的国际一流教育先行区。

二、加快形成共商共建共管共享的新体制

新体制主要围绕“四共”新机制建设和制度规则创新两个方面展开。

一方面，要狠抓“四共”新机制建设。共商共建共管共享这“四共”是合作区的制度优势。在产业发展进程中，合作区关键是要进一步落实《总体方案》明确规定的经济发展管理架构，创新合作区管理委员会运行机制，统筹决定合作区的重大规划、重大政策、重大项目和重要人事任免，确保合作区建设能够契合澳门的实际需求，配合特区政府的施政，服务于促进澳门经济适度多元发展、便利澳门居民生活就业的战略定位，这些都需要在未来的产业发展中落到实处。只有坚守“一国”之本，善用“两制”之利，才能确保合作区产业建设和经济发展行稳致远。共商即共同磋商研讨发展方向，制定政策、清单和路线图，让产业路线图更清晰；共建聚焦体制对接和规则衔接，理顺两地争议点，推动优势共融合，让产业基础建设有保障；共管即分工明确、权责统一、互相配合，让横琴粤澳深度合作区行稳致远，让产业治理有效果；共享放眼长远未来，推动琴澳两地共同分享发展成果，让产业发展有后劲。可以说，“四共”新机制将是合作区产业建设与发展的根本性制度保障。未来，合作区应注重发挥好澳门自由港作用，最大限度链接国际，以决策链条短、自主性强等独特的优势条件促进产业增长极的打造。正因为和澳门深度合作，横琴粤澳深度合作区才独一无二，结合内地资源广阔、市场广大、效率高、人才多等优势，合作区产业一定能够得到更长足的发展和“质”的提升。

另一方面，要抓好制度规则创新。琴澳双方需要彼此互做加减法，通过优点叠加探索新管理模式，再通过克服彼此不足提升工作效率，从而在规则制度有机衔接、规则标准互认、市场准入、人货流动、收益共享机制、人员配合、数据统计方式和指标体系等领域实现新突破。澳门发展新兴产业难点在于澳门地域狭小，产业空间和人才资源受限。因此，在新区域培育“四新产业”，离不开内地

资源、市场和人才的支撑。由于经济要素的流动对不确定性或陌生制度天然排斥，因此，要引得内地资源的“活水”来，还需要以合适的体制机制安排打造相对熟悉的营商环境。澳门具备建设自由贸易港的条件，链接国际、决策链条短、自主性强，合作区与之联系密切，负有特殊使命，必须在规则衔接上有所作为，率先突破并加快形成示范，形成最优最佳的制度创新环境。“四共”新机制凝聚粤澳双方共识的背后，需要时间积淀具体成果。在规则衔接的最前端，合作区法律事务局更需要秉持“慢工出细活”的严谨，牵头组建执委会跨部门的政策研究和规则衔接专责小组，统筹合作区重大政策及其相关配套政策落实，兼顾其突破性、原创性、引领性和合法性、规范性、程序性。

此外，合作区构建休戚与共的利益共同体，要破除琴澳分属两地的心理壁垒。2022年9月，横琴粤澳深度合作区执委会负责人接受媒体集中采访时明确了12条规则衔接路径，并推出30项年度规则衔接任务清单，主要覆盖推进“一线”放开、“二线”管住的规则衔接，人员往来高度便利的机制衔接，跨境金融创新方面的机制衔接，市场准入方面的规则衔接和法律服务方面的规则对接5个方面，将针对澳门居民、澳资企业在合作区发展的需求，不断通过小切口的改革，实现更多规则衔接、机制对接，推动琴澳产业一体化发展①。

三、促进澳门经济适度多元发展

党的二十大报告提出，要发挥香港、澳门优势和特点，巩固提升香港、澳门在国际金融、贸易、航运航空、创新科技、文化旅游等领域的地位，深化香港、澳门同各国各地区更加开放、更加密切的交往合作。从当前态势看，经济结构相对单一、发展资源有限困扰着澳门的发展，亟待创新发展路径。中央一直高度重视并坚持不懈推动澳门经济适度多元发展，为澳门发展指明了方向：建设世界旅游休闲中心、中国与葡语国家商贸合作服务平台，促进经济适度多元发展，打造以中华文化为主流、多元文化共存的交流合作基地。在经历新冠疫情后，澳门社

① 《合作区执委会负责人畅谈“四共”体制运行 未来三年拟实现逾百项规则衔接》，《珠海特区报》2022年9月14日第9版。

会各界对澳门经济结构方面存在问题的认识更加清晰，对中央明确澳门发展方向的认识更加深刻。祖国始终是澳门保持长期繁荣稳定的坚强后盾，融入国家发展大局，是“一国两制”的应有之义，也是澳门探索发展新方向、开拓发展新空间、增添发展新动力的机遇所在。合作区建设的初心就是为澳门经济适度多元发展创造条件，抓住合作区建设的重要机遇，就能为澳门经济长远发展注入新的动力，把横琴粤澳深度合作区打造成为促进澳门经济适度多元发展的新平台、便利澳门居民生活就业的新空间。“四新产业”与澳门现有产业基础形成呼应关系，能够培植创新优势，明确未来发展方向，协助澳门解决发展空间受限、经济结构单一、科技成果转化困难等现实问题，为澳门长远发展打开物理空间。

新时代新征程，新思路新动力。依托合作区加速推动澳门经济适度多元发展是必由之路。从发展的逻辑看，经济适度多元意味着产业一定和之前有所区别，要发展创新性、技术性、知识性含量高的产业。目前合作区“四新产业”的确立发展使得高端要素资源向横琴和澳门集聚，假以时日，澳门经济定能实现适度多元。截至2022年7月底，横琴粤澳深度合作区规模以上工业增加值同比增长38.1%，合作区实有企业54331户，其中内资企业46616户，外商及港澳台商投资企业7715户。其中，澳资企业数量持续增加，达到4975户。一年来，“四新产业”图谱正在合作区内加速展开。

2022年7月出台的《横琴粤澳深度合作区促进集成电路产业发展若干措施》，聚焦构建特色芯片设计、测试和检测的微电子产业链，力推集成电路产业集聚。粤澳两地协同推进科技创新发展的实践远不止于集成电路。横琴正加快推动建设研发机构、产学研示范基地，探索一条依靠产学研带动科研成果转化、培育新兴产业的新路线。例如，珠海澳科大科技研究院已开展联合研发、委托研究等商业项目，涵盖中医药、深空探测、系统工程技术、智能城市等新兴产业领域。珠海澳科大科技研究院有多种产学研合作模式，包括接受企业定向开发立项调研、专利成果转让、建立联合实验室、为初创企业提供技术支持等。粤澳合作中医药科技产业园注册医药健康企业已超4000家，涵盖新药研发、生物医药、医疗服务、药品贸易、大健康等领域；明确要以国家中医药服务出口基地为载体，发展中医药服务贸易；实施对在澳门审批和注册、在合作区生产的中医药产品、食品及保健品，允许使用“澳门监造”“澳门监制”或“澳门设计”标志，支持港澳药品医疗器械在大湾区内地九市生产等一系列利好政策。

总之，依赖国内外大市场、依靠粤澳合作、依托合作区平台，澳门经济适度多元发展的路径更加明确、更加稳固，经济适度多元发展必将行稳致远。

四、辐射带动珠江西岸地区加快发展

通过打造合作区高质量发展平台，有利于推动珠江东西两岸实现协调发展、均衡发展、错位发展。做大做强合作区，通过以点带面的溢出效应，衍生出珠江西岸的发展新高地，为破解长期以来珠江东西两岸发展不平衡不充分的深层次矛盾提供了重大契机，能有效促进粤港澳大湾区城市群发展。

（一）坚持东西协同、产业引领发展

加速推动合作区发展，实现珠江东西两岸协同发展、错位发展、相互支撑，关键是产业的协同发展和错位发展。从目前大湾区各城市经济发展现状来看：香港、深圳、广州创造了近60%的生产总值，经济总量均超过2万亿元；第二梯队中佛山、东莞领跑，两市地区生产总值合计占比约20%；剩下六市地区生产总值占比合计约20%，其中珠海、江门、肇庆三市2022年的地区生产总值分别为4045.5亿元、3773.4亿元、2705亿元，经济总量梯次差距明显。从产业结构来看：各城市发展阶段不一，香港、澳门第三产业比重超过九成，广州、深圳仍保持了较大的工业占比，东莞、珠海、江门和中山第三产业已超过或持平第二产业，佛山、惠州和肇庆工业仍占据主导地位。从产业基础来看：东岸（以广深莞等为代表）高新技术制造业占比较大，且已形成了以电子信息、生物医药、人工智能、新材料、汽车/新能源汽车制造等为代表的产业集群；西岸则主要是家电制造（白电）、纺织服装、石油化工、电器机械等产业，支柱产业分散，优势产业不突出且规模偏小，并在电子信息、汽车制造、生物医药等方面也有部分基础，但整体偏传统产业，与东岸各城市之间存在同质性竞争。

因此，珠江西岸的发展需要突出规模和结构，全面提升产业发展和科技创新的效能。这就要求发挥合作区这一国家级战略平台的作用，充分发挥粤澳合作、制度创新的领先优势，率先构建经济高质量发展的体制机制，为珠江西岸提供制度性借鉴。一方面，要发挥合作区的产业辐射带动作用，全面释放合作区的发展溢出效应，进一步优化珠江西岸供给结构，以高质量供给引领和创造新需求，进

一步改造提升传统产业，做大做强战略性支柱产业，培育发展战略性新兴产业，加快发展现代服务业，推动产业基础高级化和产业链供应链现代化，提高产业现代化水平，打造珠江西岸新兴产业重要策源地、先进制造业和现代服务业基地，推动珠江西岸建设更具国际竞争力的现代化产业体系，为珠江东西两岸协同发展赋能。另一方面，要发挥合作区的科技创新辐射作用，坚持创新在现代化建设全局中的核心地位，以粤港澳大湾区国际科技创新中心建设为引领，促进创新链条有机融合和全面贯通，建设珠江西岸具有全球影响力的科技和产业创新高地。重点依托重大科技基础设施和高水平实验室体系，参与国际大科学计划和大科学工程，加强基础研究领域国际合作。按照“学科集中、区域集聚”和“谋划一批、建设一批、运行一批”的原则，布局建设重大科技基础设施，构建稳定运行保障机制。瞄准世界科技发展前沿和产业技术变革方向，立足珠江西岸市场机制和产业基础优势，重点发展珠海、江门、中山、佛山、肇庆等国家级高新区。发挥企业创新主体作用，加快推动科技成果转化应用，加强基础研究和关键核心技术攻关，聚力推进关键核心技术自主化。在珠江西岸培育一批拥有自主知识产权和核心技术的高成长企业、细分领域领军企业、综合实力百强企业，推动一批“专精特新”企业创新发展，加快推进珠江西岸创新体系提升。

（二）坚持服务提升、开放加快发展

要在粤澳合作框架下，发挥澳门国际化服务型经济优势和合作区辐射带动作用，促进珠江西岸在开放型经济发展新格局中形成强大的势能，大力推进珠江西岸建设更高水平开放型经济新体制，实施更大范围、更宽领域、更深层次对外开放；依托链接国内大市场优势，全方位提高对外开放水平，深度融入全球经济，在形成全面开放新格局上走在大湾区乃至全国前列。

要按照“互惠互利、务实高效”的原则，加强与发达国家和地区的交流，推进经济项目合作，重点加强高新技术和先进制造业领域投资合作，扩大承接发达国家服务外包业务，发掘金融、教育和低碳环保等领域合作潜力，促进珠江西岸交流合作。利用澳门开放经济体优势，把握RCEP机遇，深挖与东盟国家、海上丝绸之路沿线国家合作优势，推动在贸易、投资等领域的深度合作。探索与非洲在基础设施建设、旅游、农业、轻工业、先进制造业、新能源、5G和职业培训等领域的合作。探索推动规则、规制、管理、标准等制度型开放，打造高水平对

外开放门户枢纽。此外，要在数字经济、互联网和电信、教育、医疗、文化等领域率先开放，建设新型国际贸易中心，推动离岸贸易等新业态发展，建设全球溯源体系、全球报关系统等国际贸易服务平台。利用合作区推进国际贸易“单一窗口”建设，深化口岸监管部门间信息互换、监管互认、执法互助，推进口岸提效降费，提升跨境贸易便利化水平，探索在综合保税区实施以安全监管为主、体现更高水平贸易自由化便利化的监管模式。

（三）坚持改革创新、制度保障发展

坚持服务珠江西岸、辐射引领珠江西岸发展，关键是制度型开放。应充分发挥合作区改革开放试验田和窗口的作用，强化合作区对外开放水平高的综合优势，大力推动与港澳经济运行的规则衔接、机制对接，探索更多创造型、引领型改革举措，引领珠江西岸优化市场化、法治化、国际化营商环境，为打造新发展格局的战略支点提供制度保障。

作为国家重大平台，横琴需要与前海、南沙共同建设互为呼应的粤港澳大湾区战略性枢纽网络节点，尤其是横琴、南沙要利用国家战略性政策助力珠江西岸区域发展，服务国家，放眼长期，循序渐进，增进认同。城市群内部应有较为一致的发展水平，内地与港澳的发展差距无法在短期内弥合，因此必须做好长期准备，通过推动内地的体制机制建设和社会经济发展来逐渐减少三地的发展落差，逐步增强港澳市民对粤港澳大湾区城市群发展的参与度。

为提高粤港澳大湾区城市群的整体效益和内部的协调水平，必须实现区域内的协调发展，坚持以合作区为引擎，明确珠江西岸区域内各级城市的发展定位。珠江西岸城市应根据自身的发展条件和禀赋优势，对合作区发展功能进行补充。鼓励澳门企业进入大湾区内非核心城市投资建设，强化沟通协调，避免重复建设和同质化竞争，实现在金融、港口和航空运输等方面提升群体效应。同时，在要素流动机制上强化创新，破除科研要素流动藩篱，发挥大湾区科研资源群落的集聚效应。鼓励区域内科技和专业人才的自由流动，探索更为便捷合理的出入境、居住和税收政策。针对企业、高校和研究院等用于科研目的的大湾区内物资流动，通过提高其通关效率和提供税费减免等措施，鼓励粤港澳三地加强科研合作。疏通资本流通渠道，打造大湾区跨境金融合作集群，加快实现内地金融服务与港澳金融市场的对接。通过先行先试和循序渐进，提高内地对港澳金融市场的基金、保险、债券等金融产品服务的开放水平。引进港澳优质金融资源，降低准入门槛，率先在珠江西岸开展港澳金融企业的集聚化运营。

此外，要加速优化珠江西岸各区域治理水平和营商环境，打造世界一流的营商环境，集体提升珠江西岸城市群的市场管理水平。开创粤港澳青少年交流互动的新局面，全力支持港澳青少年赴粤交流学习，鼓励港澳青年“北上”创业和就业，并提供有效的配套服务措施，以发展成果惠及澳门及珠江西岸全体人民。

第三节　构筑新时代中国开放新高地

开放是当代中国的鲜明标识。党的十八大以来，习近平总书记多次重申：中国扩大高水平开放的决心不会变，中国开放的大门只会越开越大。作为习近平总书记一手缔造的改革开放典范，横琴从规划定位、开发到合作区建设，每一步都倾注了习近平总书记的深情关怀和殷切期望。面向未来，横琴应立足引领制度型开放，构建要素自由流动的一体化开放新体系，谱写新时代“春天的故事”。

一、立足改革开放前沿，引领制度型开放

（一）探索在制度结合中进行制度现代化的方式

横琴粤澳深度合作区是新时代新征程实现制度型开放的重大平台，有助于打造新时代中国开放新高地。当今世界的竞争归根到底是制度的竞争，制度建设是人类进步的根本标志。国际竞争表面上是技术和力量的竞争，实质则是制度的竞争。通过制度现代化形成制度优势，是在竞争中取得有利地位的根本保证。制度优势是一个国家软实力的集中体现。软实力对内表现为一个国家、一个民族的生命力、创造力和凝聚力，对外表现为一个国家在意识形态、发展模式、民族文化、外交方针等方面被国际社会认可的程度。近年来，我国聚焦深层次体制机制改革，从制度破题把改革推向深入，许多领域实现历史性变革、系统性重塑、整体性重构，为推动形成系统完备、科学规范、运行有效的制度体系奠定了坚实的基础，使各方面制度更加成熟。

制度型改革开放绝不是单个领域的调整修补，而是系统性体制与制度的创

新；不是某个领域改革的单向突进，而是各领域、各层次的系统推进；不是止步于改革体制机制，而是着眼于制度有机聚合，形成总体性的制度成果。合作区要站在新起点上推动更深层次改革，更需强调系统性、整体性、协同性，把深化改革攻坚同促进制度集成结合起来，进一步提升改革整体效能。推进改革，要在集成上下功夫，充分考虑各项改革举措之间的关联性、耦合性，努力做到眼前和长远相统筹、全局和局部相配套、渐进和突破相衔接，真正推进区域一体化。

（二）探索跨区域协同发展的建设模式

城市群要推进一体化发展。合作区是粤澳合作平台，不仅关系到珠海、澳门，更关系到珠江东西两岸各个城市探索跨区域发展的新模式。

第一是要率先推进更深层次的改革和更高层次的开放，着力突破行政壁垒造成的各种“断头路”，以开放的科技创新环境和开放的新兴市场来共同打造全球科技创新的重要策源地。

第二是要探索实践跨行政区的一体化发展模式，实现全区域共同繁荣发展，这是粤澳一体化发展的新使命。在保留原有行政格局的前提下，大胆探索跨区域协同发展的新模式，更好地践行新发展理念。

第三是要创新协同发展的领导体制和责任机制。跨区域协同发展涉及多方利益，协调的难度较大，如果没有强有力的领导机制，很难取得实质性进展。应适当调整市、县两级政府之间的经济管理职能。由县域经济向都市圈经济转变，优化生产力空间布局，必须使政府的产业规划职能在更高层次、更大范围内进行。因此，在市、县两级政府之间，必须强化县级政府的社会治理和公共服务职能，强化市级政府的产业规划职能，提升市级发展规划的权威性，促进跨区域协同发展和产业结构优化。

第四是要建立以市场机制为基础的利益平衡机制。跨区域协同发展每前进一步，各方的政府部门和社会公众都会关注谁获利多、谁获利少。因此，要探索跨区域多元治理机制。可以由各方的负责人轮流主导，确保协同管理。各类行业协会、各种社会团体可以参照此种模式，建立跨区域的联合委员会，由各方轮流担任负责人，开展经常性、制度化的交流，促进彼此的了解、沟通和合作，为协同发展创造更好的社会基础。

（三）探索不同制度框架下区域合作的路径

粤港澳大湾区建设世界一流的湾区和超大都市群，有望成为人口超过1亿的发达经济体，将形成巨大的市场，创造更多新需求，带动更多新产业发展，打造国际一流的宜居宜业宜游的优质生活圈。

在向这一目标迈进的过程中，合作区作为粤澳合作最佳城市组合，发挥着重要而独特的功能和作用，应构建起全方位、多领域的深度合作，包括政治、经济、社会、文化、民生、生态等诸多领域。利益问题是处理竞争合作关系的核心和关键，维护各自核心利益，做大共同利益，实现整体利益与局部利益的协同统一，是粤澳构建健康的竞争合作关系的目标。除此之外，对于面向世界开放的横琴，文化也是重要的影响因素和需要考虑的重点问题，因为在全球范围内移民文化（相对当地文化而言的异质文化）对部分国家和城市的发展乃至崛起起到了至关重要的作用，旧金山湾区的发展就是如此。

除了文化合作外，服务与制造也是粤澳合作的重要领域。制造业和服务业应如何发展不仅是产业结构问题，也是经济均衡问题，更是涉及就业的社会民生问题。琴澳必须合作发展新一代信息技术、高端装备制造、绿色低碳、生物医药、数字经济、新材料、海洋经济等构成的战略性新兴产业和以生命健康、航空航天、机器人、可穿戴设备、智慧装备、海洋产业等为代表的未来产业。要着力促进澳门科技研发、科技创新能力与横琴、珠江西岸其他地区高科技产业及一般制造业能力紧密结合、一体发展，激活澳门高校科技资源、世界级研发能力及其特有的制度优势，形成有利于澳门、珠海、横琴创新科技发展的产业生态，推进大区域、广覆盖的要素资源优化整合，通过珠江西岸都市群协同发展，持续提升城市的功能结构。

民生合作方面，应引进有实力的企业、国内外优质的医疗资源、社会慈善力量、基金会、商业保险机构等组建综合医院和专科医院。探索股份制运营方式，公开招标引入社会资本。充分落实港澳居民在横琴享受同等待遇，包括子女教育机会、医疗服务、社会保障、公积金缴纳、税制税率、购买住房资格等方面的待遇。这是便利港澳居民在内地发展的政策措施的重要组成部分，也是“一国两制”行稳致远的重要保障。

（四）突破区际利益分配难题，探索利益共享机制

随着社会生产力的发展，人民对美好生活的需要在“质”与“量”上不断提高，但区域经济发展不平衡问题仍然较为明显。推进粤澳合作建设合作区，亟须进一步建立和完善区际利益协调机制。完善的区际利益协调机制应包含协调主体、协调内容、协调手段三方面。

协调主体即区际利益协调机制运行过程中涉及的利益相关者，不同的利益相关者（主要包括中央政府和地方政府、企业、居民以及社会组织等）有着不同的利益诉求和约束。中央政府作为区域协调发展的总推动者，以实现国家整体利益最大化为目标，通过制定国家层面总体发展战略推动区际利益协调。广东省、澳门特别行政区可通过控制本地的经济发展影响区际利益关系格局，是区际利益协调的关键主体。企业和居民是微观的利益相关者，受到区域协调发展的影响，同时作为市场力量，通过人力资本、产业结构等影响区域发展，是利益协调的微观主体。而社会组织作为独立于政府和市场之外的力量，在区际利益协调中也应发挥积极作用。确定并正确区分各协调主体是进行区际利益协调的前提，后续协调均需根据协调主体的利益诉求循序推进直至平衡。

协调内容是对区际利益协调机制的分解细化。应完善利益协调监督机制，各利益相关者作为“理性经济人”会追求自身利益最大化，监督机制可以防止机会主义行为的发生，从而保障协议的实施效果和预期结果的实现。

完善利益分享机制与补偿机制，这是区际利益协调机制的核心。其中，利益分享机制主要通过受益者利益的分享与分成，增强增长极地区的扩散效应，拉动周边经济增长。补偿机制通过对受损者的利益补偿，实现利益再分配，最终实现各利益相关者的利益诉求，如“澳人澳税”安排。但由于信息不完整，有时无法充分了解各利益相关者的实际情况，因此应加快构建粤澳区际横向机制以协调区际利益，让各利益相关者实际参与协调过程，推动区域协调发展以及共同富裕的最终实现。

二、构建要素自由流动的一体化开放新体系

着眼未来发展，合作区将是内地唯一同时与港澳桥陆相连的自贸区。因此，未来可引入澳门的自由港、低税制、要素自由流动等制度优势，构建与港澳一体

化高水平开放的新体系，打造“政策优惠高地”与“成本洼地”，创造一流的营商环境，实现国际资金、先进技术、高端人才等要素自由流动。

（一）高度重视要素市场化改革

完善要素市场化配置是建设统一开放、竞争有序市场体系的内在要求，合作区要坚持以供给侧结构性改革为主线，坚持新发展理念，坚持深化市场化改革、扩大高水平开放，破除阻碍要素自由流动的体制机制障碍，扩大要素市场化配置范围，健全要素市场体系，推进要素市场制度建设，实现要素价格市场决定、流动自主有序、配置高效公平，为建设高标准市场体系、推动高质量发展、建设现代化经济体系打下坚实的制度基础。

具体来说，一是推进土地要素市场化配置，引导劳动力要素合理畅通有序流动，推进资本要素市场化配置，加快发展技术要素市场，加快培育数据要素市场，加快推动要素价格市场化改革，健全要素市场运行机制及组织保障。探索更为集约高效的土地市场化改革，实行产业链供地、组团式供地和跨区域土地要素市场化改革，解决当前制约产业发展的工业用地瓶颈难题。二是创新要素融资方式，建立数字金融、专利等专业融资通道和试点数据交易平台。积极推广知识产权融资，充分利用知识产权交易平台，引入和发展促进技术转移转化的金融产品和服务机构，促进技术要素与资本要素融合发展。扩大政府产业引导资金规模，设置科技金融专营机构，探索建设投融资平台机构，建立面向世界的投资促进中心。加强科技人才引进，破解跨境研发难题，以建设广珠澳科技创新走廊为契机，实现横琴与周边跨区域多主体间的协同创新。三是探索灵活供地形式，推动土地资源的集约化使用，促进产业的升级转移。无论企业是转移到新兴合作园区，带动当地经济发展，还是在原地进行功能升级，发展出研发功能或总部功能，总的着眼点是巩固上下游产业链的合作联系，推动产城融合，加强人才引进，进而提升整个产业的实力和发展潜力。围绕这样的目的探索的灵活供地形式可称为着眼于产业社区发展的产业链供地形式。

（二）建立高度便利市场准入制度

全面实施市场准入负面清单制度是党中央为加快完善社会主义市场经济体制作出的重大决策部署。《广东省市场监管现代化“十四五”规划》提出，打造具有国际竞争力的营商环境，携手港澳建立高标准市场监管规则，增强大湾区高质量发展动能。

合作区要重点在市场准入制度创新上寻求突破。首先要推动商事登记“银政通”服务向港澳、“一带一路”沿线国家和地区拓展，实现商事登记离岸受理、远程办理。还要建立完善粤港澳三地竞争政策与法律有效实施的合作交流机制，推动粤港澳三地建立共商共建共管共享的多元化纠纷解决机制。实施市场主体“承诺即入制”。通过相关门户网站、媒体等平台，向社会公开负面清单信息，便于市场主体实时查询，不断提升市场准入政策透明度和负面清单使用便捷性。建立清单动态调整机制，明确和细化清单调整频次、方式、流程，探索建立市场准入负面清单调整第三方评估机制，实现各类市场主体依法平等进入清单以外领域。市场主体承诺符合相关要求并提交相关材料进行备案，即可开展投资经营活动。着力强化事中事后监管，建立与澳门衔接、国际接轨的监管标准和制度规范。在推动行业标准领域改革创新的同时，支持合作区医药产业发展，优化粤澳合作中医药科技产业园发展路径，建立具有自主知识产权和中国特色的医药创新研发和转换平台。积极探索市场监管重点领域、具体问题的“一事三地”“一策三地”“一规三地”，以点带面推动三地规则衔接。不断放宽各类投资者在合作区开展投资贸易的资质要求、持股比例、行业准入等限制。

可以通过机制改革、智库建设等途径建设粤港澳大湾区标准化研究中心，研究制定发布和强化推广“湾区标准”。严格落实“非禁即入”，在“管得住”的前提下，对具有强制性标准的领域，原则上取消许可和审批，建立健全备案制度，市场主体承诺符合相关要求并提交相关材料进行备案，即可开展投资经营活动。

（三）降低交易成本释放市场活力

所谓制度性交易成本，是指因一个国家或地区的制度性安排所产出的成本或费用，是指企业在运转过程中因遵循法律、规章、政策而需要付出的经济、时间和机会等各种成本或费用。实践已证明，过高的制度性交易成本最终必然由消费者买单，企业营利性的本质决定了其必然要将过高的成本转嫁给消费者。

合作区要立足服务经济社会发展，深入推进“放管服”改革，持续释放改革红利，降低制度性交易成本，促进市场主体总量提升、活跃度增强，让市场主体多起来、活起来、大起来、强起来。加速推进系列改革措施，让市场主体准入更加便利，加快建设智慧监管平台，实现市场监管领域相关事项“一次办”，办理全程“不见面”。进一步破除隐性门槛，推动降低市场主体准入成本，全面实施市场准入负面清单管理，着力优化工业产品管理制度，规范实施行政许可和行政备案，切实规范政府采购和招投标，持续便利市场主体登记。进一步规范涉企收费，推动减轻市场主体经营负担，严格规范政府收费和罚款，推动规范市政公用服务价外收费，着力规范金融服务收费，清理规范行业协会商会收费。进一步优化涉企服务，推动降低市场主体办事成本，全面提升数字化服务能力，持续优化投资和建设项目审批服务，切实提升办税缴费服务水平。

（四）优化营商环境助力产业发展

优化营商环境是一场深刻的体制改革和制度创新，营商环境是市场经济的培育之土，是市场主体的生命之氧，只有进一步优化营商环境，才能真正解放生产力、提高竞争力。中国经济已由高速增长阶段转向高质量发展阶段，正经历质量变革、效率变革、动力变革，传统的劳动力、土地等生产要素的比较优势正在逐渐减弱，制度供给成为重要的核心竞争力。横琴要成为国内大循环为主体、国内国际双循环相互促进的新发展格局的战略支点，同样需要继续改善营商环境，才能不断增强自身的吸引力、创造力、竞争力，才能实现更高质量、更有效率、更加公平、更可持续、更为安全的发展。

横琴需要完善一系列产业发展所需的关键要素，包括坚实的产业基础、较强的消费能力、发达的交通基础设施、丰富的教育和科创资源等，上述要素是横琴实现转型升级和持续发展的地基。横琴位于RCEP成员国4小时航行圈的几何中心，区位优势明显。自2022年初RCEP正式生效以来，受益于地理位置、便利交通、产业优势和关税优惠，横琴企业获得了更多与RCEP成员国的密切经贸关系和开展业务合作的广阔空间。因此，未来横琴优化营商的重点在于对市场准入退出、产业发展、招商引资、政府采购、招标投标、经营行为规范、资质标准等领域进行改革创新。数字经济时代，尤其要全面优化数字化营商环境。一方面要支持横琴放宽数据通信领域市场准入，支持建设全球数据港，与港澳联合建设大数据交换中心、离岸数据中心，构建开放的国际数据环境，吸引国际数据流量在横琴集聚；另一方面需扩大横琴数据跨境传输安全管理试点范围，即在现有的跨境数据管理框架下，探索跨境数据服务交易、监管规则标准制定，在确保数据安全的前提下，支持横琴粤澳深度合作区内固定网络接入国际互联网，促进跨境数据安全有序流动。

（五）强化“桥头经济”下对港资和人才的吸纳能力

根据交通大环线的布局和城市地域分布，大湾区城市群可进一步划分为广佛肇、澳珠中江、港深莞惠城市群，它们正在形成各自的产业优势，逐步推进区域一体化发展及产业融合。

交通设施的完善能够促进人才的自由流动，这已在广佛间得到印证。港珠澳大桥建成通车，彻底打开了横琴与港澳深度合作的空间，也彻底改变了区域合作大格局，将澳门经济腹地延伸至珠江西岸、粤港澳大湾区、大西南地区及东盟地区，对接有巨大潜力的新市场，并汇聚巨大人流、物流、信息流，有极大潜力令经济实现飞跃式发展。目前，香港正以“桥头经济”思维进行港珠澳大桥经济发展规划，吸引各类优质资源聚集。为此，合作区要最大限度抓住港珠澳大桥所释放出来的经济流量，以“桥头经济”思维进行港珠澳大桥框架下的横琴经济发展规划，吸引各类优质资源聚集。横琴作为粤港澳大湾区战略中重要的经济发动引擎，内地唯一与港澳陆桥相连的自贸区，能够为澳门提供向西拓展、打开珠三角西翼乃至大西南地区广阔经济腹地的平台，这对澳门及横琴经济的推动作用将越发显著。大桥经济区将吸引不少港资、澳资企业“抢滩登陆”，港商、澳商期盼以此连接广阔的广珠西线、西部沿海等内地高速路网，将产业辐射到珠江西岸、泛珠三角和广阔的大西南地区。最终，这种发展新格局将使得横琴成为立足粤港澳大湾区、面向全球的一体化开放新平台，绘就全面开放格局新图景。

附录

横琴粤澳深度合作区统计数据（2021—2022年）

附录1

附表1　主要经济指标（2021年1～12月）

指标	计量单位	总量	同比增长/%
地区生产总值	亿元	454.63	8.5
规模以上工业增加值	亿元	3.18	-11.2
固定资产投资	亿元	—	12.9
社会消费品零售总额	亿元	14.86	-8.5
批发零售业销售额	亿元	1019.69	26.3
住宿餐饮业营业额	亿元	10.89	29.7
外贸进出口额	亿元	314.66	53.3
其中：出口总额	亿元	139.80	52.2
实际使用外资	亿美元	15.23	-14.1
地方一般公共预算收入	亿元	108.68	14.3
全社会用电量	亿千瓦时	8.52	18.2
其中：工业用电量	亿千瓦时	1.61	23.1
中外资银行业机构本外币存款余额	亿元	1605.48	15.1
中外资银行业机构本外币贷款余额	亿元	1417.67	32.7

注：地区生产总值为季度数，中外资银行业机构本外币存款、贷款余额为当期期末时点数。

附录2

附表2　主要经济指标（2022年1～6月）

指标	计量单位	总量	同比增长/%
地区生产总值	亿元	223.93	2.5
规模以上工业增加值	亿元	3.59	54.8
固定资产投资	亿元	—	-52.4
社会消费品零售总额	亿元	5.92	-44.2
批发零售业销售额	亿元	600.78	2.6
外贸进出口额	亿元	162.27	-32.7
其中：出口总额	亿元	89.52	-37.4
实际使用外资	亿美元	2.92	-65.4
地方一般公共预算收入	亿元	55.96	-15.5
地方一般公共预算支出	亿元	62.99	-23.5
全社会用电量	亿千瓦时	3.43	-11.7
其中：工业用电量	亿千瓦时	0.56	-16.4
中外资金融机构本外币存款余额	亿元	1668.50	3.0
中外资金融机构本外币贷款余额	亿元	1644.56	38.5

注：地区生产总值为季度数，中外资金融机构本外币存款、贷款余额为当期期末时点数，地方一般公共预算收入增长速度是剔除留抵退税口径。

附录3

附表3　地区生产总值（2021年1～12月）

行业	增加值/亿元	同比增长/%
地区生产总值	454.63	8.5
按产业分		
其中：第一产业	0.13	12.4
第二产业	60.37	-13.5
第三产业	394.13	12.6
按行业分		
其中：农林牧渔业	0.14	13.3
工业	2.35	-10.8
建筑业	58.04	-13.6
批发和零售业	41.92	10.7
交通运输、仓储和邮政业	4.41	13.5
住宿和餐饮业	7.56	15.5
金融业	162.07	10.3
房地产业	72.15	26.5
其他服务业	105.99	7.8

注：1. 增加值绝对额以现价计算，增速以不变价计算。

2. 产业划分依据国家统计局2018年制定的《三次产业划分规定》（国统设管函〔2018〕74号），行业分类依据《国民经济行业分类》（GB/T 4754—2017）。

3. 地区生产总值数据由珠海市统计局统一核算反馈。

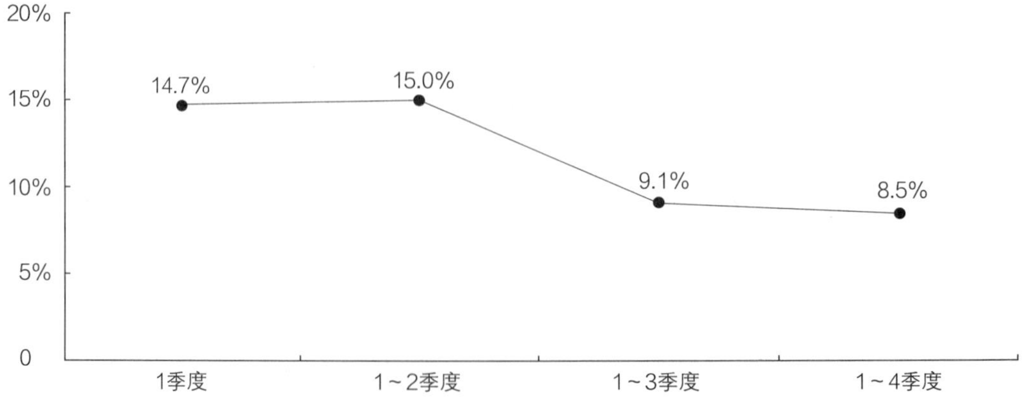

附图1　2021年各季度地区生产总值同比累计增速

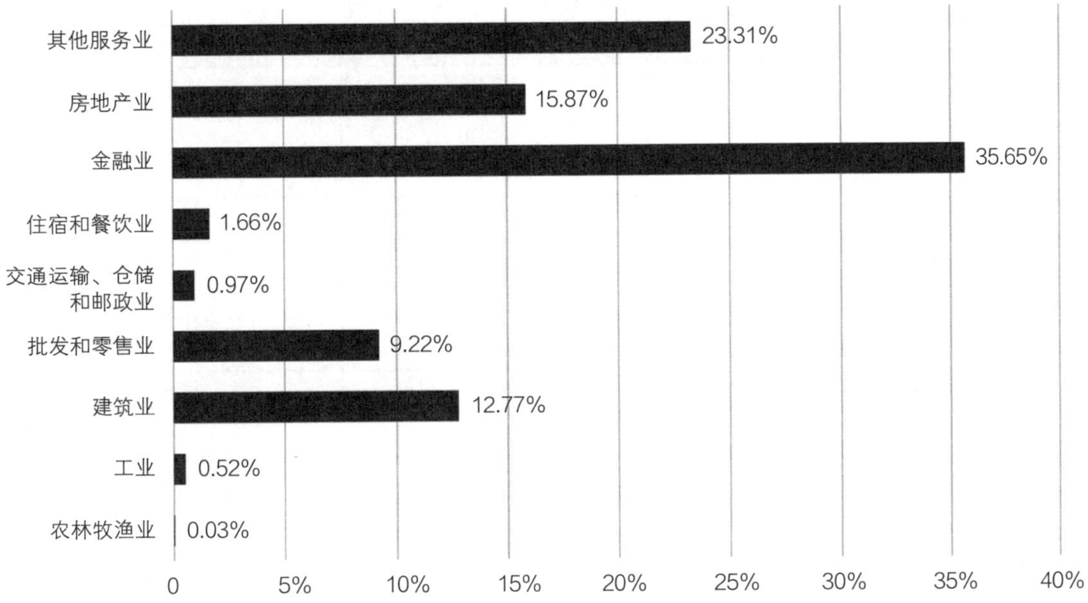

附图2　2021年合作区各行业构成

一、指标解释

地区生产总值是一个地区所有常住单位在一定时期内生产活动的最终成果，是衡量一个地区经济状况和发展水平的重要指标。

二、统计范围

所有在本地区经济领土内具有经济利益中心的经济单位创造的价值都应该纳入地区生产总值统计范围，即在本地区经济领土内拥有一定的活动场所，从事一定规模的经济活动，并超过一定时期的经济单位创造的最终产品和服务的价值。

三、资料来源

一是国家统计调查资料，指由国家统计系统实施的统计调查获得的各种统计资料，如农林牧渔业、工业、建筑业、批发和零售业、住宿和餐饮业、房地产业、其他服务业等统计调查资料、人口与劳动工资统计资料、价格统计资料等。

二是行政管理部门的行政记录资料，主要包括：财政部、中国人民银行、税务总局、银保监会、证监会等行政管理部门的相关数据，例如中国人民银行的金融机构本外币信贷收支情况、税务总局分行业的税收资料等。

附录4

附表4　地区生产总值（2022年1～6月）

行业	增加值/亿元	同比增长/%
地区生产总值	223.93	2.5
按产业分		
其中：第一产业	0.04	-6.2
第二产业	24.22	-0.3
第三产业	199.67	2.7
按行业分		
其中：农林牧渔业	0.05	-7.8
工业	4.00	84.8
建筑业	20.25	-9.3
批发和零售业	22.66	-8.5
交通运输、仓储和邮政业	2.41	-0.2
住宿和餐饮业	6.07	-19.2
金融业	82.17	11.0
房地产业	27.49	-22.1
其他服务业	58.82	12.9

注：1. 增加值绝对额以现价计算，增速以不变价计算。

2. 产业划分依据国家统计局2018年制定的《三次产业划分规定》（国统设管函〔2018〕74号），行业分类依据《国民经济行业分类》（GB/T 4754—2017）。

3. 部分数据采用了四舍五入的方法，表内其中项相加可能与总计略有差异。

4. 地区生产总值数据由珠海市统计局统一核算反馈。

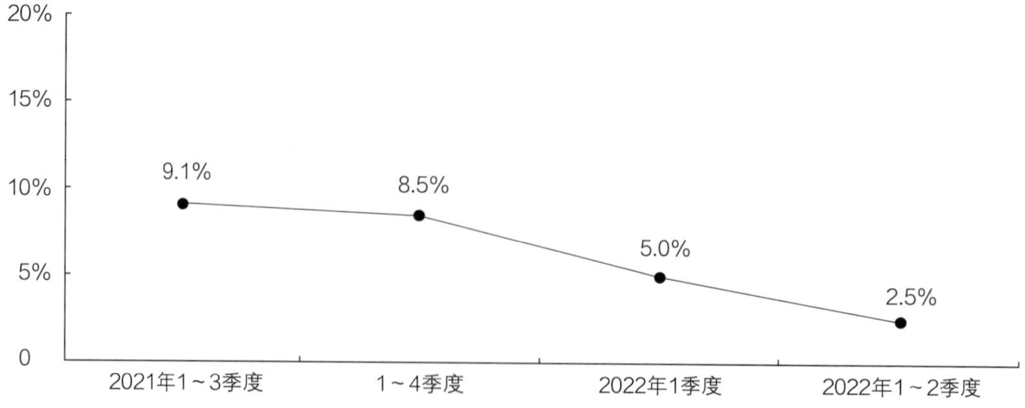

附图3　地区生产总值同比累计增速

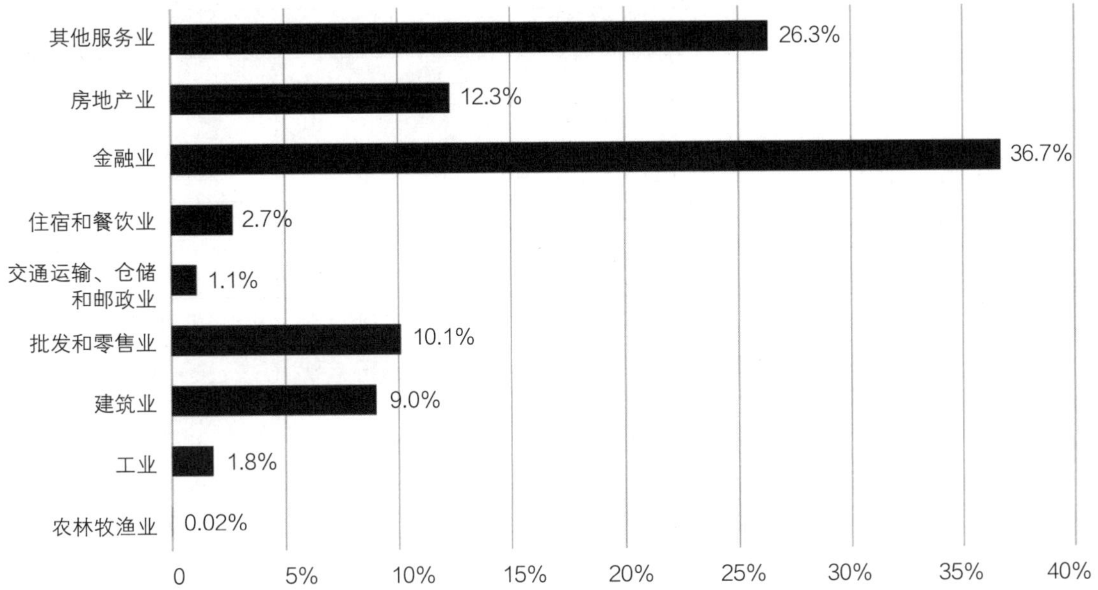

附图4　2022年上半年合作区各行业构成

一、指标解释

地区生产总值是一个地区所有常住单位在一定时期内生产活动的最终成果，是衡量一个地区经济状况和发展水平的重要指标。

二、统计范围

所有在本地区经济领土内具有经济利益中心的经济单位创造的价值都应该纳入地区生产总值统计范围，即在本地区经济领土内拥有一定的活动场所，从事一定规模的经济活动，并超过一定时期的经济单位创造的最终产品和服务的价值。

三、资料来源

一是国家统计调查资料，指由国家统计系统实施的统计调查获得的各种统计资料，如农林牧渔业、工业、建筑业、批发和零售业、住宿和餐饮业、房地产业、其他服务业等统计调查资料、人口与劳动工资统计资料、价格统计资料等。

二是行政管理部门的行政记录资料，主要包括：财政部、中国人民银行、税务总局、银保监会、证监会等行政管理部门的相关数据，例如中国人民银行的金融机构本外币信贷收支情况、税务总局分行业的税收资料等。

附录5

附表5　工业增加值（2021年1～12月）

指标	总量/万元	同比增长/%
工业增加值	31802.70	−11.2
按轻重工业分		
其中：轻工业	3888.33	4.5
重工业	27914.37	−13.1
按经济类型分		
其中：股份制企业	31310.95	−10.8
外商及港澳台商投资企业	491.75	−30.5
按行业分		
其中：电力、热力生产和供应业	19537.17	−22.6
计算机、通信和其他电子设备制造业	3238.97	−5.4
通用设备制造业	687.90	−6.2

注：因部分行业涉及单个企业，故暂不公布部分行业数据，导致表中各行业相加不等于合计数。

一、指标解释

规模以上工业增加值是地区生产总值的组成部分，是以货币形式表现的、规模以上工业企业在报告期内工业生产活动的最终成果，这个最终成果反映的是企业生产过程中新创造的价值。

规模以上工业增加值增长速度是指以规模以上工业增加值作为总量指标计算出来的、反映一定时期全国或某一地区工业生产增减变动的相对数，通常以百分数表示。

二、统计范围

年主营业务收入2000万元及以上的工业法人单位。

三、行业划分

行业划分依据《国民经济行业分类》（GB/T 4754—2017）。

四、调查方法

规模以上工业企业按月进行全面调查（1月数据免报）。

附录6

附表6　工业增加值（2022年1～6月）

指标	总量/万元	同比增长/%
工业增加值	35859.99	54.8
按轻重工业分		
其中：轻工业	1348.16	-32.8
重工业	34511.84	68.6
按经济类型分		
其中：股份制企业	34192.65	60.8
外商及港澳台商投资企业	1667.34	-4.4
按行业分		
其中：电气机械和器材制造业	20879.14	3105.4
电力、热力生产和供应业	5840.55	-35.4
专用设备制造业	2136.71	17.3
计算机、通信和其他电子设备制造业	1555.69	-18.8
通用设备制造业	471.54	32.1

一、指标解释

规模以上工业增加值是地区生产总值的组成部分，是以货币形式表现的、规模以上工业企业在报告期内工业生产活动的最终成果，这个最终成果反映的是企业生产过程中新创造的价值。

规模以上工业增加值增长速度是指以规模以上工业增加值作为总量指标计算出来的、反映一定时期全国或某一地区工业生产增减变动的相对数，通常以百分数表示。

二、统计范围

年主营业务收入2000万元及以上的工业法人单位。

三、行业划分

行业划分依据《国民经济行业分类》（GB/T 4754—2017）。

四、调查方法

规模以上工业企业按月进行全面调查（1月数据免报）。

附录7

附表7 固定资产投资（2021年1～12月）

指标	同比增长/%
固定资产投资	12.9
其中：建筑安装工程投资	-39.0
按产业分	
其中：第一产业	—
第二产业	-13.3
第三产业	13.5
按领域分	
其中：基础设施	-36.5
工业投资	-13.3
其中：制造业投资	-1.3
技术改造投资	1863.1
按行业分	
其中：制造业	-1.3
电力、燃气及水的生产和供应业	-16.0
交通运输、仓储和邮政业	-13.1
住宿和餐饮业	-65.5
信息传输、软件和信息技术服务业	-24.0
房地产业	115.0
租赁和商务服务业	-38.5
科学研究和技术服务业	-81.2
水利、环境和公共设施管理业	-55.4
居民服务、修理和其他服务业	-10.0
教育	76.2
卫生和社会工作	-45.5
文化、体育和娱乐业	-25.5
公共管理、社会保障和社会组织	-79.1

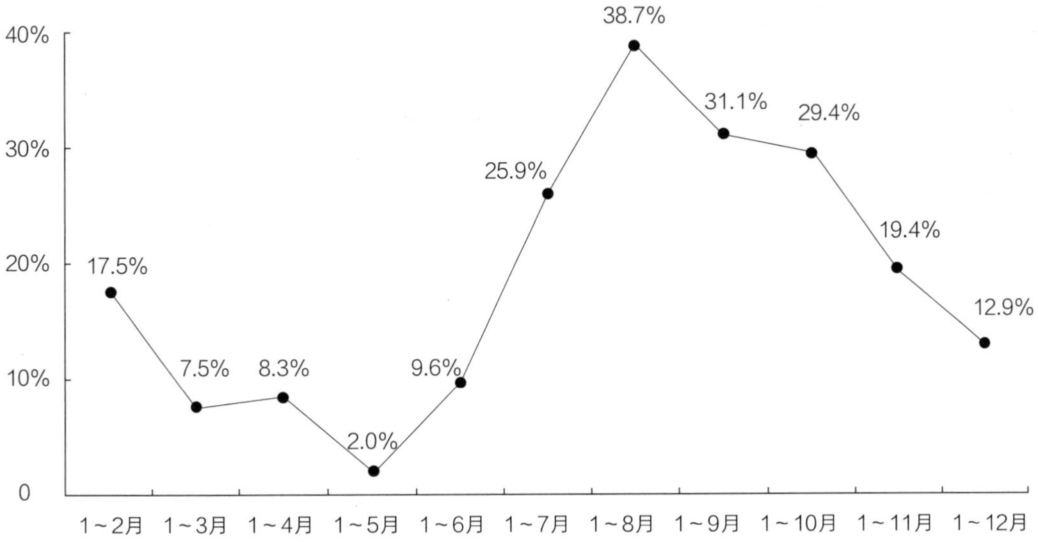

附图5　2021年各月固定资产投资同比累计增速

一、指标解释

固定资产投资（不含农户）是以货币形式表现的在一定时期内完成的建造和购置固定资产的工作量以及与此有关的费用的总称。

二、统计范围

计划总投资500万元以上的固定资产项目投资及所有房地产开发项目投资。

三、调查方法

固定资产投资统计报表按月进行全面调查（1月数据免报）。

附录8

附表8　固定资产投资（2022年1～6月）

指标	同比增长/%
固定资产投资	-52.4
其中：建筑安装工程投资	-15.2
按产业分	
其中：第二产业	-53.3
第三产业	-52.4
按领域分	
其中：基础设施	-27.9
工业投资	-53.3
其中：制造业投资	-55.0
按行业分	
其中：制造业	-55.0
电力、燃气及水的生产和供应业	-52.5
交通运输、仓储和邮政业	-9.7
住宿和餐饮业	-15.5
信息传输、软件和信息技术服务业	-75.6
房地产业	-73.7
租赁和商务服务业	52.3
科学研究和技术服务业	-8.5
水利、环境和公共设施管理业	-38.4
居民服务、修理和其他服务业	59.6
教育	-81.2
卫生和社会工作	-62.6
文化、体育和娱乐业	-30.6
公共管理、社会保障和社会组织	215.7

一、指标解释

固定资产投资（不含农户）是以货币形式表现的在一定时期内完成的建造和购置固定资产的工作量以及与此有关的费用的总称。

二、统计范围

计划总投资500万元以上的固定资产项目投资及所有房地产开发项目投资。

三、调查方法

固定资产投资统计报表按月进行全面调查（1月数据免报）。

附录9

附表9　社会消费品零售总额（2021年1～12月）

指标	总量/亿元	同比增长/%
社会消费品零售总额	14.86	−8.5
其中：限额以上单位消费品零售额	13.79	−7.2

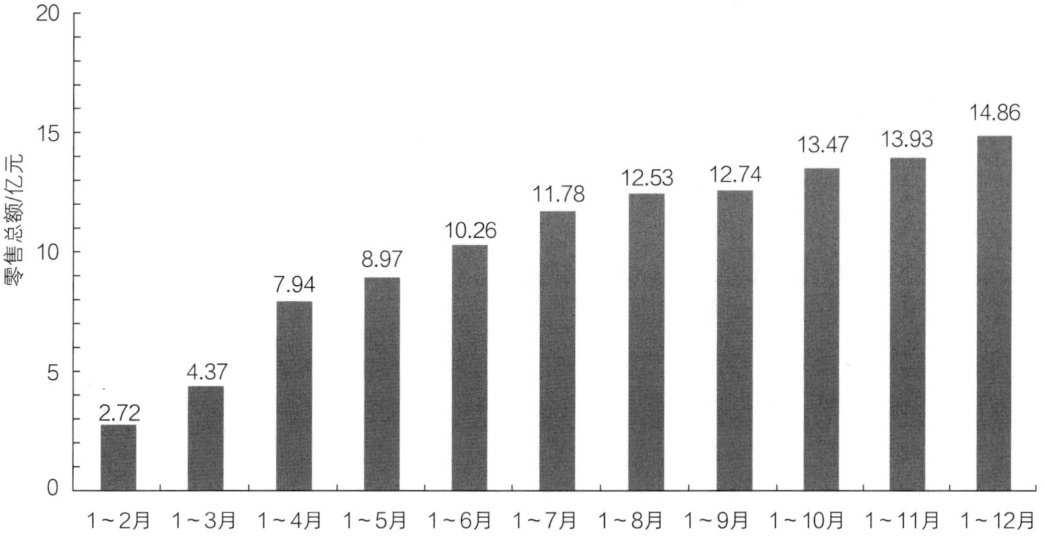

附图6　2021年各月累计社会消费品零售总额

一、指标解释

社会消费品零售总额是指企业（单位、个体户）通过交易售给个人、社会集团非生产、非经营用的实物商品金额，以及提供餐饮服务所取得的收入金额。

二、统计范围

从事商品零售活动或提供餐饮服务的法人企业、产业活动单位和个体户。其中，限额以上单位是指年主营业务收入2000万元及以上的批发业企业（单位）、500万元及以上的零售业企业（单位）、200万元及以上的住宿和餐饮业企业（单位）。

三、调查方法

对限额以上单位进行全数调查，对限额以下单位进行抽样调查。

附录10

附表10　社会消费品零售总额（2022年1~6月）

指标	总量/亿元	同比增长/%
社会消费品零售总额	5.92	-44.2
其中：限额以上单位消费品零售额	5.78	-44.7

一、指标解释

社会消费品零售总额是指企业（单位、个体户）通过交易售给个人、社会集团非生产、非经营用的实物商品金额，以及提供餐饮服务所取得的收入金额。

二、统计范围

从事商品零售活动或提供餐饮服务的法人企业、产业活动单位和个体户。其中，限额以上单位是指年主营业务收入2000万元及以上的批发业企业（单位）、500万元及以上的零售业企业（单位）、200万元及以上的住宿和餐饮业企业（单位）。

三、调查方法

对限额以上单位进行全数调查，对限额以下单位进行抽样调查。

附录11

附表11　澳资企业发展情况（2022年1~6月）

指标	计量单位	总量	同比增长/%
参与调查的澳资企业	个	3946	—
营业收入	亿元	78.43	74.1
其中：批发和零售业	亿元	66.91	77.0
信息传输、软件和信息技术服务业	亿元	4.80	85.1
租赁和商务服务业	亿元	2.43	136.2
科学研究和技术服务业	亿元	0.91	48.1
其他行业	亿元	3.37	12.3
营业成本	亿元	71.71	79.3
资产总计	亿元	914.04	11.5
负债合计	亿元	333.87	21.7
应付职工薪酬	亿元	4.95	35.8
从业人员期末人数	人	10272	27.7
其中：信息传输、软件和信息技术服务业	人	2368	27.9
批发和零售业	人	1643	37.4
房地产业	人	1491	8.3
租赁和商务服务业	人	1407	14.5
科学研究和技术服务业	人	1141	31.5
建筑业	人	500	35.9
住宿和餐饮业	人	478	59.9
文化、体育和娱乐业	人	291	66.3
其他行业	人	953	40.4

注：本表营业收入数据中，营业收入总量不等于各行业之和，是数值修约误差所致，未作机械调整。

一、资料来源

依据广东省统计局审批通过的《横琴粤澳深度合作区澳资（澳门）企业统计报表制度（2021年统计年报和2022年定期统计报表）》开展调查时所采集汇总的实际参与了统计调查的企业上报的数据。

二、统计范围

横琴粤澳深度合作区执委会商事服务局提供的所有澳资企业。

三、行业划分

行业划分依据《国民经济行业分类》（GB/T 4754—2017）。

四、调查方法

按季度进行全面调查。

附录12

附表12　第七次全国人口普查有关横琴粤澳深度合作区数据

指标		单位	总量
常住人口	男	人	30462
	女	人	13156
户别	家庭户	户	11022
		人	20569
	集体户	户	7481
		人	23049
年龄构成	0～14岁	人	3443
	15～59岁	人	38438
	60岁及以上	人	1737
受教育程度	大学（大专及以上）	人	22142
	高中（含中专）	人	19125
	初中	人	37319
	小学	人	15819

注：1. 受教育程度口径为每10万人中拥有相关学历人数。
2. 常住人口不包括居住在横琴本岛的港澳台居民和外籍人口。

横琴本岛第七次全国人口普查主要数据解读

在以习近平同志为核心的党中央坚强领导下，在统筹做好经济社会发展及其他工作的大背景下，按照区党工委、区管委会统一部署，横琴本岛各有关部门精心组织、协同推进，广大普查人员艰苦努力，广大普查对象积极配合，圆满完成了横琴本岛第七次全国人口普查登记工作，获得了翔实的人口基础数据，普查工作取得重要阶段性成果。人口普查结果表明，10年来，横琴本岛人口发展形势表现出一些新情况、新变化。

一、人口总量

2020年11月1日0时，横琴本岛常住人口43618人，与2010年（第六次全国人口普查数据，下同）的6914人相比，增加36704人，增长530.86%，年平均增长率为20.22%，比2000年到2010年的年平均增长率2.69%上升17.53个百分点，占全市人口总量从2010年的0.44%提高到1.79%，提高了1.35个百分点。数据表明，10年来，随着港珠澳大桥建成通车、户籍制度改革不断深入、“全面两孩”生育政策有效发挥作用，加上横琴本岛经济社会发展、产业政策优化调整、人才政策持续吸引，大量流动人口向横琴集聚，横琴本岛人口保持高速增长态势，规模不断扩大。

二、户别人口

横琴本岛共有家庭户11022户，家庭户人口为20569人；集体户7481户，集体户人口为23049人。平均每个家庭户的人口为1.87人，比2010年的2.90人减少1.03人。家庭户规模继续缩小主要是由于横琴本岛生育水平较低、迁移流动人口持续增加、年轻人婚后独立居住等主要因素的影响。

三、性别构成

横琴本岛常住人口中，男性人口为30462人，占69.84%；女性人口为13156人，占30.16%。总人口性别比（以女性为100，男性对女性的比例）由2010年的132.33上升为231.54，高于全国平均水平129.04个百分点、高于全省平均水平121.03个百分点、高于全市平均水平119.24个百分点。横琴本岛常住人口性别比升高主要是受省外流入人口性别比偏高的影响。外省流入人口的性别比高符合横琴本岛产业结构变化、自贸区加快发展、城市基础设施优化建设、对男性劳动力需求量增加的实际。

四、年龄构成

横琴本岛常住人口中，0～14岁人口为3443人，占7.89%；15～59岁人口为38438人，占88.12%；60岁及以上人口为1737人，占3.98%（其中65岁及以上人口为851人，占1.95%）。与2010年相比，0～14岁、15～59岁、60岁及以上人口的比重分别下降7.31个百分点、提高10.32个百分点、下降3.01个百分点。由于外省流入的大量流动人口集中于相对年轻的劳动力群体，使得横琴本岛少儿人口和老龄人口比重下降。

五、受教育程度

横琴本岛常住人口中，与2010年相比，每10万人中拥有大学（大专及以上）文化程度的由8013人上升为22142人，拥有高中（含中专）文化程度的由21565人下降为19125人，拥有初中文化程度的由42146人下降为37319人，拥有小学文化程度的由20393人下降为15819人，15岁及以上人口的平均受教育年限为10.71年，可见，拥有大学以上文化程度的人口比重上升，而拥有高中及以下文化程度的人口比重下降，人口素质得到持续提升。同时，文盲人口继续减少，文盲率由2.46%下降为1.44%。

10年来，横琴本岛人口发展趋势发生显著变化，人口总量保持稳定增长，人口素质稳步提升，劳动力总规模占比大，人口集聚进一步增强，城镇化水平持续提高。但也面临人口总量小、人口结构转变，以及流动人口大量涌入带来的教育、医疗、交通、城市建设等挑战，人口发展已进入重要转折期。面对新的机遇和挑战，我们要紧密团结在以习近平同志为核心的党中央周围，始终坚持以习近平新时代中国特色社会主义思想为指导，在新发展理念的指引下，从横琴本岛经济社会发展大局出发，谋划提升人口质量、优化人口发展水平、构建人口与社会长期均衡发展的新格局。

附录13　横琴人口社会统计专题快报（2022年1～7月）

附表13　人口统计情况

指标	参考期	计量单位	总量	同比增长/%
常住人口	2021年	人	36886	—
其中：荷塘社区	2021年	人	13200	—
莲花社区	2021年	人	7366	—
小横琴社区	2021年	人	12000	—
新家园社区	2021年	人	4320	—
日平均流动人口[1]	2022年7月	人	99097	-29.7
其中：荷塘社区	2022年7月	人	31281	-34.6
莲花社区	2022年7月	人	36062	-30.7
小横琴社区	2022年7月	人	24375	-18.0
新家园社区	2022年7月	人	7378	-34.9
其中：澳门居民	2022年7月	人	2478	-60.6

注：数据来源于横琴粤澳深度合作区执委会统计局、公安局，通信运营商。

1　日平均流动人口：取合作区某日总人口，剔除当天出现在合作区的当月居住人口，并结合通信市场占有率、一人多卡用户占有率进行人口推算得到日平均流动人口。

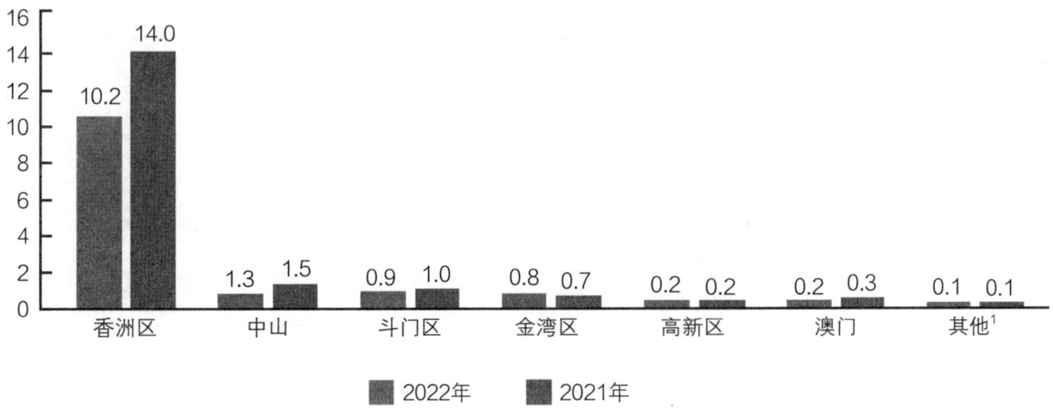

附图7　2022年7月在上岛办公工作人员居住地[2]分布

注：数据来源于通信运营商。

1　指除珠海、中山以外，省内其他地市居住人口。

2　居住地：统计手机用户在当月某区域居住时间段（每天0:00～6:00）驻留时长≥3小时，每月驻留天数≥23天，选驻留时长最长的区域作为该手机用户的稳定居住地，并结合通信市场占有率、一人多卡用户占有率进行人口推算得到当月居住人口。

附表14　就业登记人员情况（2022年1～7月）

指标	计量单位	总量	同比增长/%
期末实有就业登记人数	人	68591	4.4
其中：期末实有就业登记澳门居民人数	人	666	62.0
其中：农林牧渔业就业登记人数	人	298	−3.2
制造业就业登记人数	人	1782	−24.5
电力、燃气及水的生产供应业就业登记人数	人	532	−16.4
建筑业就业登记人数	人	8151	−17.7
批发和零售业就业登记人数	人	4331	9.0
交通运输仓储邮政业就业登记人数	人	1519	−8.9
住宿和餐饮业就业登记人数	人	2757	−26.7
金融业就业登记人数	人	4222	70.1
房地产业就业登记人数	人	5142	8.8
营利性服务业就业登记人数	人	37482	2.6
非营利性服务业就业登记人数	人	2375	1.2
新增就业登记人数	人	5769	−2.5
其中：新增就业登记澳门居民人数	人	142	−25.3
城镇登记失业率	人	1.71	—

注：数据来源于横琴粤澳深度合作区执委会民生事务局。

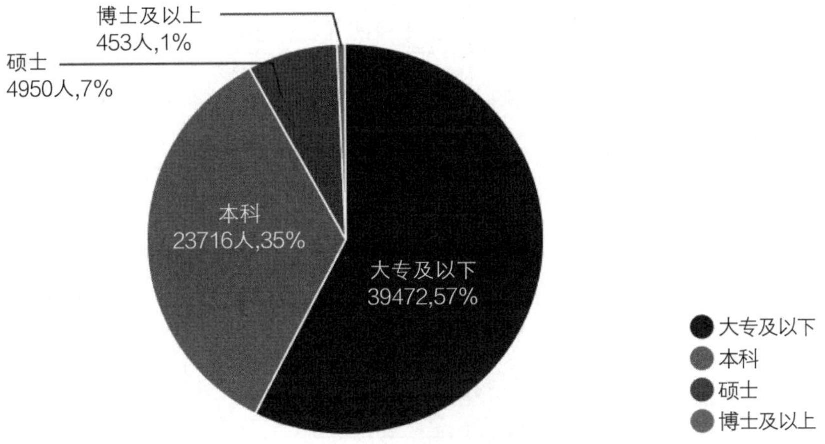

附图8　2022年7月就业登记人员学历分布

注：数据来源于横琴粤澳深度合作区执委会民生事务局。

附表15　从业人员情况（2022年1～7月）

指标	计量单位	总量	同比增长/%
人才引进数[1]	人	223	—
期末澳资企业从业人数[2]	人	10272	27.7
期末合作区跨境执业专业人士数	人	1038	—
其中：执业医师类[3]	人	66	—
旅游类	人	589	0
建筑类	人	314	47.4
设计类	人	69	40.8

注：数据来源于横琴粤澳深度合作区执委会统计局、经济发展局、城市规划和建设局、民生事务局。

1　指根据珠海市人才引进办法核准的人数。

2　本数据为季度累计数据，每季度更新一次。

3　本数据为2018年至2022年7月的累计办理数量。

附表16　教育情况（2022年1～7月）

指标	计量单位	总量
期末实有学校数量	个	11
其中：幼儿园	个	3
小学	个	3
初中	个	2
九年一贯制[1]	个	2
培训机构	个	1
其中：公办	个	7
民办	个	4
期末各级学校在读学生数量	人	5255
其中：幼儿园	人	1214
小学	人	2558
初中	人	1204
九年一贯制	人	含在小学、初中人数当中
培训机构	人	279
其中：澳门学生	人	143
期末教职工数[2]	人	826

注：数据来源于横琴粤澳深度合作区执委会民生事务局。

1　指该校的小学和初中施行一体化教育，小学毕业后可直升本校初中。

2　包括学校教师、职员、教学辅助人员和工勤人员。

附表17　交通情况（2022年1～7月）

指标	计量单位	总量	同比增长/%
经横琴口岸出入境人员数量	万人次	400.28	-14.5
其中：澳门居民数量[1]	万人次	83.20	—
经横琴口岸出入境车辆数量	万辆次	56.88	-9.2
其中：澳门单牌车数量	万辆次	37.86	6.6
进出岛车辆通行量[2]	万辆次	906.62	5.4
期末跨区及岛内公交线路班次	班次	745.00	—

注：数据来源于珠海市公安局交警支队，珠海市公交集团，横琴粤澳深度合作区执委会经济发展局、城市规划和建设局。

1　统计时点为2022年2月9日至7月31日，无2022年2月9日前的澳门居民出入境人员数据。

2　进出岛枢纽包括：横琴大桥、横琴二桥、横琴隧道。

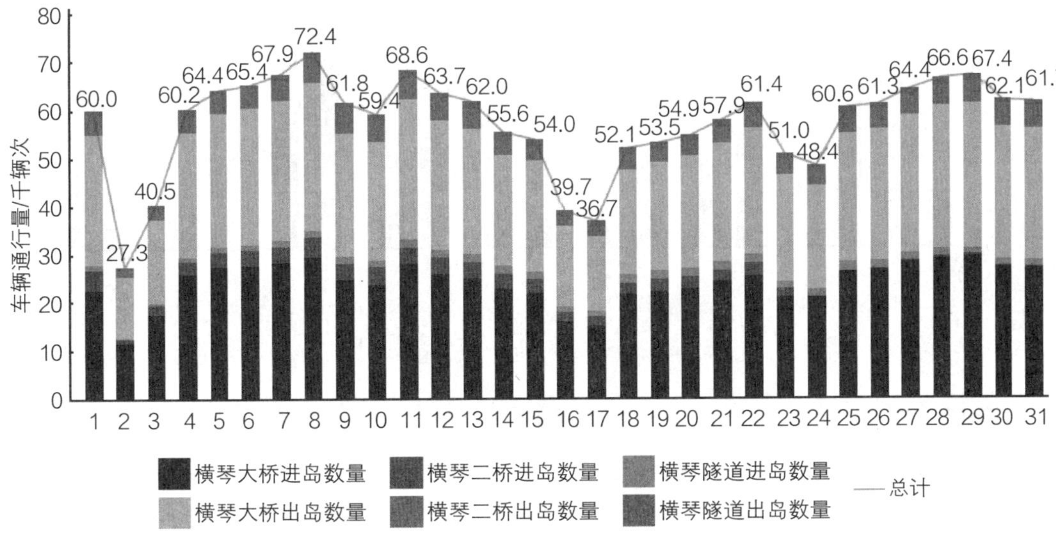

附图9　2022年7月进出岛车辆通行量分布

注：数据来源于珠海市公安局交警支队。

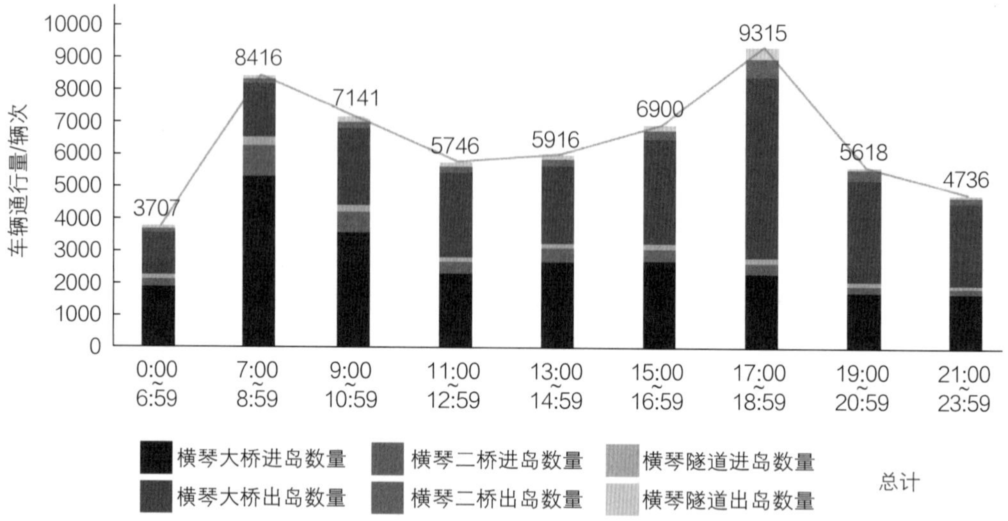

附图10　2022年7月进出岛车辆通行量各时段平均数分布

注：数据来源于珠海市公安局交警支队。

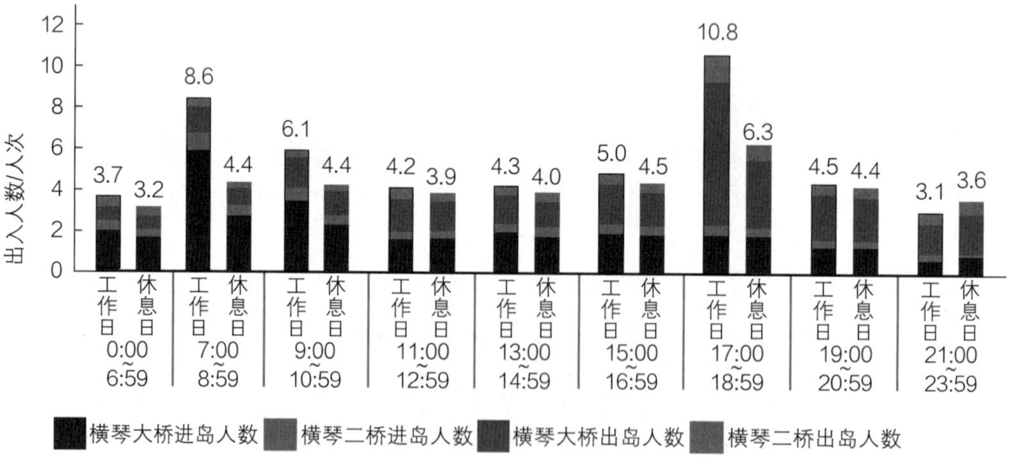

附图11　2022年7月横琴大桥、横琴二桥进出岛人数各时段平均数分布[1]

注：数据来源于通信运营商。

1　分别取横琴大桥、横琴二桥香洲侧A和横琴大桥横琴侧B，若用户由A到B，且间隔小于1小时，则认为用户从香洲到横琴过桥一次；反之，则认为用户从横琴到香洲过桥一次。一个用户多次过桥算1个人，按小时累计去重，并结合通信市场占有率、一人多卡用户占有率进行推算得到每小时大桥通行量。

附表18　文旅情况（2022年1～7月）

指标	计量单位	总量	同比增长/%
主要景区[1]接待游客量	万人次	122.38	-63.7
酒店接待人数[2]	人次	162375	-44.3
公寓接待人数	人次	43859	-75.0

注：数据来源于横琴粤澳深度合作区执委会经济发展局、民生事务局，横琴粤澳深度合作区公安局。

1　指以旅游及其相关活动为主要功能或主要功能之一的区域场所，能满足游客参观游览、休闲度假、康乐健身等旅游需求，具备旅游设施并提供相应的旅游服务的独立管理区。

2　指在统计时间内办理登记入住的人数（包含重复入住）。

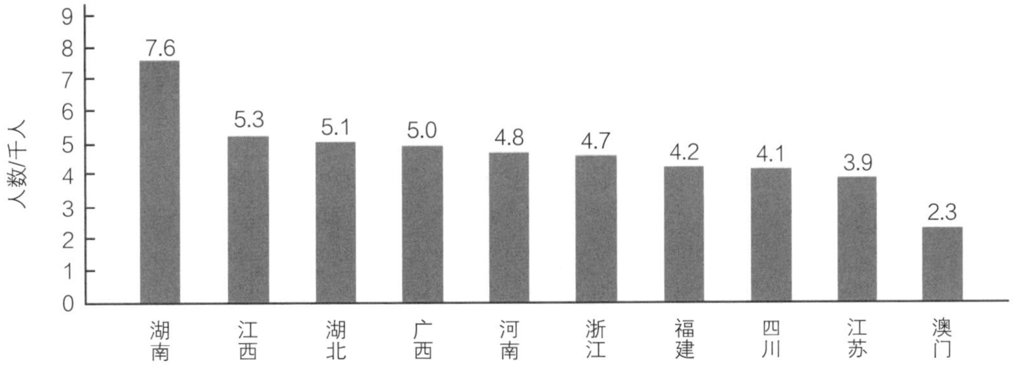

附图12　2022年7月主要景点省外和澳门游客[1]分布TOP10

注：数据来源于通信运营商。

1　主要景点游客：在景点（长隆、星乐度、创新方）区域停留≥30分钟的人群，记为景点游客，剔除景区范围内的工作人员、居民。

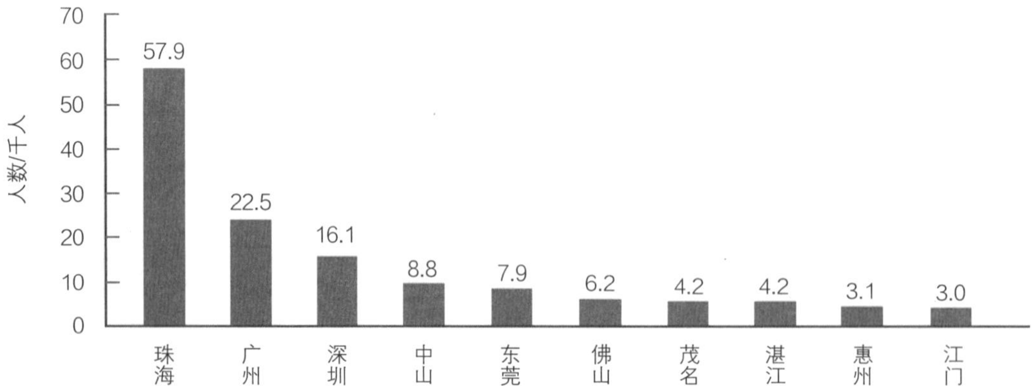

附图13　2022年7月主要景点省内游客分布TOP10

注：数据来源于通信运营商。

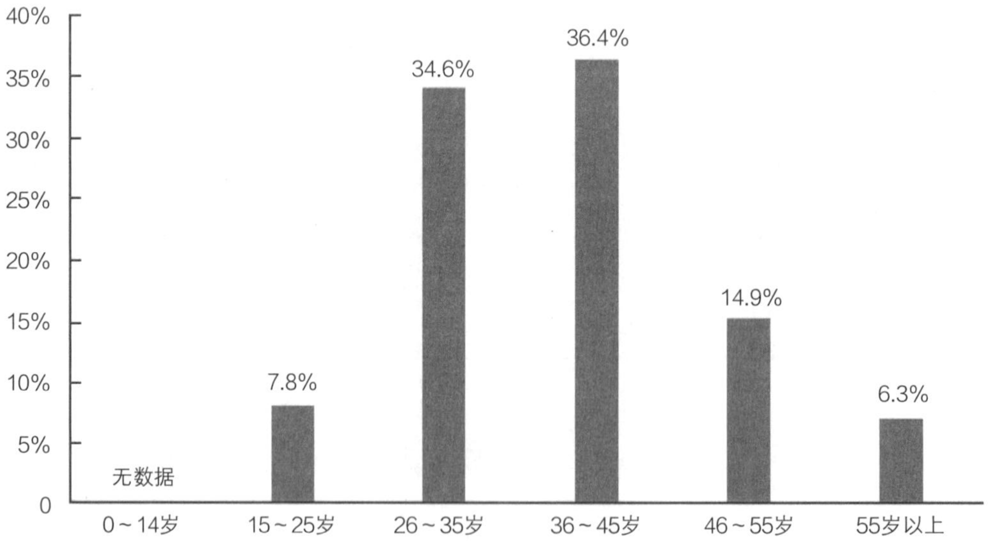

附图14　2022年7月合作区TOP10商圈、景点省内游客[1]年龄分布

注：数据来源于通信运营商。

1　在景点区域停留≥30分钟的人群记为景点游客，剔除景区范围内的工作人员、居民。

后记

横琴是中国实施高水平对外开放与深化粤港澳合作发展的重大平台。党的十八大以来，短短10余年时间，横琴已经变成开发热岛、开放前沿，呈现出勃勃生机和美好前景。产业，不仅是经济增长的动力源泉，更是促进澳门经济适度多元化发展的重要引擎。从当年的横琴新区到横琴粤澳深度合作区，横琴开发开放的重要目标就是为澳门产业多元发展创造条件。广东高度重视横琴发展的智力支撑，这本书获得了中共广东省委宣传部的出版资助。

本书课题组在对横琴长期跟踪观察的基础上，从区域经济理论视角出发，围绕横琴粤澳深度合作区的高科技研发、中医药、文化旅游、现代金融、教育、数字经济等产业展开研究，梳理回顾了粤澳携手推进横琴产业发展的历史脉络，分析研判了当前横琴产业发展态势与面临的机遇和挑战，探讨了未来横琴粤澳深度合作区产业发展的趋势与方向。

在本书的立项、调研、撰写和编辑出版过程中，广东经济出版社给予了大量的专业指导，保证了本书及时顺利出版。中共广东省委党校邓利方教授、东莞理工学院李宏副教授分别参与第三章和第六章的写作，我们在此对他们的鼎力支持与辛勤付出表示衷心的感谢，同时也对本书撰写中广大参考文献的作者表示诚挚的敬意与谢意。

横琴粤澳深度合作区的产业发展是粤港澳大湾区研究的前沿领域，囿于视野及能力所限，书中不足之处在所难免，我们诚恳地希望能得到学界同仁及各界读者的批评、指正与反馈，从而可持续地深化这一领域的研究。

2023年2月27日